江苏聚力创新重点问题研究

王　秦　主编

东南大学出版社
SOUTHEAST UNIVERSITY PRESS
·南京·

图书在版编目(CIP)数据

江苏聚力创新重点问题研究 / 王秦主编. —南京:东南大学出版社，2016.12

ISBN 978-7-5641-6988-6

Ⅰ.①江… Ⅱ.①王… Ⅲ.①技术革新-研究-江苏-2016-2020 Ⅳ.①F124.3

中国版本图书馆 CIP 数据核字(2016)第 322723 号

江苏聚力创新重点问题研究

出版发行	东南大学出版社
地　　址	南京市四牌楼 2 号　邮编:210096
出 版 人	江建中
网　　址	http://www.seupress.com
经　　销	全国各地新华书店
印　　刷	虎彩印艺股份有限公司
开　　本	787 mm×1092 mm　1/16
印　　张	13.75
字　　数	334 千字
版　　次	2016 年 12 月第 1 版
印　　次	2016 年 12 月第 1 次印刷
书　　号	ISBN 978-7-5641-6988-6
定　　价	61.00 元

本社图书若有印装质量问题，请直接与营销部联系。电话(传真):025-83791830。

编委会

序言

创新是引领发展的第一动力。江苏省委、省政府历来高度重视科技创新工作，坚持把创新摆在全省发展全局的核心位置，加快推进高水平创新型省份建设。2015年，全社会研发投入占地区生产总值比重达2.55%，高新技术产业产值占规模以上工业总产值比重达40%，万人发明专利拥有量突破14件，科技进步贡献率达60%，区域创新能力连续多年位居全国前列。

当前，江苏省的发展转型正处在爬坡过坎的关键时期，已经到了不创新不行、创新慢了也不行的关键阶段。江苏省第十三次党代会提出"聚力创新"的发展取向，强调紧紧牵住科技创新这个牛鼻子，坚持有所为、有所不为，聚焦最有条件、最具优势的领域，着力推进以科技创新为核心的全面创新，着力形成以创新为引领的经济体系和发展方式，为"十三五"时期进一步提升创新型省份建设水平指明了前进方向。

面向未来发展需求和科技创新前沿，我们组织开展了专题研究，内容涵盖产业科技创新中心、苏南国家自主创新示范区、科技金融、新型产业研发组织、跨国技术转移、农村科技、科技政策、科技体制改革、产学研、科技服务业等诸多领域，旨在充分发挥各类专家智库的先导作用，为提升创新型省份建设水平、努力建设科技强省提供有力的智力支撑。我们希望本书能够为各级政府决策、科技管理服务提供有益借鉴，也可以为科技人员以及相关专家学者提供必要参考。

本书的编写工作得到了企业、园区、高校院所等社会各方面的大力支持，在此一并表示感谢！

江苏省科学技术厅厅长 王秦

目录

第一章　江苏省建设全球有影响的产业科技创新中心的战略路径与对策

产业科技创新中心是一个国家和地区产业发展水平和科技综合实力的代表，谁拥有 21 世纪全球有影响的产业科技创新中心，谁就能最大程度吸引全球创新要素，从而在新一轮全球科技革命和产业变革中赢得战略主动。因此，积极谋划建设全球有影响的产业科技创新中心，超前部署科技和产业发展格局，成为许多国家和地区产业转型升级和持续提高竞争力的重要举措。目前，纽约、伦敦、东京、首尔、新加坡等国际大都市都提出了建立全球科技创新中心或区域科技创新中心的目标，并进行了相应的战略部署；我国北京和上海也相继提出建设"科技创新中心"的战略规划，积极抢占未来经济科技发展的制高点。江苏省作为全国区域创新最强的地区，科教资源丰富，产业基础雄厚，面对经济发展新常态的趋势变化，比以往任何时候都更加需要加强面向产业的科技创新，更加需要突出科技与产业的紧密结合。顺应全球创新发展大趋势，瞄准国际产业领先水平，江苏省应以建设"全球有影响的产业科技创新中心"为目标，发挥科技资源丰富、研发力量雄厚、创新平台较多的综合优势，大力提升产业科技创新能力，促进经济提质增效升级，构筑长远发展和竞争优势，使创新驱动尽快成为经济社会持续健康发展的主引擎，推进产业科技创新，实施创新驱动发展战略。

一、全球有影响的产业科技创新中心的理论阐述和经验借鉴

（一）全球有影响的产业科技创新中心的概念内涵

"全球有影响的产业科技创新中心"是一个较新的发展理念，目前，各国各界还没有关于其概念的准确界定和详尽描述，而与其类似的提法有很多，如"全球创新中心""全球高技术中心""国际产业研发中心"等。其中，联合国在《全球人类发展报告（2001 年）》中公布了美国硅谷、法国巴黎、英国伦敦、印度班加罗尔等 46 个**"全球创新中心"**，他们都具备较强综合经济实力、丰富的科教资源、集聚的高新技术产业、影响力大的企业群体、较广泛的对外经济联系、开放性和包容性的创新文化氛围等特征；美国《有线》杂志则提出**"全球高技术中心"**

的概念，把“高校培养技能工人或开发新技术的能力、稳定的跨国公司、人才创业的积极性、活跃的风险投资”作为构成全球技术创新中心的必要条件；我国杜德斌教授阐述“**国际产业研发中心**”应集聚众多跨国公司全球性和区域性的研发机构，是世界新产品和新技术的创新源地。这些概念和描述对我们定义“全球有影响的产业科技创新中心”具有重要参考价值。

在借鉴国内外研究的基础上，我们认为，**“全球有影响的产业科技创新中心”是指，汇聚充裕科技创新资源，主导产业创新引领作用和国际竞争优势明显，在全球产业分工和价值链中占据一定领导和支配地位的国家或地区，是世界产业范式变革的源头之一。**“全球有影响的产业科技创新中心”不仅是世界新知识、新技术、新产品、新业态、新模式的策源地，更是全球先进创新文化、优良创新制度、卓越创新环境的先行区。

（二）全球有影响的产业科技创新中心的主要特征

作为全球有影响的产业科技创新中心，应能牢牢把握新一轮科技革命和产业变革的大趋势，树立全球视野，瞄准国际领先水平，不断提升江苏在世界科技创新和产业发展中的影响力和竞争力；应能引领产业科技创新发展方向，推进以科技创新为核心的全面创新，加快制造业转型升级，大幅提升自主创新能力、劳动生产率和制造业附加值；应能充分发挥科教优势和开发开放优势，优化创新资源配置，提升城市群的集聚服务和辐射带动功能，率先走上创新驱动发展道路，为提高国家科技综合实力和产业国际竞争力作出贡献。总的来看，主要应具备以下五个特征：

1. 高水平的科教机构。全球有影响力的产业科技创新中心拥有世界一流的大学和研究机构，是创新资源密集、领军人才富集、研发活动频繁的区域。

2. 高效率的成果转化体系。全球有影响力的产业科技创新中心的知识产权商业化机制成熟，技术转移、风险投资、创业服务等业态发达，成果转移转化渠道畅通，研发创新充分融入产业发展。

3. 高竞争力的产业集群。全球有影响力的产业科技创新中心的产业集群特色鲜明，具有较强的产业国际竞争能力，主导产业产品开发和技术创新水平世界领先，能够引领全球产业发展方向。

4. 高影响力的企业和品牌。拥有若干具备全球影响力的领军企业和全球知名品牌，吸引跨国公司在其设立全球性研发机构，与国际研发体系紧密衔接。

5. 高度发达的创新创业文化。全球有影响力的产业科技创新中心树立崇尚创新、创业致富的价值导向，大力培育企业家精神和创客文化，大众创业、万众创新在区域内蔚然成风。

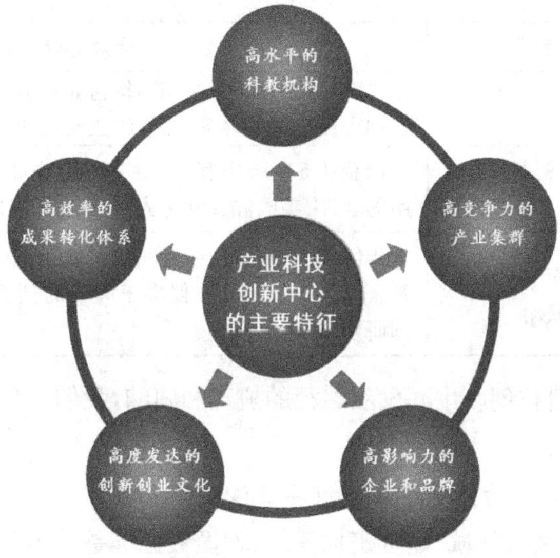

图 1-1　产业科技创新中心的主要特征

（三）国外建设产业科技创新中心的经验借鉴

从目前来看，全球主要创新型国家均拥有数量不等的科技创新中心。如，美国的硅谷和128公路、英国的伦敦和曼彻斯特、日本的东京都市圈、德国的慕尼黑和斯图加特、以色列的特拉维夫、印度班加罗尔、韩国首尔等，都是世界著名的区域性产业科技创新中心。它们有着各自的形成特点，对全球经济社会的发展、科技创新的方向、产业格局的形成、体制机制的构建等方面，都产生了深远的影响。

表 1-1　全球主要产业科技创新中心

序号	名称	特点	全球影响力
1	美国硅谷	以市场机制驱动自组织形成	硅谷以不到美国1%的人口创造了全美12%的专利产出和5%的GDP，吸引了全美超过40%和全世界14%的风险投资，聚集了1 000余家世界知名企业研发总部，形成了世界上最强大的技术交流网络和最发达的技术扩散机制
2	英国伦敦	依托优势创新企业自发集聚	全球超过1/3的《财富》500强公司的欧洲总部设在伦敦；全球最大的保险市场、外汇市场、金属交易所和碳交易市场；外资银行数世界第一，日平均交易量约占全球总交易量的32%
3	日本东京	政府主导建设	2015年全球百强创新机构的榜单中，日本本土40家上榜机构中有22家总部位于东京；吸引全球顶尖科学家长期就职，外籍研究员占总研究员的比率为2%
4	德国慕尼黑	欧洲的硅谷	欧洲专利局、德国专利局和专利法院所在地；欧洲最活跃的研究基地之一；全球性科技博览会中心，每年举办“国际电子生产技术与交易博览会”等近40个博览会

续表

序号	名称	特点	全球影响力
5	韩国首尔	以设计引领创意产业	创立“全球设计城市组织”，探讨如何最好地利用设计实现城市发展和市民幸福。目前，该组织共有亚非欧美洲的10个成员城市
6	印度班加罗尔	多重资本打造“印度硅谷”	全球企业500强中有160多家企业由印度供应其全球营运点所使用的软件；美国硅谷软件人才的38%来自印度班加罗尔
7	以色列特拉维夫	本土企业与跨国公司联动	每年约有40多家创新企业被微软、谷歌、英特尔等全球知名高科技企业收购，被誉为“仅次于硅谷的创业圣地”；集聚240多家跨国研发中心

通过对这些产业科技创新中心发展路径的梳理和归纳，我们发现，有以下四个方面的做法值得江苏借鉴。

1. 始终把科技园区作为产业创新的重要载体

美国硅谷、英国伦敦科技城、印度班加罗尔、韩国大德等是世界公认一流科技园区，它们是全球产业科技创新的重要阵地。**硅谷**是世界科技工业园区的开山鼻祖，从20世纪70年代的计算机，到90年代的互联网，再到21世纪的“互联网+”服务，硅谷诞生了一系列新的产业形态并牢牢占据着产业链的高端，聚集了APPLE、HP、Intel、Google等一批超百亿美元级的高科技公司，是世界最大的信息产业集群；**伦敦**科技城是一个科技、数字和创意等企业群聚的大型科技园区，科技产业产值每年以超过10%的速度增长，占GDP的比重已超过8%，伦敦已成为全球科技企业在欧洲的“最重要一站”，思科、亚马逊、Facebook等大公司都进驻该地；**班加罗尔**是印度建立的第一个国家级软件技术园，政府从税收、投资、进出口、政府采购等方面制定了较为完善的政策支持体系，如今全球500强中有160多家企业由班加罗尔的企业提供软件技术服务；韩国政府为**首尔**的大德科学园与大学城区出台《大德研究开发特区育成特别法案》，以财税减免等扶持政策保障园区发展，使其ICT、生物医药、空间技术等全球领先。

2. 高度重视集聚科教和人才资源

硅谷所在的加州拥有最高密度的世界级研究机构，全球前100名大学中，加州占据10席。其中斯坦福大学教授和学生每年创办的高技术公司超过百家，创造了硅谷65%的产值和超过25万个工作机会；**伦敦**集中了英国1/3的高等院校和科研机构，每年高校毕业学生约占全国的40%，同时还有大量的思想库和科研院所；**东京**集中了日本约30%的高等院校和40%的大学生，拥有全日本1/3的研究和文化机构。**韩国**则将科学技术研究院迁入大德园区，与临近的忠南大学、科学技术联合大学院、情报通信大学等高校合作培养人才，培养出的博士和硕士占全国10%以上。**班加罗尔**是印度的“科学研究之都”和“科学之城”，聚集了10所大学、70所技术院校以及28个国家级和联邦级的研究机构，培养技术工人超过20万人，成为班加罗尔软件外包产业兴起的重要保障。

3. 坚持对科技创新的持续高强度投入

资金投入是推进产业科技创新的重要保障，高强度投入才能支撑高水平创新和获取高利润回报。目前，美国 600 多家风险投资企业中近半数将总部设在**硅谷**，2013 年硅谷风投总额超过 50 亿美元，占全美的 40%。英国政府每年投入 1 亿英镑支持**伦敦**的英国科技城发展，在此带动下，伦敦成为全英国种子资本和风险资本最密集的地区，共吸收了全英国 25% 的风险投资和全欧洲 8%的风险投资。**东京**对拥有较强创新能力的企业实行优惠财政政策，对信息产业增加科研税务贷款，增幅高达 25%，还专门成立了服务于小企业的金融公库，贷款年息低至 2.7%。来自政府层面的经济政策支持是**班加罗尔**崛起为“印度硅谷”的最重要因素之一，印度明确将软件业确定为可以获得投资补贴及其他优惠的产业，对软件企业实施零关税、零流通税和零服务税政策。**特拉维夫**以鼓励和支持研发为重点，通过政府拨款引导企业加大研发投入，提供最大优惠条件来吸引国际和本地投资机构，对具有竞争力的企业给予生产设备、设施和固定资产投资额的 20%拨款。

4. 注重激发中小企业创新活力

中小企业特别是科技型中小企业，是产业科技创新的重要力量。美国盖尔研究所发现，中小企业发明新技术、新产品的效率远高于大企业，中小企业人均技术创新是大企业的 25 倍，50%以上的科技进步发生在小企业。我国的数据也表明，65%的国内发明专利来自中小企业，80%的新产品由中小企业创造。**伦敦**政府启动“天狼星计划”，为中小企业的创业者提供创业资金与优秀培训资源，伦敦的科技公司从 2009 年的 49 969 家增至 2015 年的 173 264 家，科技产业产值每年以超过 10%的速度增长，伦敦科技城如今已成为小型快速成长数字技术公司在欧洲最大的聚集地之一。在**日本**，中小企业占企业总数的 99.7%，政府减免中小企业专利费以激励其创新，制定《中小企业新事业活动促进法》，对中小企业创新计划给予融资和税收方面的援助。**德国**推出中小企业创新计划、中小企业创新项目、创新代金券等一系列政策，小型企业可以使用创新代金券支付创新服务费用，目前全德国约有 3 万个企业开展不间断的研究活动，10 万个科技型企业经常性地推出创新产品和服务。

二、江苏省建设全球有影响的产业科技创新中心的战略背景

从全球产业竞争的发展趋势来看，世界范围内正在孕育兴起新一轮科技革命和产业变革，全球主要国家纷纷把创新提升到国家发展的战略核心层面争先部署，密集出台了一系列产业科技创新战略，抢占未来经济科技发展制高点。**美国**坚持把产业科技创新作为国家基本战略，制定《美国创新战略：确保经济增长与繁荣》等规划举措，不断巩固世界“老牌”科技和制造强国地位，近 5 年诺贝尔奖获得者美国人占了 50%，美国制造业占 GDP 比重从 2010 年的 12%回升至 2013 年的 15%，2014 年三季度美国 GDP 增速达 5%，创下 11 年来的新高，在发达国家中率先走出金融危机影响，再次成为引领全球经济发展的火车头。**欧盟**整合各成员国科研资源制定《欧盟地平线 2020》计划，明确将知识和创新作为未来欧洲经济发展的

主要推动力，着力提高欧洲基础研究和应用技术水平，研发预算仅次于美国，位列全球第二。**德国**为保持其在全球制造业的领先地位，提出实施“工业 4.0 战略”，大力推动制造业向智能化转型，国际竞争力排名由 2008 年的第 16 位上升至 2014 年的第 6 位。**韩国**制定《新增长动力规划及发展战略》，将绿色技术、尖端产业融合、现代服务等三大高附加值领域确定为新增长动力，研发投入占 GDP 比重一直高达 3.5%以上。全球正迎来依靠科技创新推动产业结构调整的重要战略机遇期。

从我国产业创新的战略部署来看，中国共产党第十八次全国代表大会以来，以习近平为总书记的党中央面向全局和未来，对产业科技创新提出了一系列重大新思想、新论断，明确要求紧紧抓住和用好新一轮科技革命和产业变革的机遇，不能等待、不能观望、不能懈怠，掌握新一轮全球科技竞争的战略主动。总书记更是在 2014 年在两院院士大会上，将全球产业科技创新竞争比作赛场，强调“要在新赛场建设之初就加入其中，甚至主导一些赛场建设，从而使我们成为新的竞赛规则的重要制定者、新的竞赛场地的重要主导者”。2014 年 2 月，习近平总书记在视察**北京**工作时指出，“北京要坚持和强化全国政治中心、文化中心、国际交往中心、科技创新中心的核心功能”，“全国科技创新中心”成为北京新的城市战略定位。2014 年 5 月，习近平总书记在**上海**考察调研时，对上海提出了“加快向具有全球影响力的科技创新中心进军”的战略要求。2015 年，**我国**发布《中国制造 2025》，明确提出了建设全球领先的制造强国的“三步走”战略，并把“提高国家制造业创新能力”作为首要任务进行部署，要求全面提高产业发展质量和核心竞争力，促进向价值链高端延伸。

从江苏产业转型的紧迫需求来看，近年来，江苏按照调高、调轻、调优、调强的思路，在产业结构调整方面取得了新的进展。但是，总体上看，江苏产业结构仍然处于产业结构链条的中低端，不仅产业附加值不高，也面临生态环境的严峻挑战。究其原因，主要是劳动力、土地、资源等产业传统竞争优势赖以保持的要素制约日益趋紧，低成本要素驱动的产业发展动力逐步减弱，导致粗放式的发展道路越走越窄。当前，经济发展进入新常态，面临“三期叠加”的严峻挑战，创新驱动发展是大势所趋，核心就是提高生产效率，包括提高劳动生产率、资本产出率和全要素生产率。**新常态下的产业转型就是从高速增长向高效增长跃升，依靠科技创新提高发展质量和效益，这是江苏产业实现由低到高、由大到强的必然选择。**2014 年 12 月，总书记视察江苏时，要求江苏要以只争朝夕的紧迫感，切实把创新抓出成效，推动产业结构加快由中低端向中高端迈进，这为我们加快产业科技创新指明了方向、坚定了信心。江苏作为全国区域创新最强的地区，科教资源丰富，产业基础雄厚，迫切需要以建设“全球有影响的产业科技创新中心”为目标，大幅提升产业科技创新能力，以产业中高端升级支撑经济中高速增长，构筑长远发展和竞争优势。

三、江苏省建设全球有影响的产业科技创新中心的基础和制约

江苏制造业规模全国第一，约占全球的 3%，高校数量全国第一，可谓“产业基础雄厚，科

教资源丰富”。通过深入调研分析，我们认为，江苏建设“全球有影响的产业科技创新中心”既具备明显的优势和基础，也存在迫切需要解决的瓶颈制约。

（一）江苏省建设全球有影响的产业科技创新中心的基础

1. 科技创新综合实力全国领先

“十二五”以来，江苏大力实施创新驱动核心战略和科教与人才强省基础战略，加快建设创新型省份，科技创新蓬勃发展。2014 年，全社会研发投入达 1 630 亿元，是 2010 年的 1.9 倍，占地区生产总值比重达 2.5%，达到国际公认的创新型国家水平；全省研究与发展人员 69 万人，全国第一；2014 年发明专利申请量达 14.7 万件，比 2010 年增长 2 倍，超过全国 1/6，成为我国首个专利申请总量突破 300 万件的省份，六项专利重点指标全部位居全国第一。据《中国区域创新能力报告》显示，江苏区域创新能力连续 7 年排名全国首位；在福布斯《2014 年中国大陆最具创新力的 25 城市排行榜》中，江苏占 8 席、数量全国第一。

2. 企业自主创新能力显著提升

江苏把牢固确立企业主体地位作为推动产业科技创新的重中之重，全省高新技术企业数量超过 8 000 家、约占全国 1/9。全球 500 强企业中有 300 多家在江苏投资，设立了 50 家地区总部和 57 家功能性机构，江苏企业设立海外研发机构 171 家。目前，中国企业 500 强江苏占 46 席，中国医药创新力二十强企业江苏包揽前四位，全球光伏企业十五强江苏占 1/3，常州天合光能的大面积工业级多晶太阳电池再次刷新世界记录；恒瑞医药国家 1.1 类新药阿帕替尼成为全球首个治疗晚期胃癌的小分子抗血管生成靶向药物；好孩子集团连续四届夺取国际工业设计领域的奥斯卡“红点设计大奖”：江苏企业的创新能力和国际影响力正在加快提升。

3. 新兴产业技术水平迈上台阶

坚持需求导向和产业化方向，围绕产业链部署创新链，组织云计算、3D 打印、石墨烯、未来网络等前瞻先导专项，启动建设产业科技创新中心，集成实施重大科技成果转化，培育国家创新型产业集群试点。全省上市新药数和临床试验批件居全国第一；智能电网基本形成覆盖核心环节的产业创新链；集成电路领域形成覆盖芯片设计制造、封装测试、配套材料的完整产业链，先进封装技术国际领先，WL-CSP 产品销售规模居全球前三；碳纤维打通全套规模化生产工艺，实现从 T300、T700 到 T800 系统产品产业化，打破国外企业垄断；光棒、光纤、光缆占据全球 1/3 以上市场份额。2014 年高新技术产业产值超过 5.7 万亿元，战略性新兴产业销售收入达 4.3 万亿元。

4. 产业科技创新资源加速集聚

以搭建载体为依托，加快技术、成果、人才、资本向江苏集聚，全省国家高新区总数达 12 家、各类科技企业孵化器 515 家，均居全国第一；入选国家“千人计划”创业类的占全国近 30%，稳居首位；创业投资机构近 600 家，管理资金规模超1 750亿元，居全国第一；IDG、凯雷等全球八大著名风投公司，全部在江苏有投资，形成了引进高层次人才、创办高科技企业、发展高技术产业的链式效应。国内外科技合作日益活跃,2014 与中科院合作项目销售收入超过 900 亿元;先后与 70 多个国家和地区建立科技合作关系,引进英国牛津大学、美国麻省理工学院等一批世界一流大学和国际著名研究机构。

5. 创新创业环境氛围不断优化

充分发挥科教优势和开放优势,布局建设 44 个省产学研产业协同创新基地,与中国科学院合作项目销售收入突破千亿元。促进科技金融紧密结合,深入开展国家促进科技和金融结合试点,建立科技金融风险补偿资金池,引导带动了 12.5 亿元天使投资资金,累计发放"苏科贷"贷款 198.8 亿元。部署建设 26 家省级科技金融合作创新示范区,发展 131 家新型科技金融组织、实现省辖市和国家高新区全覆盖。优化区域创新布局,大力推进苏南国家自主创新示范区建设,实施苏北科技与人才支撑工程,建立沿海科技走廊,创新型试点城市、县(市、区)和乡镇达 277 个。

(二) 江苏省建设全球有影响的产业科技创新中心的制约

1. 世界一流的产业科技创新资源比较缺乏

一是缺有影响力的大学。世界知名大学和高水平研究机构匮乏,根据 USnews 和汤森路透发布"2015 年全球大学排行榜",全球大学前 100 名有 50%在美国,中国内地共 3 所,江苏无高校入选。**二是缺有影响力的人才。**江苏科研人员的国际影响力较弱,国际高端科技人才缺乏,只有极少数的科学家和研究人员在国际重要科研社团担任职务,获得国际性权威科学奖的人数更少,2013 年江苏科学家在《科学》和《自然》发表论文 20 篇,仅为北京的 1/3。**三是缺有影响力的成果。**体现产业创新水平的国际 PCT 专利申请偏低,2013 年江苏申请总量 1 186 件,仅占全国的 5.2%;2014 年全球企业国际专利申请量前 50 强,中兴、华为、腾讯等国内 6 家企业入选,没有江苏企业;每万人拥有有效发明专利量仅为 10.24 件,而 2011 年日本 105.2 件、美国 35.6 件、韩国 96.1 件,与发达国家差距很大。**四是缺有影响力的投入。**虽然江苏 R&D 占 GDP 比重已达2.5%,但仍低于硅谷所在加州的 4.7%和"生物医药之都"马里兰州的 6.2%。企业创新动力不足,规模以上工业企业研发经费占主营业务收入比重不足 1%,还不及发达国家的 1/4。

2. 产业特别是高技术产业国际竞争力不强

总体上看,江苏产业结构仍然处于产业结构链条的中低端。**一是工业总体生产效率偏低。**全省工业规模 14 万亿元,自 2010 年以来一直稳居全国第一,但工业增加值率长期徘徊在 25%左右,远低于发达国家 40%以上的平均水平,也低于上海、广东等兄弟省市;劳动生产率仅为日本、德国的 1/5,相当于美国 1978 年的水平。工资水平也反映出产业效率不高,江苏制造业平均年工资 8 852 美元,是美国的 1/5、德国的 1/7。**二是传统产业创新滞后、附加值不高。**全省整体上产业结构偏重,传统产业比重偏大,目前达到 75%。2014 年,全省纺织、冶金、轻工、建材等四大传统产业的工业总产值和企业数量均占规模以上工业的 50%左右,但投入的研发经费和研发人员只占 30%左右,实现利润占 36%。**三是高技术产业高技术、高利润的效益优势不明显。**江苏高新技术产业产值已经突破 5.7 万亿,但大部分领域对外技术依存度高，关键技术及装备长期受制于人，我们的机电产品 61.2%是外资企业生产的，51.1%是以加工贸易方式出口的；高新技术产品 73%是外资企业生产的，65.3%是以加工贸易方式出口的。此外，大型成套装备、高科技含量装备 80%以上来自进口，新药配方几乎全部来自国外，高端产品在国际市场份额较少，在产业分工中处于价值链中低端，知识产权密集型产业增加值占 GDP 比重为 23%，低于美国 35%的水平，甚至在电子信息和医药制造等一些新兴产业领域，利润率都低于北京和广东。由此，导致江苏缺乏具有全球竞争力的知名企业和品牌，“2014 年全球企业最有价值的 100 个品牌”中，美国有 59 个，我国仅华为入围，没有江苏企业；福布斯“2014 全球最具创新力企业”中，中国内地有 5 家公司上榜，江苏空白。

3. 适应产业科技创新的体制机制尚不健全

近年来，江苏加快科技改革步伐，但运用市场机制推进产业科技创新的办法不多。**一是高新区产业创新主阵地作用尚未充分发挥。**高新区内仅有 6%的企业为高新技术企业，研发投入强度不足 2.5%，远低于国际一流科技园区 10%的水平。全国 6 个“世界一流园区”江苏无一入选。**二是创业生态还不够完善。**全省创投机构管理资金规模不断扩大，但实际投资额仅占 GDP 的 0.2%，不到美国、日本的 1/5，且只有 30%投资于早期研发和初创期科技企业，与国际 50%以上相比有很大差距。创业平台建设滞后，以创客空间为例，发达国家 Metalab、TechShop、Fab Lab、Access Space 等众创载体全球知名，截至 2014 底，全球共有超过 1 500 个创客空间分布在超过 120 个国家，我国的 30 余家创客空间主要集中在北京、上海、深圳等地，江苏的创客载体和文化氛围有待提升。**三是科技服务体系不够健全。**技术市场、人才市场等创新要素市场不够发达，2014 年中关村技术合同成交额近 3 000 亿元，我省只相当于其 1/5，上海聚集了上千家猎头公司，我省只有其 1/10，尤其是知识产权服务、金融服务、咨询服务等高端领域急缺专业化、国际化人才支撑。

四、江苏省建设全球有影响的产业科技创新中心的思路、定位与目标

（一）总体思路

牢牢把握新一轮全球科技革命和产业革命的战略机遇，着眼于培育新的经济增长点和抢占未来发展制高点的战略目标，瞄准世界科技和产业前沿领域顶尖水平，以培育具有国际竞争力的主导产业为主攻方向，以增强科技创新能力为核心，以深化体制机制改革为动力，以开放融合国内外创新资源为渠道，围绕产业链部署创新链，围绕创新链完善资金链，着力突破产业关键核心技术，**获取世界级科技成果**；着力增强企业自主创新能力，**培育世界级创新型企业**；着力提升园区发展水平，**打造世界级科技园区**；着力优化大众创新创业环境，**集聚世界级领军人才**，突破江苏在全球产业链中的低端技术锁定、价值锁定和市场锁定，形成国际产业先发引领优势，掌握更多话语权和主动权，加快从跟跑、并跑向领跑跨越，努力把江苏建设成为全球有影响的产业科技创新中心，推动产业向世界中高端水平迈进，并为全国产业

转型作出积极示范。

（二）战略定位

江苏建设全球有影响的产业科技创新中心的战略定位是：通过构建创新水平与国际同步、研发活动与国际融合、体制机制与国际接轨的现代产业科技创新体系，使江苏成为科技基础设施完善、城市创新功能健全、区域创新协同有序、创新创业活力充分激发的产业科技创新中心，成为重大产业原创性技术成果和战略性新兴产业的重要策源地，高端人才、高成长性企业和高附加值产业的重要聚集地，在全球产业科技创新格局中跻身先进行列。

（三）阶段目标

第一步，经过5年左右努力，到2020年，基本形成产业科技创新中心框架体系，市场配置创新资源的决定性作用明显增强，企业主导产业技术研发创新的体制机制初步建立，参与国际竞争的产业技术创新体系初步形成，制造业部分优势领域创新水平由跟跑向并跑、领跑跨越，主要创新指标达到创新型国家中等水平。

第二步，经过10年左右奋斗，到2025年，形成产业科技创新中心区域的核心功能，全面构建适应创新驱动发展要求的体制机制，人才、资本、技术、知识高效配置，创新成果向现实生产力转化的通道顺畅，产业技术创新体系整体效能大幅提升，制造业主要领域创新水平以并跑为主，部分领域进入价值链中高端，成为全球产业技术创新网络的重要节点，部分创新指标跨入创新型国家先进行列。

第三步，全面建成全球有影响的产业科技创新中心，成为与我国经济科技实力和综合国力相匹配的全球创新城市群和先进制造业高地，为实现“两个一百年”奋斗目标提供强劲的科技创新动力。

五、江苏省建设全球有影响的产业科技创新中心的战略路径

（一）着力加快中高端产业技术突破，获取世界级科技成果

1. 加强前瞻性新兴产业战略部署

面向世界科技进步大方向和产业变革大趋势，聚焦国家战略、重大产业，选准关系全局和长远发展的战略必争之地，前瞻布局一批能填补国内空白、支撑战略性新兴产业跨越的重大产业科技创新项目，把握发展先机。积极承接国家科技重大专项任务，加快推进集成电路、新药创制等国家专项任务的实施，积极转化创新成果。部署新的重大科技项目与工程，进一步跟踪研究国家创新驱动发展战略顶层设计和重大科技项目、工程，聚焦重大产业方向，梳理分析数字制造、新材料、新能源、未来网络、生命健康等江苏有优势的领域，根据“成熟一项、启动一项”的原则，抓紧论证启动若干新的重大科技项目与工程。在研究对照《中国制造2025》有关产业领域基础上，结合江苏现有产业基础和科技创新水平，我们认为“十三五”期间，江苏重点应在以下产业领域加强技术突破（详见表1-2～表1-9）：

表 1-2　高端装备制造产业

技术领域	关键技术
轨道交通装备制造	列车调度与控制一体化、新能源驱动列车关键技术、轨道交通安全防护技术、直线电机体悬集成技术、虚拟轨道辨别与导航
3D 打印技术	基于概念设计的造型设计技术、基于逆向工程的快速数据获取技术、高性能分层切片处理技术、高精度高速度成型控制技术
工业机器人	机器人伺服电机技术、机器人减速器技术、机器人控制器技术
航空航天装备	航空新材料及其零部件制造技术、航空设备及系统技术、新型涡轴发动机技术、空管系统技术
海洋工程装备	半潜式海上钻井平台、多功能自升式海洋钻井平台技术、海洋平台钻井模块技术

表 1-3　新一代信息技术及软件产业

技术领域	关键技术
软件	基础软件技术、操作系统、嵌入式软件技术、工业专用软件
大数据	数据实时在线处理技术、非结构化数据处理技术、图像语音视频数据智能分析技术、自然语音处理、语义理解和机器学习
工业互联网	工业异构异质网路的融合技术、工业装备和产品的智商技术、工业大数据的存取和利用技术、工业互联网体系架构技术
新型显示	曲面显示技术、量子点显示技术、LTPS 技术、Qxide-TFT 技术
移动互联网	可穿戴设备技术、智能家居技术、智能汽车技术
云计算	数据中心架构技术、能耗管理等节能减排技术、服务器定制设计技术、模块化数据中心技术
物联网	传感节点的低功耗和微型化技术、远程环境感知、检测与控制

表 1-4　生物技术和新医药产业

技术领域	关键技术
医药生物	病毒样颗粒技术、大型 DNA 病毒基因组高效定点编辑技术、噬菌体展示疫苗载体技术、前体药物产业化生产技术
工业生物	工业酶分子改造技术、工业蛋白质表达技术、工业微生物高通量筛选技术、生物炼制与生物质转化技术
下一代基因组	DNA 甲基化技术、非编码 RNA 技术、染色体三维结构分析技术
新药创制	肿瘤一线治疗药物研发技术、小分子药物设计筛选技术、药效及安全性评价技术
医药器械	螺旋扫描 CT 装置技术、立体定位超声聚焦治疗系统技术、旋转伽马刀技术、微创血管支架技术

表 1-5　新能源产业

技术领域	关键技术
太阳能	化合物非硅光伏电池技术、硅烷流化床法多晶硅生产技术、金刚线切割技术、CIGS 薄膜电池技术
风能	大型机组设计技术、超大型风电机组智能控制技术、海上风电机组技术
核能	核电用大型铸锻件技术、核级主管道技术、核级阀门技术、核级电缆技术
生物质能	生物质直燃发电技术、木质纤维素生物转化技术、生物质热化学转化技术

表 1-6　新材料产业

技术领域	关键技术
高性能金属材料	高性能低成本钢铁材料设计、洁净钢制造技术、粉末高温合金技术、大规格铝镁合金技术、钛合金和铜合金精密成形技术
光电材料	第三代化合物半导体材料制备技术、有机发光(OLED)显示与激光显示技术、高品质外延及芯片技术、大功率封装技术、LED 背光模组技术
纳米材料	纳米材料及制品的制备和应用关键技术，纳米器件的制造、组装及集成技术，纳米安全评价技术
膜材料	高性能低成本隔膜制备技术、离子交换膜材料技术、基于膜分离集成过程的水资源综合利用技术、膜法深度水处理技术
石墨烯	大面积石墨烯透明导电薄膜应用技术、石墨烯锂离子电池应用技术、石墨烯纤维材料应用技术、石墨烯吸附性能及其应用
先进复合材料	高性能纤维复合材料技术、海洋工程材料技术、特种工程材料

表 1-7　节能环保产业

技术领域	关键技术
水污染控制	新型生物脱氮除磷技术、农村面源污染治理技术、畜禽养殖废水处理技术、水体富营养化控制及修复技术
大气污染控制	细颗粒物控制技术、重点行业烟气脱硝技术、柴油机尾气净化设备技术、有机化合物治理技术
固体废弃物处置	生活化垃圾焚烧和生物处理技术、废弃脱硝催化剂回收利用技术、危险废物鉴别技术、重金属替代技术
土壤污染防治	地下水污染控制与修复技术、工业场地快速化工程修复技术、污染场地修复注射系统技术、地下水污染物的地表智能探测
节能技术	变频调节节能技术、伺服电机永磁高效节能技术、流程工业能量系统优化技术、能量转换系统效能提高及改造技术
环境监测	空气、水质智能监控系统技术、射频识别和物联网芯片技术、细颗粒物及灰霾监测技术、有机物污染物在线监测技术

表 1-8 新能源汽车产业

技术领域	关键技术
新能源汽车电池	电池分选和一致性技术、电池包可靠性和耐久性设计技术、电池成组连接技术、隔膜及电解液材料技术
新能源汽车电机	热管理技术、电磁兼容技术、抗震降噪技术、绝缘及导热材料
新能源汽车电控	整车控制系统技术、专用发动机控制技术、专用变速器控制技术、底盘控制系统技术、汽车智能化技术
新能源汽车整机	整车电控集成及匹配技术、车身结构和材料轻量化技术、整车优化设计及生产技术

表 1-9 智能电网产业

技术领域	关键技术
电网安全防御	嵌入式平台专用可信芯片技术、可信配网终端技术、公网通信安全防护网关与模块技术
电网运行调度控制	通信系统与参数量测技术、一体化智能应用与模型管理技术、电网实时动态监测与预警技术、电网经济运行与智能优化技术
特高压输电	特高压交流输电技术、特高压直流输电技术、柔性直流输电技术、多端直流输电技术

（表 1-2～表 1-9 资料来源：2015 年江苏省软科学计划项目 BR2015034，《“十三五”江苏重点新兴产业技术预测研究》，项目负责人：黄斌。）

2. 加快建设面向产业创新的高水平研究型大学

建设若干世界知名的高水平有特色大学，充分发挥高校的创新源头作用。实施江苏高校优势学科建设工程，打造基础学科、应用学科、新兴交叉学科等多类重点学科以及各类优势学科协调发展的学科体系，创建世界一流学科。支持大学在基础研究、前沿技术研究、社会公益研究等领域开展重大原始创新，推动大学与企业、科研院所开展全面合作，更好地为产业技术创新服务。组织实施江苏高校协同创新计划，着力突破学科、学校、行业和地区壁垒，支持高校与国内外各类创新主体紧密合作，促进教育与科技、经济深度融合。支持将协同创新中心作为高校综合改革试验区，在完善机制体制、创新人才培养模式上先行先试，提高人事管理自主权。支持高校普遍建立技术转移中心，鼓励高校与企业建立“校企联盟”等产学研合作组织，全面提升高校对产业技术创新的支撑和引领能力。

3. 着力集聚国际一流科技创新平台

建立全面支撑产业科技创新的大装置、大平台，进一步加大大数据资源、大科学工程、重大技术平台等基础条件投入和统筹布局，开展一批世界前沿、多学科交叉的重大科学研究，形成世界一流水平的科学研究能力。加快国家超级计算（无锡）中心、未来网络实验设施、纳米真空互联实验站、高效低碳燃气轮机试验装置等国家科技平台建设，积极创建微结构、通信技术、水土生态等国家实验室，努力打造具有世界领先水平的综合性科学研究试验基地。统筹产业创新布局，在纳米技术、生物技术、智能制造、人工智能、仿生材料、大数据、高温超导、高效储能等重点领域，培育一批国家重点实验室和省级重点实验室，引导重点实验室与国际一流科研机构共建联合实验室，并积极参与国际大科学计划和大科学工程。加强重大创新平台国际合作，推动与以色列、新加坡等创新型国家和地区合作，鼓励各地、各园区有实力的企业与英国牛津大学、美国麻省理工学院、贝尔实验室、弗劳恩霍夫应用研究促进协会等世界一流研究型大学和研究机构建立合作关系，建设一批科研型国际合作大学、联合研发机构。

4. 推进省产业技术研究院发展改革

瞄准“世界有影响、全国最前列”的目标，进一步发挥省产业技术研究院改革“试验田”作用，着眼从“科学”到“技术”的薄弱环节，通过高校运行机制和市场化运行机制的有效结合，打通重大基础研究成果产业化的通道，使之成为产业技术升级的“推进器”、吸引各类创新资源的“强磁场”和重大创新成果的“策源地”。按照平台一流、队伍一流的标准，围绕产业发展重大需求，依托地方和园区，集聚全球创新资源，引进共建一批人才与国际贯通、机制与国际接轨的专业研究所，并实现战略性新兴产业领域全覆盖。针对“一区一战略产业”布局，依托省产业技术研究院和创新资源集聚度较高的高新园区，建设一批产业技术创新中心，完善创新资源整合、产业技术研发、成果转移转化、企业衍生孵化等功能，健全产业技术研发体系。建设江苏产业与全球创新资源对接平台，在创新资源和产业聚集度高、先进技术集中、技术交流活跃的发达国家和地区，建立10家左右海外产业技术研发载体。以省产业技术研究院为依托，积极探索构建市场化导向、公益性职能、企业化运作的运行机制，加速产业重大原创性成果产出。赋予省产研院在使用省产业技术研发专项资金时更多的自主权。允许并鼓励教师、科研人员到省产研院任职或兼职，在省产研院兼职或任职的高校院所科研人员携带科技成果创办衍生企业或到企业转化，可保留3年工作人员身份，档案工资正常晋升。

（二）着力增强企业自主创新能力，培育世界级创新型企业

1. 打造具有国际影响力的创新领军企业

全面启动创新型领军企业培育工作，强化大型企业整合利用全球创新资源的能力，通过并购重组、开展委托研发和购买知识产权，加速全球创新资源向企业集聚，到2020年，培育100家拥有全球顶尖人才、创新能力国际一流、规模与品牌位居世界前列的创新型领军企业。支持行业龙头牵头组建一批产业技术创新战略联盟，创建一批企业科技园，转化一批重大科技成果。支持国有企业组建中央研究院和专业领域研发中心，优先在行业龙头企业布局建设国家重点实验室、工程实验室、工程中心等国家级研发机构，支持企业与掌握前沿技术理论和基础研究的国际顶尖高校及一流研发机构共建高水平的重大研发载体，大幅提升企业国际创新竞争力。推动企业加大技术创新、管理创新和商业模式创新力度，培育以高新技术企业为主力军的创新型企业集群，到2020年培育高新技术企业1.5万家。

2. 培育产业细分领域掌握核心技术的“小巨人”

大力支持科技型中小企业发展，打造一批拥有特色专有技术、具备国内外行业竞争优势的“小巨人”企业。充分发挥科技型中小企业创新基金引导作用，通过贷款贴息、研发资助等

方式重点支持种子期、初创期小微企业创新活动。推广科技创新券制度，鼓励各地开展科技创新券补助政策试点，引导中小微企业加强与高等学校、科研机构、科技中介服务机构及大型科学仪器设施共享服务平台的对接。加大对科技型中小企在股份制改造和上市等关键成长期的支持力度，加快上市融资步伐。支持企业承接重大建设工程，通过预留、评审优惠和合同分包等方式提高中小企业政府采购比例。健全企业主导产业技术研发创新的体制机制，激发中小企业活力，推动面广量大的科技型小微企业向新技术、新模式、新业态转型，加速成长为高新技术企业。

3. 更加主动融入全球创新网络

支持企业“走出去”利用全球科技资源，紧密对接国家“一带一路”倡议部署，广泛集聚国际创新资源，深度融入全球研发创新网络。引导企业实施开放式研发策略，推动加入世界主要技术标准组织，牵头或参与建立国际性产业技术创新联盟；鼓励有实力的企业通过收并购等方式设立海外研发基地，面向全球布局创新与生产营销网络。积极构建产业科技创新全球合作伙伴关系，深化与以色列、芬兰、英国等世界创新强国，以及美国麻省理工学院、德国弗朗霍夫应用研究促进协会等国际知名机构的交流合作，建立一批产业技术国际合作平台。健全综合协调机制，合力支持我省技术、产品、标准、品牌走出去，开拓国际市场。支持苏州工业园区开展开放创新综合试验，提升常州创新园、太仓中德产业合作园、中韩盐城产业园等国际创新园区发展水平。

（三）着力提升高新区建设水平，打造世界级科技园区

1. 充分发挥高新区产业创新主阵地作用

以建设世界一流高科技园区为目标，借鉴美国硅谷、韩国大德、中国台湾新竹等世界著名科技园区的发展经验，在江苏国家级高新区中择优培育建设具有国际重大影响力的科技园区。设立高新区创新发展引导资金，引导地方和社会资金加大对高新区的投入，主要用于支持高新区创新核心区内重大创新创业载体和平台建设。着力打造创新核心区，完善技术研发、产学研合作、科技服务等功能平台体系，打造集知识创造、技术创新和新兴产业培育为一体的创新核心区，使其成为引领高新区转型发展的核心动力。按照创新型园区建设要求，建立健全以创新绩效为主的高新区评价体系，引导和推动高新区加快步入创新驱动、内生增长的轨道。加大政策扶持力度，对高新区财政收入中上缴省市增量部分实行全额返还，省市对高新区创新核心区建设用地给予优先安排。科技人员到园区创办科技企业可享受税收优惠。赋予省级以上高新区相应的经济和行政管理权限，鼓励高新区制定特殊政策措施，集聚科教资源。

2. 打造主要依靠创新驱动发展的“新苏南模式”

把握“三区一高地”的战略定位，加快苏南国家自主创新示范区建设步伐。开展创新政策先行先试，尽快推广落实中关村政策，在新型科研机构建设、资源开放共享、区域协同创新、高层次人才引进、科技成果转化、科研管理等方面积极探索，实现创新政策一体化覆盖、体制机制改革一体化推进，着力打造创新驱动发展引领区、深化科技体制改革试验区和区域

创新一体化先行区，在建设全球有影响的产业科技创新中发挥引领支撑作用。加快苏南创新一体化发展，优化“五城九区多园”创新布局，探索一体化的新机制新模式，破除高校、科研院所与企业之间在体制机制上的障碍，建立科技资源统筹配置机制，推动创新要素在城市之间、园区之间、城乡之间的合理流动和高效组合，促进城市间科技创新和产业发展分工协作，推动城市自主创新能力和产业国际竞争力全面提升。加快苏南人才管理改革试验区建设，构筑国际化产业人才高地。

3. 大力推动经济技术开发区转型升级和创新发展

坚持以提高经济发展质量和效益为中心，加快开发区“腾笼换鸟”进程。探索建立开发区动态管理机制，把创新能力、品牌建设、知识产权保护、生态环境、节约集约用地等作为考核评价的重要内容，引导开发区增强发展的内生动力。将产业结构的调整优化作为开发区转型升级的主攻方向，以提质增效为核心，以促进两化深度融合为抓手，加快传统制造业改造提升，大力发展战略性新兴产业和先进制造业，形成战略性新兴产业集群。坚持经济和技术并重，把提高创新能力和保护知识产权摆到更加突出的位置，进一步增强区内企业的创新意识，支持开发区内大中型企业和规模以上高新技术企业建设企业研发机构，增强企业自主创新能力。支持经济综合实力领先、产业特色明显、内生动力突出的省级开发区升格为国家级开发区。加强产城融合发展，推动产业空间和社会空间协调发展，合理超前配置科技创新基础设施。优先保障开发区重大创新项目、企业研发机构、科技企业孵化器用地需求，每年新增用地50%以上供给新兴产业。

（四）着力优化大众创新创业环境，集聚世界级领军人才

1. 完善高层次创新人才引进培养模式

建立更加开放的人才引进使用机制，更加注重培养、用好、吸引各类人才，大力集聚国际化高端人才，推动江苏产业科技创新逐步走向世界先进行列。依托“双创计划”等省级高层次人才引进计划，围绕重点产业领域和创新方向，重点引进具有国际水平的科学家、领军人才、工程师和创新团队，特别是集聚一批诺贝尔奖得主。探索制定外籍高层次人才引进涉及的签证、入境出境、停留居留、永久居留等方面特殊便利政策。对经由市场主体评价、市场价值达到一定水平的创新创业人才和技能人才，允许不受学历职称限制直接入户引进。完善人才市场，吸引国内外知名猎头公司在我省设立分支机构或办事处，为高层次人才合理流动提供优质服务。鼓励青年人才负责或承担重大科技计划项目，大规模组织青年科技人才到国际研发平台上进行培训、锻炼。建立适应不同科研活动特点和人才成长规律的科技人才分类评价机制。鼓励高校、科研院所采用年薪工资、协议工资、项目工资等方式聘任高层次科研人员，所需人员经费不纳入绩效工资总额调控范围。建立科学化、市场化、社会化的评价发现机制，分层分类推进职称制度改革。

2. 构建适应大众创业、万众创新的科技孵化体系

充分发挥创业孵化机构的产业孵育功能，兴办一批市场化、专业化、集成化、网络化的

"众创空间",加快建设国际化的跨境创业平台和孵化载体。发挥大学科技园、科技企业孵化器等的基础服务资源优势,与众创空间开展深层次合作,形成涵盖项目发现、团队构建、投资对接、商业加速、后续支撑的全过程孵化链条。支持创建创业大学、创客学院,鼓励大型电子商务平台等互联网企业设立以互联网为主要业务载体或服务领域的众创空间。在科教资源密集、创业企业集中的地区建设一批众创集聚区。大力建设公共技术与推广服务平台,鼓励研究机构和企业开放设备、研发工具,为创客群体提供加工、检测等服务。培育一支高端化的创业导师队伍,形成"创业者-企业家-天使投资人-创业导师"的互助机制。

3. 强化金融资本对产业科技创新的助推作用

发挥金融创新对产业科技创新的助推作用,支持股权投资、创业投资和天使投资发展,支持企业利用多层次资本市场参与全球竞争。健全科技金融风险分担机制,建立覆盖全省的科技金融风险补偿资金池和备选企业库,引导银行等金融机构加大对科技型企业的支持力度。建立各产业部门基金统筹联动机制,围绕前瞻性战略性产业链布局资金链,重点发展"首投、首贷、首保",优先支持初创企业。发展科技金融专营机构、特色机构和科技小额贷款公司等新型科技金融组织,推动建立与科技创新相适应的业务流程和管理制度。鼓励金融机构推进"人才贷"、知识产权质押贷款、科技保险、科技物业资产证券化等科技金融产品创新,促进科技成果资本化、产业化。完善企业改制上市培育工作体系和协同工作机制,支持符合条件的优秀科技企业发行上市,不断做强做大"江苏板块"。探索建立省级科技金融投融资平台,为科技型中小企业提供综合金融服务。推动国家科技金融优惠政策在我省落地,为金融机构支持科技创新给予普惠财税政策扶持。

六、江苏省建设全球有影响的产业科技创新中心的对策措施

(一) 加大引导性产业科技创新投入

深入推进政府投入方式创新,以税收优惠、政府采购等普惠性政策和引导性为主的方式支持企业技术创新和科技成果转化活动。运用财政补助机制激励引导企业普遍建立研发准备金制度,引导企业有计划、持续地增加研发投入。加大省、市、区县三级财政资金对新技术新产品的采购力度,研究制定促进公共服务部门和国有企业采购新技术新产品的政策。在财政出资的重大工程项目和服务采购清单中,须有5%以上的额度面向中小企业招标采购。完善国有企业经营业绩考核办法,加大创新转型考核权重,对科技研发、收购创新资源和重大项目、模式和业态创新转型等方面的投入,影响企业利润部分视同实现利润。健全重大创新工程和项目容错机制,引入任期激励、股权激励等创新导向的中长期激励方式。围绕经济社会发展重大战略需求和政府购买实际需求,探索试行创新产品与服务远期约定政府购买制度,带动新技术新产品在全社会的推广应用。

(二) 建立与国际接轨的知识产权制度

加强知识产权法制建设,制定《江苏省知识产权促进条例》等法规。开展知识产权综合

管理改革试点，建立健全职责清晰、管理统一、运行高效的知识产权行政管理体系。实施高价值知识产权培育计划，培育知识产权密集型企业，打造专利密集型、商标密集型、版权密集型产业。建设江苏（国际）知识产权交易中心等展示交易平台，大力发展知识产权市场。进一步推进知识产权民事、行政和刑事司法审判"三合一"改革，探索设立知识产权法院，发展知识产权司法鉴定机构。不断加强与美国、欧盟、韩国等发达国家和地区以及世界知识产权组织的合作，积极融入国际知识产权创造、运用与保护体系，不断提升知识产权海外布局、技术转移、人员交流培训等方面的成效，构建海外知识产权保护和服务网络。加强对国际知识产权制度和规则研究，研究制定海外知识产权维权指引，建设涉外企业知识产权数据库，建立科学决策、快速反应、协同运作的涉外知识产权争端应对机制，努力为企业参与国际竞争、应对知识产权争端保驾护航。

（三）推进市场化科技管理体制机制改革

加强科研项目和资金配置的统筹协调，发挥省科技创新工作领导小组的作用，探索打破行政主导和部门分割，建立主要由市场决定技术创新项目和经费分配、评价成果的机制。实行重大项目法人负责制，增加项目承担单位预算调整权限，提高经费使用自主权。实行科研项目分类管理和差别化支持，对基础前沿研究突出创新性成果和人才培养的考核导向，对产业技术研发突出企业主体和市场评价导向，对公益性科研项目强化需求和应用导向。完善科研项目资金管理，试行科技专项资金预决算公开，建立科研项目间接成本补偿机制，对产业技术类项目探索实行后补助支持方式。探索建立创新调查和科技报告制度，建设与省科技管理信息系统互联互通的全市统一的科技管理信息系统和科研项目数据库。大力推进项目评审、人才评价、机构评估"三评"改革，进一步强化科技创新的市场化导向。研究制定公共科技资源共享条例，推动各类科技资源向企业和社会开放共享。

（四）制定落实普惠性创新激励政策

以深化科技体制改革为动力，加大产业创新政策突破力度。完善企业研发费用计核方法、目录管理方式，探索将研发设计、检验检测认证等科技服务业企业纳入高新技术企业认定范围，落实有限合伙制创业投资企业税收优惠政策，切实做到应免尽免、应减则减。建立符合科技成果转化规律的科技成果使用、处置管理制度，赋予高等学校、科研机构科技成果自主处置权。完善高等学校、科研机构科技成果转化所得收益分配激励机制，科技成果转化所得净收益，可按照不低于70%的比例划归参与研发的科技人员及团队拥有。高等学校、科研机构转化科技成果以股份或出资比例等股权形式给予个人奖励约定，可以进行股权确认。在每年新增工业用地中，高新技术产业用地所占比例不低于60%。对认定的省级以上大学科技园自用以及无偿或通过出租等方式提供给孵化企业使用的房产、土地，免征房产税和城镇土地使用税；对其向孵化企业出租场地、房屋以及提供孵化服务的收入，免征营业税。

七、“十三五”时期有关建议

（一）建议将建设“全球有影响的产业科技创新中心”作为“十三五”时期我省创新驱动发展的重大战略目标，写入《江苏省“十三五”科技创新规划》，并争取列入江苏省“十三五”国民经济和社会发展规划。

（二）建议启动编制“全球产业竞争地图”，围绕江苏有优势的产业领域，在世界范围定位找出与产业相关的全球最顶尖的人才、最前沿的成果和最具竞争力的企业等所在地，绘制产业科技创新资源全球分布图，制定有针对性的定向引进、定向合作路径，加快推动江苏产业科技创新向全球中高端水平迈进。

（执笔人：韩子睿　皮宗平　魏　晶　张　雯　商丽媛　宋艳红　李子萤　孙　琳）

参考文献

[1] 上海市人民政府发展研究中心课题组．上海建设具有全球影响力科技创新中心战略研究[J]．科学发展，2015(6)：64－82．

[2] 杜德斌．对加快建成具有全球影响力科技创新中心的思考[J]．红旗文稿，2015(6)：27－29．

[3] 韩子睿．江苏区域创新能力比较分析及对策建议——基于《中国区域创新能力报告2013》数据[J]．技术经济与管理研究，2014(2)：126－130．

[4] 张玉赋，汪长柳，孙占．新工业革命背景下江苏发展高端产业的战略选择[J]．江苏科技报，2015(1)：1－3．

[5] 陶希东，安永生．全球科技创新中心建设的台湾经验及启示[J]．上海城市规划，2015(2)：42－46．

[6] 北京市人民政府．北京技术创新行动计划(2014—2017年)[EB/OL]．(2014-04-14)．http://zhengwu.beijing.gov.cn/ghxx/qtgh/t1352269.htm．

[7] 中华人民共和国科学技术部．“创业中国”中关村引领工程(2015—2020年)[EB/OL]．(2015-09-12)．http://www.most.gov.cn/gxjscykfq/wj/201509/t20150902_121500.htm．

[8] 中关村管委会．http://www.zgc.gov.cn/fzbg/yjkt/70096.httm[EB/OL]．(2011-04-02)．http://www.zgc.gov.cn/fzbg/yjkt/70096.htm．

[9] Programme U N D. Human development report 2001: making new technologies work for human development[M]. Oxford Univ. Pr, 2001.

[10] Hillner Jennifer. Venture Capitals[J]. Wired, 2000.

[11] Wittig T, Greenfield J. The Picatinny Technology Transfer Innovation Center: A business

incubator concept adapted to federal laboratory technology transfer[J]. 1996.

[12] Sekhar J A, Dismukes J P. Platform Equation Modeling of Innovation Activity Across the Industrial Technology Life Cycle[C]. Portland International Conference on. Management of Engineering and Technology. IEEE, 2007:834－844.

[13] Arnold H M, Erner M, Möckel P, et al. Applied Technology and Innovation Management: Insights and Experiences from an Industry-Leading Innovation Centre [J]. 2010.

[14] DíazGurrola E R, Ramos Salinas N M, Heredia Martínez R. Research Center Intellectual Capital and Technology Innovation: Transferring Knowledge to Universities and Industry[J]. Global Journal of Business Research, 2016, 9.

[15] Ren D, Song W, Zhang G. Research on the Benefits Allocation System of the Collaborative Innovation Center of China[J]. American Journal of Industrial & Business Management, 2015, 05(6):376－382.

第二章　苏南国家自主创新示范区及园区创新发展研究

建设苏南自主创新示范区是江苏落实创新驱动战略、建设创新型省份的重大战略举措，2014 年 11 月国务院在批复中明确要求将苏南国家自主创新示范区建设成为“创新驱动发展引领区、深化科技体制改革试验区、区域创新一体化先行区和具有国际竞争力的创新型经济发展高地”。面对上述战略定位和目标要求，苏南自主创新示范区自规划建设以来一直致力于探索创新驱动发展的科学路径，立足自身优势，借鉴国际一流园区的成功经验，着力打造具有国际竞争力的创新型园区。“十二五”时期，虽然苏南自主创新示范区总体上处于规划创建阶段，但是在探索创新驱动发展路径和打造具有国际竞争力的创新型园区方面已经取得了一定成就，当然也不可避免地存在诸多问题。“十三五”时期，新常态将成为经济社会发展的主流特征，稳增长、调结构的任务将更加艰巨，实现创新驱动发展的要求将更加迫切。苏南自主创新示范区应当在创新驱动发展方面承载起更大的历史使命，加快打造具有国际竞争力的创新型园区，为积极应对新常态、建设新江苏提供动力和路径的双重支撑。

一、“十二五”实施进展情况分析：成就和问题

创新驱动发展源于迈克尔·波特的经济发展阶段理论，他强调让创新取代资源要素和投资而成为经济社会发展的主导动力。作为一种发展战略，创新驱动的实质就是通过优化创新环境、集聚创新要素、培育创新主体、提高自主创新能力和绩效，依靠全面创新实现经济发展方式转变和产业结构优化升级，使创新成为经济持续健康发展的主导动力。鉴于科技创新对于经济社会发展的巨大支撑和引领作用，通常关于实现创新驱动发展的定量评价标准主要围绕科技进步贡献率和研发投入两个层面展开，依据创新型国家的典型特征，两项指标的大致标准为科技进步对经济增长的贡献率在 70%～80%，甚至 80%以上，研发经费占 GDP 的比重在 2%以上。从定性的角度来看，创新驱动发展阶段的典型特征包括创新要素高水平集聚、创新绩效保持较高水准、创新产业繁荣发展。对照创新驱动发展的本质内涵和特征标准，苏南自主创新示范区在落实创新驱动发展战略方面，取得了一系列显著成就，但也存在诸多问题。

（一）取得的主要进展和成效

1. 要素投入层面：创新投入规模稳步扩张，高端要素集聚水平不断提高

苏南自主创新示范区依托自身经济基础优势和科教资源优势，持续加大创新投入力度，

特别注重引进和培育高端创新人才和新型创新机构，着力打造高端创新要素集聚高地。2011年，苏南五市R&D经费合计约为751亿元，约占全省总量的70%，占地区生产总值的比重约为2.53%，比全省平均水平高0.33个百分点；2013年，R&D经费合计约为972亿元，约占全省总量的67.5%，占地区生产总值的比重约为2.67%，比全省平均水平高0.27个百分点。苏南总体的研发经费强度已经接近发达国家水平，其中，研发经费占GDP指标排名靠后的苏州和镇江，2014年该指标分别达到2.7%和2.55%，分别比上年增加1.3和1.2个百分点，而且均高于全省平均水平(2.5%)。创新人才是最具能动性的创新要素，高素质创新人才的大量集聚是实现创新驱动发展的根本前提。"十二五"时期，苏南自主创新示范区创新人才队伍规模持续扩大，2013年苏南五市共有研发人员42.3万人，约占全省总量的68.7%，平均每万名从业人员中有R&D人员211人，是全省平均水平的1.6倍；同时，高层次人才的数量也不断增加，2014年末，全省90名两院院士有79人在南京，全省约500名国家"千人计划"人才分别有185人、157人在南京、苏州，合计占全省的比重接近70%。此外，各类高水平研发机构也不断向苏南集聚，2014年，全省97个省级以上重点实验室有80个集中在南京；2 748个工程技术研究中心分别有600个和524个集中在南京、苏州，合计占比超过55%；278个省级以上科技服务平台分别有116个和52个集中在南京、苏州，合计占比超过60%。

2. 能力绩效层面：自主创新能力持续增强，创新绩效稳步提升

到2014年，江苏区域创新能力已经连续6年排名全国第一，其中苏南地区的贡献举足轻重。从近年来的全省科技进步统计监测数据来看，苏南五市的综合评价得分牢牢占据了前五位，并且综合得分稳步提高。同时，苏南的科技创新绩效也不断提高，各类专利数量快速增加。2014年，苏南五市发明专利授权量合计为16 136件，是2011年的1.77倍，占全省比重达80.68%。全省科技进步统计监测数据显示，在以每十万人口专利申请数、每十万人口专利授权数、发明专利占专利授权数的比重三项指标表征的科技创新产出评分中，2013年苏南五市均排名前五位，其中常州从2011年的第六位上升到第三位。

3. 产业经济层面：高新技术产业健康发展，创新型经济优势持续强化

"十二五"时期苏南高新技术产业和战略性新兴产业绩效保持良好发展态势。2014年，苏南五市高新技术产业产值合计约为34 203亿元，占全省比重约为59.71%，其中苏州高新技术产业产值为13 644.87，占全省比重为23.82%，南京和无锡所占比重也均在10%以上；苏南五市高新技术产业产值占规模以上工业总产值的比重约为41.19%，比全省平均水平高1.69个百分点。2014年，苏州制造业新兴产业涉及31个行业大类、292个行业小类，覆盖工业行业大类的88.6%，实现产值14 543亿元，占规模以上工业总产值的47.5%，比上年提高2.1个百分点；南京六大先进制造业实现产值5 891.68亿元，占规模以上工业的比重为44.5%，比上年提高1.5个百分点；镇江六大新兴产业实现销售收入3 556.9亿元，占规模以上工业的比重为45.1%，比上年提高1.7个百分点。随着创新产业的蓬勃发展，科技进步对

经济增长的贡献也稳步提升。2014 年，全省科技进步贡献率达 59.0%，比上年提高 1.5 个百分点，其中，无锡市科技进步贡献率达到 59.9%，列全省第一；苏州市农业科技进步贡献率超过 65%。目前，苏南自主创新示范区"8+1"的核心区已成为江苏经济的重要增长极，对全省的稳增长、调结构发挥了重要的引领作用，2014 年，苏南 8 个国家级高新区及苏州工业园区以占全省 0.6%的土地面积，创造了全省 13%的经济总量、25%的高新技术产业产值和 36%的出口额。

4. 制度环境层面：体制机制改革创新不断推进，创新环境不断优化

苏南地区以新一轮全面深化改革为契机，抓住苏南国家自主创新示范区和上海自贸区两大战略机遇，积极探索科技体制改革的有效路径，完善自主创新导向的政策制度和文化氛围，优化区域创新环境。目前，江苏在省级政府层面已经出台了《关于建设苏南国家自主创新示范区的实施意见》，相关城市也根据自身情况制定了配套的实施意见，并且作出了特色鲜明的定位，例如，南京要当好苏南国家自主创新示范区建设排头兵，而苏州则要打造苏南国家自主创新示范区核心区。除了加强顶层设计之外，还围绕苏南自主创新示范区建设的关键任务和问题，积极探索体制机制改革的实施策略，例如，以 2013 年成立的江苏省产业技术研究院为依托，整合各地分散的科教平台和产业平台，促进优质创新资源的集成共享与优化配置；以 2015 年规划建设苏南科技金融合作示范区为依托，着力化解科技与金融相结合的难题，突破自主创新和创业的天使投资瓶颈。同时，积极探索不同层次的"一区多园"发展模式，以各类高新园区的转型发展为硬核，带动整个苏南自主创新示范区建设，"8+1"的核心区均确立了差异化战略定位。例如，苏州工业园要建设世界一流高科技园区，苏州高新区要建设创新型科技园区，昆山高新区要建设创新型特色园区。此外，以"三创三先"为核心内容的新时期江苏精神，与自主创新示范区的功能定位和价值导向相契合，正在使自主创新逐渐融入地区文化的基因，并对鼓励自主创新、发挥示范引领作用有显著的激励效果。

（二）存在问题和原因分析

1. 高端创新要素和资源环境的双重瓶颈对自主创新构成硬性约束

尽管苏南自主创新示范区创新要素集聚水平不断提高，但是由于高端创新要素总量严重稀缺，而且自主培育周期较长、外部引进竞争激励，特别是随着创新、创业需求的快速扩张，高端创新要素供给不足已经成为苏南自主创新示范区发展的严重瓶颈。以人才资源为例，虽然当前人才资源规模不断扩大，不同层次的创新、创业领军人才数量也稳步增加，但是仍然无法满足现实需要，各地愈演愈烈的人才争夺战也从另一个方面折射出了高端人才严重紧缺的问题。部分地区甚至对高端人才进行掠夺性招聘，注重标榜炫耀引进和拥有高端人才的数量，却忽视人才效用的发挥，相当数量的高端人才处于聘而不用的状态。同时，苏南地区传统粗放型发展模式下的辉煌也引致了严重的资源耗竭和环境污染问题，虽然资源环境瓶颈会在一定程度上对苏南实施创新驱动发展产生倒逼作用，但是也会降低苏南地区的生态竞争力，既会挤占部分创新资源，又会弱化本地区对创新人才和创新产业的吸引力。

高端创新要素和资源环境的双重瓶颈将对自主创新构成硬性约束，将成为苏南自主创新示范区落实创新驱动发展、提升国际竞争力的严峻挑战。

2. 既得利益群体的创新惰性和对技术引进模式的路径依赖，导致自主创新的意愿和动力不足

自主创新的高风险性、低成功率和难以完全内化的正向外溢效应，使得市场机制失灵，单纯的利润动机无法使市场主体产生足够的自主创新意愿。虽然苏南自主创新示范区建设过程中会通过一系列的扶持政策来弥补市场失灵，激发广大人民群众的自主创新热情，但是，实践效果却并不尽如人意，大众创业、万众创新的局面并没有形成。其中两方面的问题值得注意：一是既得利益群体的内生惰性和主观阻挠；二是主要依靠技术引进模仿的传统发展模式的惯性影响。苏南地区的工业化起步较早，先后以乡镇经济和开放型经济为主要引擎的"苏南模式"更是闻名遐迩，在要素驱动和投资驱动发展模式下取得了骄人的业绩，本来这些既得利益群体是最有能力开展自主创新的，但是他们或者由于风险厌恶型的惰性，或者出于对利益分配格局变化的担忧，反而不愿意主动开展自主创新。部分曾经辉煌的传统制造企业宁愿守着微薄的利润苟延残喘，也不愿意放手一搏，因为它们担心创新只会加速死亡，却不知创新的自我毁灭是为了更好地获得新生；部分积累了不菲财富的企业家和居民，宁愿将大量资金用于购买银行理财产品或者放高利贷，也不愿意对某些有前景的创新项目进行天使投资。

3. 中小创新企业成长性不强，缺乏具有国际竞争力的龙头企业，导致自主创新的主体素质偏弱

在完善的区域创新体系中，企业是自主创新的主要主体，而在具有国际竞争力的创新型园区中，既有为数众多的具有高成长性的中小创新企业，又有一定数量的具有国际影响力的大型企业集团。目前，苏南已经具有相当数量的中小创新企业，其中，苏州市共有1 108家企业经备案确认为江苏省科技型中小企业；而南京高新区102家高新技术企业中共有97家企业被认定为江苏省科技型中小企业。当然，这些经过认定的科技型中小企业只是众多中小创新企业中的一小部分。但是，中小创新企业的素质良莠不齐，相当部分中小创新企业的成长性较差，并且不断有中小创新企业由于融资瓶颈、市场萎缩、恶性竞争、信用危机而破产退出，而能够顺利度过成长期步入成熟期的中小创新企业较少，能够成长为具有国际竞争力的大企业更少。尽管培育具有国际竞争力的龙头企业一直是苏南自主创新示范区的重要目标，并且在国家的创新型园区建设指南中也明确列出了百亿级企业集团的指标，但是龙头企业的数量和国际竞争力都亟待大幅提升。2013年江苏营业收入超百亿的工业企业集团有126家，其中苏南有103家（苏州31家、无锡25家、南京24家、常州14家、镇江9家），但是其中真正具有较强国际竞争力的企业并不多，而且大多从事钢铁、石化、纺织等传统产业，主要从事高新技术产业的大企业集团较少。

4. 外需持续低迷、成本红利消失使传统制造业体系日渐式微，而创新产业的链条尚不

健全,削弱了自主创新的产业基础

自主创新需要良好的产业载体,产业对创新成果的需求是自主创新的直接动力,而自主创新活动也只有依托特定产业才能顺利开展。总体而言,苏南发达的产业经济基础能够给自主创新提供良好的产业支撑,但是现阶段苏南产业发展出现的一些突出问题也会对自主创新产生制约作用。首先,苏南现有制造业体系主要是通过承接国际产业转移而形成的,两头在外的出口导向特征非常明显,大部分企业主要集中在加工组装环节,对于研发的需求较低,并且研发能力有限,这种被低端锁定的产业体系不利于自主创新。其次,苏南的传统制造业体系主要基于以劳动力为核心的禀赋成本优势,随着外需低迷和成本红利的消失,这种产业体系将难以为继。一方面,在国际层面,跨国公司开始将生产基地转移至成本更低的东南亚国家;另一方面,在国内区域层面,相关产业开始向苏北和中西部地区梯度转移,本地出现"产业空心化"的危机,自主创新的需求和能力双双下降。再次,战略性新兴产业虽然能够直接派生出对自主创新的强烈诉求,但是由于大多尚处于种子期和成长期,产业链条不健全,而且同样存在低端锁定、结构雷同、政府主导等问题,往往难以为自主创新活动提供良好的产业支撑。

5. 创新绩效偏低,对区域经济发展的直接贡献下降,引领示范作用有待提升

苏南自主创新示范区在落实创新驱动战略、发展创新型经济过程中,形成了相当数量的科技创新成果,发明专利授权量稳步增加,但是具有自主知识产权的重大科技创新成果较少,而且科技成果的转化率较低,相当部分高新技术制造业的关键技术仍然依靠进口。这种相对偏低的创新绩效对苏南经济的持续稳定增长和引领示范作用的发挥都产生了制约作用。苏南一直是江苏经济的龙头,贡献60%左右的地区生产总值、60%左右的高新技术产业产值、80%以上的发明专利授权量、85%以上的进出口总额、65%以上的外商直接投资,但是由于国内外宏观经济形势趋紧、基于边际递减规律的经济增长收敛机制、产业结构转型升级和梯度转移等原因,近年来苏南对区域经济发展的直接贡献呈下降趋势。例如,高新技术产业产值占全省的比重从2011年的66.39%下降到2014年的59.72%,发明专利授权量占全省的比重从2011年的82.55%下降到2014年的80.68%。虽然新常态下经济增速从高速换挡至中高速,对于经济增长速度的指标性压力减小,但是要实现合理的中高速增长仍然需要不断培育新的经济增长点,虽说未来苏南自主创新示范区应主要通过结构升级和创新驱动来引领区域经济发展,但是,苏南直接经济贡献下降,特别是创新驱动发展优势不能转换为经济优势和财富优势,将使其引领示范作用也大打折扣。

二、"十三五"发展思路和目标任务

(一)国内外发展现状和趋势分析

当前,实施创新驱动发展模式,发展创新型经济,建设创新型国家,已经成为世界各国普遍认可的目标诉求。美国的"再工业化"战略、德国的"工业4.0"战略以及我国的"中国制造

2025”战略实质上都是实施创新驱动发展模式的体现。中国共产党第十八次全国代表大会确立了“到2020年进入创新型国家行列”的目标，要求到2020年，研发投入占GDP的比重达到2.5%，科技进步对经济增长的贡献率达到60%。而目前，我国研发投入占GDP的比重仅为2.09%，科技进步贡献率仅为51.7%，相对于创新型国家的既定目标还有很大差距，亟须通过创新驱动发展加快实现创新型国家的目标。特别是2014年以来，我国步入经济发展的新常态，实施创新驱动发展模式的要求更加迫切。

2014年11月，习近平总书记在APEC会议上首次从速度、结构与动力三个层面系统阐述了“新常态”的含义。2014年12月，中央经济工作会议进一步从消费需求、投资需求、出口和国际收支、生产能力和产业组织方式、市场竞争特点、资源环境约束、经济风险积累和化解、资源配置模式和宏观调控方式等九个方面分析了经济发展“新常态”的基本特征。当前，新常态已经成为思考我国经济社会发展问题的基本语境。新常态的直观表现是经济增长速度从高速转向中高速，这既是经济增长客观规律的体现，更是追求更高质量、更好效益增长目标下的主动调控，因而其实质上是在发展目标层面上实现质量效益对于单一速度的超越；而要实现质量效益目标对于单一速度目标的超越，根本路径就是促进经济结构的优化升级，既包括产业层面的结构优化升级，又包括空间层面的结构优化升级；而经济结构优化升级的根本动力又来自创新，只有依靠创新驱动才能够既在存量层面克服要素和投资驱动模式下形成的传统经济结构的弊端，又在增量层面促进各类合乎经济发展目标的新生长点不断涌现。从新常态的内涵来看，在增速换挡中实现更高的增长质量和效益是目标，优化经济结构是实现目标的根本路径，而创新则是促进结构优化、实现发展目标的动力源泉。因此，落实创新驱动发展模式乃是我国积极应对新常态的根本出路。

“建设经济强、百姓富、环境美、社会文明程度高的新江苏”是2014年12月习近平总书记视察江苏时对新时期江苏发展提出的新要求，苏南自主创新示范区要在建设新江苏过程中承载更大的历史使命，必须积极探索创新驱动发展的科学路径，打造具有国际竞争力的创新型园区。同时，以“强、富、美、高”为基本特征的新江苏建设目标也为苏南自主创新示范区创新驱动发展揭示了重点方向：(1) 通过自主创新实现发展动力和经济结构的双重转化，形成具有强大自组织能力的经济体系；(2) 通过激发创新热情、增强创新能力、提升创新绩效，形成大众创业、万众创新的良好局面，让一切创造财富的源泉充分涌动，既培育新的经济增长点，又增加居民收入；(3) 依托自主创新走可持续发展道路，提高生态保护和污染治理的效率，实现环境友好型发展；(4) 通过涉及科技、管理、制度、文化等多个层面的综合自主创新，促进“五位一体”的社会主义文明建设，提高社会文明程度。

(二) 战略定位和总体思路

根据创新驱动发展的内在规律，结合苏南自主创新示范区的总体定位，对照世界一流创新型园区的标准，确定苏南自主创新示范区探索创新驱动发展路径、打造具有国际竞争力的创新型园区的战略定位和总体思路。

1. 战略定位

（1）世界一流创新环境的试验示范区：加强基础设施建设，超前建设知识基础设施网络，全面深化科技体制、财税体制改革，完善自主创新的制度环境和政策体系，营造有利于自主创新的区域文化氛围，打造世界一流的创新环境。

（2）全球高端创新要素的高水平集聚区：瞄准全球创新要素市场，吸引国内外的优秀创新人才、研发机构、创业投资，整合配置各类高端创新要素，打造具有全球影响力的高端创新要素集聚高地。

（3）重大突破性创新成果的策源地：整合优势创新资源，组建合作创新攻关团队，紧跟世界科技发展和产业技术前沿，形成一批具有自主知识产权的重大突破性创新成果，率先抢占新一轮工业革命的技术制高点。

（4）世界一流创新企业集群发展的样板区：率先形成大众创业、万众创新的良好局面，培育一批成长性强的科技型中小企业，做大做强一批具有国际竞争力的龙头企业，打造在国际市场上具有较强话语权的创新企业集群。

（5）创新产业与传统产业耦合发展的引领区：既大力培育发展创新产业，又注重对传统产业的改造升级，实现创新产业与传统产业的耦合发展，开辟产业转型升级的全新模式。

2. 总体思路

以全面深化改革为契机，系统优化自主创新的软环境和硬环境，吸引全球范围的优质创新资源向本地区流动，依托平台建设和机制创新，改善创新资源的配置效率、提高自主创新能力、提升创新绩效，取得一批重大标志性的自主创新成果，培育具有国际竞争力的创新产业体系和创新企业群，通过创新产业与传统产业的耦合发展推动区域产业转型升级，从而实现增长动力、经济结构和增长目标的系统升级，为积极应对新常态提供坚强后盾。

（三）发展目标

1. 自主创新能力和绩效全面提高

区域创新能力进一步提高；科技进步监测结果进一步改善；研发投入占 GDP 比重达到3%以上；每万人拥有专利 40 件以上。

2. 创新产业和创新企业全面繁荣

战略性新兴产业保持快速增长，形成多个有全球影响力的高新技术产业集群；占据全球产业价值链高端，有世界知名的自主品牌；跨国大公司和高成长性中小企业和谐共生，企业研发投入占销售收入 5%以上。

3. 创新型园区国际竞争力迈上新台阶

园区环境改善；园区体系健全；园区格局合理；园区经济规模扩大；园区辐射带动作用增强；园区主导产业集群和龙头企业具有国际竞争力。

4. 区域引领和示范作用全面提升

整个苏南自主创新示范区的创新绩效显著提升，科技进步贡献率超过 65%，在江苏创新驱动发展中发挥重要的先导作用；苏南对苏中、苏北产生重要引领作用；苏南自主创新示范区在创新驱动发展路径方面的部分经验对全国其他地区有借鉴价值。

（四）重点任务

1. 克服新常态下"三期"叠加效应对创新热情、创新投入增长、创新收益分配、创新政策激励效果的负面影响

当前我国正处于"经济增长速度换挡期、结构调整阵痛期、前期刺激政策消化期"，这将对自主创新的意愿和行动产生深刻影响。经济从高速增长变为中高速增长，意味着产出规模扩张速度下降，将会降低可用于创新投入的资源总量，而且会降低创新的预期收益水平；强力推动经济结构调整，淘汰落后产能，培育新兴产业，需要抑制短期利益诉求，甚至改变既有利益格局，会制约部分主体的创新热情；前期大量刺激政策尚未充分消化，不仅会压缩新政策的施展空间，而且相当部分的政策面临边际效应递减的困境，从而使诸多创新政策的激励效果大打折扣。因此，在新常态下落实创新驱动发展战略，需要使自主创新与稳增长、调结构保持良性平衡，并且不断优化自主创新的政策体系。

2. 突破传统模式下的既得利益群体和思维惯性对改革创新的阻挠

创新驱动发展实质上是一项系统的改革过程，需要发展理念、发展要素、发展主体、发展方式和发展目标的全面改革创新，但是传统模式下的既得利益群体和思维惯性会自觉或不自觉地对改革创新产生制约作用。新一轮全面深化改革为创新驱动发展提供了有利契机，但是要真正突破传统模式的惯性影响，必须秉承渐进性改革逻辑，积极探索高超的改革策略和改革艺术，整合不同利益相关者的目标函数，寻求合作共赢的发展路径。

3. 缓解异质行政区域之间的利益冲突与恶性竞争并通过差异化定位来形成创新合力

苏南自主创新示范区是我国首个以城市群为规划范围的自主创新示范区，而且苏南五市及其下辖县市之间的差异较大，在落实创新驱动方面的利益冲突在所难免，并且围绕高端人才、一流研发机构的竞争也日趋白热化。尽管苏南五市正在试图通过已经确立的差异化定位来协调相互之间的利益冲突，但是仍然未能有效形成强大的创新合力。因此，必须探索有效的区域协调机制，完善各类协调小组的工作机制，倡导互补性大于同构性的差异化定位，形成协调创新、有序竞争的良性格局。

4. 消除逐渐浮出水面的各类民生问题和社会矛盾危机对自主创新的制约作用

当前，我国已经迎来社会危机频发时期，随时都有可能落入"中低收入陷阱"，贫富差距和城乡差距拉大、食品安全危机、生态环境破坏、道德诚信弱化、公共服务和社会保障不健全等问题日渐突出，并且对自主创新产生了深层的制约作用。例如，社会信用水平下降，不仅增加了创新主体的融资成本，而且加大了其市场开拓成本；社会保障体系不健全，居民的基本生存和发展权益无法得到保障，不仅使创新创业者面临诸多后顾之忧，而且使利益受损主体更加激烈地排斥创新。因此，苏南自主创新示范区必须重视解决各类民生问题，及时化解各类社会矛盾，切实优化生态环境，提高居民的幸福指数，这既是建设新江苏的内在要求，又是吸引并留住高端创新要素的根本举措。

5. 在长期技术引进和模仿的惯性轨道下增强自主创新意愿

苏南地区在发展开放型经济、打造世界制造业基地的过程中，主要通过引进和模仿来解决技术瓶颈问题，并且确实通过这种方式取得了显著成就。然而，正是这种成就进一步强化了苏南地区对技术引进和模仿的路径依赖，弱化了既得利益群体的自主创新意愿。因此，在新常态下，要突破这种惯性轨道，切实激发相关主体的自主创新热情，必须优化自主创新的政策环境和文化氛围，使自主创新取代模仿创新成为市场主体的自觉行动，并且通过利益展示机制和成本节约机制强化自主创新的动力机制。

6. 在高端创新资源要素条块分割背景下进行资源共享和一体化创新

高端创新资源要素的高度稀缺性和巨大外溢效应，使其难以完全按照市场机制进行优化配置，而政府主导的资源配置机制虽然能够在一定程度上弥补市场失灵，但又不可避免地落入条块分割的窠臼。因此，在新常态下，必须积极探索高端创新资源要素的共享机制，构建区域合作共赢导向的一体化创新机制，提升高端创新资源要素的配置效率，形成相对领先的自主创新能力和绩效。

7. 在技术基础薄弱和产业链低端锁定的双重困境下取得具有自主知识产权的重大自主创新成果

苏南地区要切实引领创新驱动发展，必须在创新驱动发展方面取得显著成效，向其他地区展示创新驱动发展的良好收益预期和操作性路径。但是，苏南的制造业在全球价值链分工体系中仍然处于低端环节，而且自身的技术基础较为薄弱，难以产生具有国际竞争力的自主创新成果。因此，在新常态下，苏南地区必须积极向产业链高端攀升，瞄准世界产业技术前沿进行重点攻关，努力形成具有自主知识产权的重大自主创新成果，从而对全省乃至全国的创新驱动发展产生重要的引领作用。

8. 在科技主导逻辑下推动包括制度、管理、商业模式等内容的综合自主创新

苏南自主创新示范区所倡导的自主创新是以科技创新为核心的综合自主创新，而且综合自主创新将全面推动整个苏南地区创新驱动发展。但是，当前科技创新的主导地位强化了科技主导逻辑的作用，制度创新、管理创新和商业模式创新都从属于科技创新，这无疑与苏南自主创新示范区的初衷相违背。在新常态下，科技创新固然重要，结构转型升级和创新驱动发展的主导力量仍然源自科技创新，但是，新常态的种种特征实际上预示着对制度创新、组织创新、管理创新、商业模式和产业业态创新的巨大需求。因此，在新常态下，必须打破科技主导逻辑的束缚，着力推动综合自主创新，更好地呼应新常态的基本特征和内在要求。

三、对策建议

（一）苏南自主创新示范区落实创新驱动战略的对策思路

1. 紧扣创新驱动的内在规律，积极探索创新驱动发展的推进路径

（1）建设以自由流动和共享使用为核心的高端创新要素集聚高地。加快户籍制度和干部人事制度改革，建立健全统一的社会保障体系，扫除人才流动的体制障碍，保障创新人才

自由流动的权益。继续实施各类人才引进和培育工程,以优质的薪酬待遇、丰富的工作内容、良好的发展前景、诚挚的奋斗友谊吸引并留住优秀人才。探索高层次人才的功能性使用机制,以项目工作制、客座工作制、兼职工作制等多种形式替代传统的聘用制,多个单位共享优秀领军人才。做好优质创新机构的品牌延伸工作,通过共建研发中心、设立调研基地等方式吸引优质研究机构向本地区集聚。

(2) 打造以名优创新企业为核心的高素质创新主体体系。重视企业的创新主体地位,处理好政府、科研院所、高校与企业之间的关系,形成各司其职、各展所长的创新主体体系。以企业注册登记制度改革和行政审批制度改革为契机,降低创新企业的成立和运行成本,培育一批高成长性的中小科技企业。加强区域资源整合,鼓励企业通过兼并收购做大做强,注重品牌营销,培育具有良好品牌形象的龙头企业。培育科技中介服务机构,为创新企业提供优质的中介服务和决策咨询,提高企业经营管理效率。

(3) 构建以信息交流和资源共享为宗旨的多元化的自主创新服务平台。加快构建多元化的自主创新服务平台体系,为创新创业活动提供信息交流、资源共享、谈判交易、价格发现、监督治理等多种服务。构建全区统一的信用信息平台,使研发人员、创业者、企业、消费者能够清晰地了解合作伙伴、竞争对手、供应商等信用情况,降低自主创新的信用风险。

(4) 实施以优化创新效率和突破重大科技难关为核心的自主创新绩效提升工程。妥善处理政府与市场的关系,加强区域创新资源整合,改善创新资源的配置效率,在既有资源条件下创造更多的创新成果。突破零和博弈的逻辑思维,构建共赢导向的合作竞争关系,整合区域优势资源,开展联合攻关,形成部分具有自主知识产权的重大科技创新成果,推动区域科技实力迈上新台阶。

(5) 培育以战略性新兴产业和传统产业耦合互动为核心的创新产业集群。将集群发展作为创新产业发展的主导模式,通过建设特色园区、龙头企业带动、引进战略投资等方式培育创新产业集群。加快发展战略性新兴产业,科学选择主导产业,促进支柱产业的平稳更替。从单一替代范式转向耦合互动范式,加强对传统产业的改造升级,特别注意通过"互联网+"培育新兴业态,促进新兴产业与传统产业的耦合发展,降低区域产业转型升级的摩擦和阵痛,使调结构与稳增长两大目标协调共进。

2. 针对落实创新驱动发展的突出问题,积极完善能够促进创新的体制机制

(1) 完善科技创新成果产业化转化机制。针对科技创新成果虽多但转化效率低的现实情况,借鉴国内外成功经验,采取多种措施完善苏南科技成果转化机制,搭建科技创新与产业发展之间的桥梁,真正实现创新驱动发展。以全面深化科技管理体制改革为契机,优化官产学研一体化合作模式,形成以市场为导向的技术创新模式,在科技创新成果形成之初就瞄准产业化目标。完善技术入股和股票期权等激励约束机制,加强知识产权保护,鼓励科技专家和管理人员积极参与科技成果转化。

(2) 完善关键创新资源的共建共享机制。对于投资规模巨大、外溢效应显著的关键创

新资源，探索实施共建共享机制，各单位根据出资规模和智力贡献确定对该项资产的所有权比重，根据使用强度和创新收益确定对该项资产维护费用的分担比例，对于该项资产出租给第三方使用所产生的收益则根据所有权比重和维护费用比重进行分配，并且出租收益主要用于维护和维修。

(3) 完善面向综合自主创新的创业投资机制。创业投资是促进科技成果转化和培育创新企业的重要机制，现有的创业投资也主要投向科技创新领域。但是，科技创新只是创新的一种形式，当前我们所关注的自主创新是包括多种内容的综合自主创新，而且文化创意、商业模式等领域的优质创新项目虽然不一定有很高的科技含量，但是同样可能产生巨额的投资回报。因此，必须构建面向综合自主创新的创业投资机制，转化多形态的创新成果，培育多类型的创新企业，使各种创新成果都能够获得相应的市场收益，从而全面激发人民群众的创新热情。

(4) 完善基础公共服务供给的多元参与机制。苏南自主创新示范区建设将涉及大量的公共服务的供给问题，其中许多公共服务可能对自主创新的能力和绩效产生非常大的影响，然而，种类繁多的公共服务供给需要耗费大量的人力、物力、财力和时间，单靠政府往往无法提供充足的公共服务，特别是一些专业性较强的公共服务。因此，应在公共服务供给中引入多元参与机制，依靠全社会的力量共同为自主创新提供充足的公共服务。政府除了直接提供公共服务之外，应逐渐加大公共服务购买的比重。各类市场主体可以依据自身需要，在自愿协商基础上，联合进行公共服务供给，或者进行有偿供给。特别是各类公益性社会组织和行业协会，应发挥自身优势，在公共服务供给中承担更多的责任。

(5) 完善重大系统风险预警与公共危机应对机制。理性认识某些自主创新项目蕴含的重大系统风险，合理评估失败风险或副作用风险的影响，准确监测系统风险的演化过程，一旦超过某个阈值就要及时发出预警，提醒相关主体优化创新方案或者提前止损。科学把握公共危机事件对于自主创新的负面影响，健全公共危机管理体系，以缜密的事前筹划尽量规避公共危机，以严谨的过程控制尽量降低公共危机的发生概率，以周到的事后应急和危机公关尽量减少公共危机的负面影响，甚至化危机为契机。

(6) 完善市场倒逼转型升级机制。完善创新要素和创新产品的市场体系和市场规则，充分发挥市场在资源配置中的决定性作用，主要依靠市场的力量决定创新产品的优劣、创新企业的成败、创新产业的去留。借助市场的公平竞争机制，促进创新资源和创新收益的合理分配，完善自主创新与经济利益的联系机制；借助市场的优胜劣汰机制，激励市场主体主动开展自主创新，倒逼市场主体从投资驱动转型创新驱动。

(7) 完善跨区域部门组织领导和协调机制。依托部际协调小组领导机制和苏南办，完善跨区域和部门的协调机制，明确不同区域的差异化定位，平衡不同区域利益分配，协调区域竞争与合作关系，促进区域一体化创新和合作攻关。充分发挥各类行业协会组织的桥梁纽带作用，促进不同创新部门、不同创新主体之间的沟通交流与合作，形成自主创新的合力。

(8) 完善建设成果的评价反馈机制。完善以自主创新为导向的绩效考核机制，紧扣新常态、新江苏的目标要求，围绕创新环境、创新主体、创新能力、创新绩效等方面构建科学的绩效评价指标体系，组建立场客观、结构合理、运作高效的评价机构，定期对苏南自主创新示范区创新驱动发展的进展进行评价，并且将评价结果及时反馈至相关主体，依据评价结果进一步优化发展规划、调整发展方向。

3. 抓住创新驱动发展的核心任务，强化自主创新的保障

(1) 强化规划保障。加强顶层设计，紧扣苏南自主创新示范区的战略定位，制定科学的发展规划，明确发展方向和重点任务。针对创新驱动发展和打造具有国际竞争力的创新型园区，出台具体的实施意见和行动计划。统筹不同区域、不同部门、不同行业的发展规划，形成综合自主创新的合力。

(2) 强化要素保障。加大财政投入力度，扩大各类创新引导基金规模，完善政府先导性资金投入的运行机制。提高财政补贴标准，实施重大自主创新成果的政府购买机制。完善政府信用担保机制，创新科技金融服务，培育天使投资，拓宽投融资渠道，构建多元化的投融资体系，帮助创新主体克服融资瓶颈。完善区域人才政策，加大人力资本投资力度，扫除人才流动障碍，本土培育和外源引进双管齐下，努力克服创新驱动发展的人才瓶颈。完善土地管理制度，健全土地市场，引导土地资源合理配置，保障自主创新项目的土地供给。

(3) 强化制度保障。完善相关法律法规和配套政策，为苏南自主创新示范区落实创新驱动提供制度依据。完善知识产权保护制度，保障创新权益，激发创新热情。完善自主创新相关主体和活动的税收优惠制度，降低自主创新的税收成本。完善政府采购制度，为自主创新产品提供市场需求支撑。

(二) 苏南自主创新示范区建设具有国际竞争力的创新型园区的对策思路

“8+1”的高新园区是苏南自主创新示范区的核心区，也是苏南自主创新示范区建设的先导区，必须依托自身良好的基础条件和创新优势，加快建设成为具有国际竞争力的创新型园区，从而带动整个苏南地区的创新驱动发展。

1. 以自主创新为主线，系统探索现有园区向创新型园区转型的基本路径

(1) 方式转变路径：从投资驱动的外延扩张型高新区向创新驱动的内涵发展型高新区转型。当前，我国包括苏南在内的大多数高新区正走在投资驱动的外延扩张型发展道路上，但是在这种传统发展道路上取得的诸多成就正在被不断显现的弊端所抵消或掩盖，并且凭借自我强化的路径依赖机制，正在成为制约高新区向创新型园区转型的根本桎梏。因此，舍弃对传统模式的留恋，加快向新的创新驱动的内涵发展模式转变，是苏南高新区转型发展的根本路径。高新区发展的驱动力量从投资转向创新，不仅能够弱化对物质要素的依赖，减少对生态环境的破坏，改善长期增长绩效，而且能够以持续创新的思维打破对既有模式的路径依赖，为高新区的转型升级不断注入新的动力。高新区发展的目标从注重规模和速度转向注重质量和效益，不仅能够减少对物质资源要素的绝对需求，并通过提高资源利用效率从相

对意义上增加其可供给数量，缓解各种要素瓶颈，而且能够提高各类资源要素的收益水平，改善各利益相关者之间的关系，使广大人民群众共享高新区转型发展的成果，形成持续推动转型发展的合力。发展模式决定着高新区的功能定位、产业形态和空间布局，因此，必须进一步围绕建设创新驱动的内涵发展型高新区，从功能提升、产业升级和空间优化等方面探索系统的转型发展路径。

（2）功能提升路径：从政府导向的优惠政策型高新区向市场导向的综合服务型高新区转型。我国的高新区是以扶持高新技术产业为目标，在政府的主导推动下形成的，空间布局、产业定位和体制机制都是政府设计的产物。但是，随着高新区之间优惠政策差异的缩小，要继续依靠优惠政策获得超常规发展已经不可能，必须加快功能转型，弱化对政府优惠政策的依赖，注重市场主体对于创新服务的需求，为创新主体提供高水平的综合服务，帮助其降低创新风险、提高创新绩效，从创新中获取持续健康发展的动力。资源配置机制从政府主导转向市场导向，发挥市场在创新资源配置中的决定性作用，引导优质创新资源流向收益更高、前景更好的领域，以市场的价值实现功能激发各类创新主体的热情，但是并不否认优惠政策和政府干预的重要性，而是要注重发挥政府的监管职能和服务功能，弥补市场在公共品供给方面的缺陷，维护高新区的和谐稳定。功能手段从优惠政策转向综合服务，转变政府职能，深化园区管理体制改革，根据创新活动和高新技术产业发展的客观规律完善优惠政策体系，紧扣创新主体的现实需求，从信息共享、人才引进、资金融通、成果转化、科技中介服务等方面提供多样化的创新服务，依靠综合服务而不是优惠政策吸引并留住高端创新资源。

（3）产业升级路径：从松散的制造产业型高新区向集群的智造产业型高新区转型。苏南高新区大多属于典型的制造型高新区，虽然高新技术产业规模较大，但是增加值率偏低，高附加值产业的比重更低，一定程度上只能算是高新技术产业的加工车间，依靠加工制造获取微薄利润，根本无法引领区域高新技术产业发展，更无法培育出具有国际竞争优势和全球影响的高新技术企业和产业集群。因此，苏南高新区要转型发展成为具有国际竞争力的创新型园区，必须加快产业转型升级的步伐，从松散的产业组合转向有机互动的产业集群，从加工制造的集中区转向智能创造的集聚区，在以自主创新推动高新技术产业的自我累积发展的基础上，向世界高新技术产业发展的制高点发起冲锋。产业组织形态从松散组织转向产业集群，能够更好地发挥集群创新的优势，依托共享机制和学习机制解决高新技术产业发展的人才、资金、技术等多种要素瓶颈约束，改善高新技术产业的发展环境和发展绩效，增强高新技术产业自我发展、自我提升的能力。产业结构形态从以加工制造为主转向以智能创造为主，打破跨国公司的技术垄断，走出价值链低端锁定的困境，真正走向自主创新的道路，为培育本土的具有全球竞争力的高新技术产业集群提供源源不断的动力支持。

（4）空间优化路径：从城市疏离型高新区向城市融入型高新区转型。高新区转型发展总是在特定的空间内进行的，空间优化既是高新区转型发展的重要支撑力量，又是高新区转型发展的重要外显内容。但是，当前大多数高新区与所在城市之间的关系处于疏离状态，距离城市中心数公里至数十公里不等，虽然多数有较为便捷的公共交通线路，但是，配套公共服务仍不完善，“远”“偏”“不便”是多数居民对于这段距离的普遍感受。而且高新区内部虽然有完善的基础设施，但是由于主要按照工业生产区的标准建设，距离综合生活区的需要还有很大差距，难以真正像城区那样为人们生活提供支撑，例如，南京高新区的职工64.4%居住在区外、87.3%日常购物在区外、74.5%日常就医在区外、93.6%子女就学在区外。这种空间上的疏离状态，使高新区与城市发展相脱节，一方面，不利于高新区吸引高端创新人才，也不利于高新区享受城市的公共服务；另一方面，不利于高新区的产品和服务流向城市，也不利于高新区的创新成果向城市扩散。在高新区的转型发展过程中必须重新定位与城市的关系，改变这种疏离状态，主动融入城市发展，使高新区不仅从城市获得更多支持，而且对城市产生更多推动作用。特别是新型城镇化战略的全面启动，将为高新区融入城市发展注入强大动力，只有融入城市才能提升高新区的城市化水平，加快被征地农民和外来务工人员完成市民化，促进从土地城市化到人的城市化的转变；只有融入城市才能提升高新区的低碳化和服务化水平，为城市发展提供就业和经济支撑，促进可持续的城市化进程。

2. 以世界一流科技园区为表率，系统完善创新型园区建设的政策环境

(1) 正确处理政府与市场的关系，促进市场机制与政府作用的有机结合。尽管世界一流园区中，既有以市场为主导的硅谷模式，也有以政府为主导的筑波模式，但是这只是对市场与政府相对力量的人为划分，实际上所有成功的园区都离不开市场与政府两种机制的协调推进。苏南现有的高新区都是在政府的主导下发展起来的，园区管委会成为政府力量的代表，在园区准入、项目审批甚至合作创新等方面进行了过多干预，企业尚未真正成为创新体系的中心，高端创新要素市场尚不健全，过多的政府干预一方面导致了园区之间在优惠政策方面的恶性竞争，另一方面抑制了微观市场主体的创新热情。因此，苏南高新区建设创新型园区的首要方向就是，积极融入党的十八届三中全会开启的全面深化改革进程，清晰界定政府与市场的关系，完善现代市场体系，改善政府效能，发挥“强政府与强市场的正向叠加效应”，依靠政府与市场的协调合力完成高新区提档升级的任务。

(2) 完善人才开发政策，促进高端创新创业人才在本园区的高水平集聚。人才是所有创新和创业活动的直接主体，人才的素质水平和工作效率直接决定着创新创业活动的发生频率和成就层次。因此，吸引高端创新创业人才，构筑区域性的人才高地，成为所有一流园区共同认可的基本经验。苏南的高新区在引进人才方面进行了积极探索，但是由于高端人才总量严重稀缺，人才竞争异常激烈，本土人才培养进程缓慢，优秀人才外流问题突出，大部分高新区并没有真正成为区域的人才高地，人才瓶颈成为制约高新区转型发展的关键桎梏。因此，苏南建设具有国际竞争力的创新型园区的首要任务就是，强化以人为本的理念，妥善解决人的问题，完善人才政策和激励约束机制，打造高端创新创业集聚的高地。

(3) 构建以风险投资为核心的多层次融资体系。科技创新需要多样化的投融资机制，但是，以孵化科技创新企业然后通过股权转让获取长期收益的风险投资，才是更有利于促进

科技创新的投融资机制，因为风险投资凭借有限合伙组织制度、阶段性投资、管理参与等较好地解决了投资者的资金投入和经营者的激励相容问题。世界一流园区都将培育风险投资作为完善融资体系的中心任务，只是由于经济土壤和制度文化的差异，风险投资发展水平存在显著差异。苏南的高新区在构建多元化融资体系方面也进行了积极努力，并且显示出了一定的效果，但是距离一流园区还有很大差距，远不能满足高新技术产业发展的需要，而且部分风险投资发生异化，远离技术创新培育阶段，只集中投资即将上市的企业。因此，苏南高新区向具有国际竞争力的创新型园区迈进的另一项重要任务是，积极扶持高新技术产业风险投资，并且在扩大风险投资规模的同时，注意引导风险投资流向高新技术产业和高新技术企业的前期阶段，逐步形成以风险投资为主体的投融资体系，着力突破科技创新和高新技术产业发展的资金瓶颈。

(4) 培育各类中介组织，完善专业化的中介服务体系。中介服务是各类创新要素的黏合剂，能够显著提升创新要素的综合效能，对创新绩效有显著影响，因而世界一流园区往往也集聚着世界一流的专业化的中介服务体系。苏南也积极通过培育中介服务体系来改善高新区的软环境，虽然取得了一定成效，但是仍存在很大的改进空间，中介服务市场不成熟，许多中介服务机构仍具有明显的官本性质，不仅专业水平有待提高，而且存在较严重的信用风险。因此，苏南高新区在发展过程中必须高度重视中介服务体系建设，引进市场化运作的专业化中介服务机构，健全中介服务市场体系，为创新主体提供全方位的中介服务，借助显著的中介服务优势吸引高端创新要素集聚。

(5) 打造官产学研一体化的开放式创新体系。创新要素之间的联结机制是高新园区的筋脉，直接决定着高新园区的创新绩效。世界一流园区都有完善的产学研合作机制，尽管具体模式各有不同，但是都能够最大限度整合区域内的创新要素，形成良好的创新成果。随着经济社会的发展，科技创新活动的复杂性不断增强，市场需求的个性化和变动性也不断增强，这就要求研发主体、生产主体与消费主体进行更加密切的合作，共同参与到创新过程中。在这种背景下，作为技术创新前沿阵地的高新区应致力于构建出一种官产学研一体化的开放式创新体系，将政府、企业、高校和科研院所的力量整合成创新合力，运用全球资源进行创新，使创新活动贴近生产、贴近消费，进而构筑可持续的创新优势。

（执笔人：方建中　战炤磊　邹　红　王利军）

参考文献

[1] [美]迈克尔·波特. 国家竞争优势[M]. 李明轩，邱如美，译. 北京：华夏出版社，2002.

[2] [英]罗纳德·哈里·科斯，王宁. 变革中国：市场经济的中国之路[M]. 徐尧，李哲民，译. 北京：中信出版社，2013.

[3] 刘志彪. 苏南自主创新示范区建设的路径选择[J]. 唯实，2013(1)：28－33.

[4] 辜胜阻,马军伟.推进国家自主创新示范区建设的政策安排[J].财政研究,2010(11):2-6.
[5] 王松,胡树华.我国国家高新区马太效应研究——兼议国家自主创新示范区的空间布局[J].中国软科学,2011(3):97-105.
[6] 郭戎,薛薇,张俊芳,等.国家自主创新示范区科技创新政策评价研究[J].中国科技论坛,2013,1(11):11-15.
[7] 李立华,陈进.理论、样本与路径选择——国际视野下的东湖自主创新示范区建设[J].学习与实践,2013(11):23-34.
[8] 吴珂,王霞.张江国家自主创新示范区的有关政策及其应用研究[J].科技进步与对策,2012,29(12):98-102.
[9] 廖少纲.科技非政府组织参与国家自主创新示范区建设研究[J].科技进步与对策,2011,28(14):1-3.
[10] 刘钒,李明传,曾英武.基于自主创新示范区的区域低碳经济发展研究——以湖北省和东湖国家自主创新示范区为例[J].科技进步与对策,2010,27(22):30-33.
[11] 梅文智.关于中关村国家自主创新示范区核心区高新企业"产学研"合作的调查研究[J].兰州学刊,2010(9):28-32.
[12] 黄斌.苏南自主创新示范区发展基础、面临形势与发展建议[J].特区经济,2012(10):45-47.
[13] 胡树华,王松,邓恒进.基于"四三结构"模型的国家自主创新示范区建设研究——以武汉东湖国家自主创新示范区为例[J].科技进步与对策,2011(9):29-32
[14] 徐顽强,金曼,张红方.武汉东湖国家自主创新示范区重大科技成果产业化政策激励研究[J].科技进步与对策,2012,29(6):100-103.
[15] 战炤磊,方建中.苏南自主创新示范区建设的战略定位、动力源泉与发展路径[J].华东经济管理,2012,26(11):12-15.
[16] 战炤磊,方建中.苏南自主创新示范区建设的内在逻辑与路径选择[J].科技进步与对策,2013,30(1):50-53.
[17] 战炤磊.苏南自主创新示范区建设的突出难题与推进机制——基于区域率先基本现代化视角的分析[J].科技进步与对策,2013,30(5):37-41.
[18] 简新华,殷保胜.中国自主创新的动力和实现机制[J].江海学刊,2008(1):64-69.
[19] 洪银兴.关于创新驱动和协同创新的若干重要概念[J].经济理论与经济管理,2013,33(5):5-12.
[20] 孙志军.论新时期江苏精神[J].江海学刊,2007(1):5-15.
[21] 洪银兴.苏南模式的演进及其对创新发展模式的启示[J].南京大学学报(哲学·人文科学·社会科学),2007,44(2):31-38.
[22] 胡立君,薛福根,王宇.后工业化阶段的产业空心化机理及治理——以日本和美国为例

[J]. 中国工业经济,2013(8):122-134.
[23] 厉以宁. 论“中等收入陷阱”[J]. 经济学动态,2012(12):4-6.
[24] 刘志彪. 从后发到先发:关于实施创新驱动战略的理论思考[J]. 产业经济研究,2011(4):1-7.
[25] 方建中. 产业转型升级的范式转换:从分立替代到耦合互动[J]. 江海学刊,2013(6):71-77.
[26] 张超,刘志彪. 市场机制倒逼产业结构调整的经济学分析[J]. 社会科学,2014(2):47-55.
[27] 战炤磊,韩莉. 全面深化改革背景下高新区转型发展路径选择[J]. 科技进步与对策,2015(14):31-35.
[28] 陈家祥. 南京高新区转型发展的问题及对策研究[J]. 现代城市研究,2012(2):67-72.
[29] 李芸,战炤磊. 政府与市场关系的模式重构与路径选择——全面深化改革背景下的系统考量[J]. 南京社会科学,2015(11):70-76.
[30] Dollinger G, Eisenstein L, Marque J. Z-Park Plan of Building National Demonstration Zone of Independent Innovation[J]. Biophysical Journal, 1985, 47(4):509-512.
[31] Wu K, Wang X. Research on Relative Policy and Application of Zhangjiang National Independent Innovation Demonstration Zone[J]. Science & Technology Progress & Policy, 2012.
[32] Wanqiang X, Chen T, Lu L. Personnel Incentive Effect Mechanism of Donghu National Independent Innovation Demonstration Zone[J]. Science & Technology Management Research, 2013.
[33] Huang Y, Audretsch D B, Hewitt M. Chinese Technology Transfer Policy: the Case of the National Independent Innovation Demonstration Zone of East Lake[J]. The Journal of Technology Transfer, 2013, 38(6):828-835.
[34] Qiu Y, Wu J, Li S. The Situation Analysis and Comparison of Overseas Talents Returnees of Chang-Zhu-Tan National Independent Innovation Demonstration Zone [C]//International Conforence on Loyistics Enyineering, Management and Computer Science. 2015.
[35] Gao X, Song W, Peng X. National Innovation Demonstration Zones Leading China's Regional Development[J]. Modern Economy, 2015, 06(10):1056-1063.
[36] Yang Q, Zhang K, Management S O. Research on Management System Innovation in "Multi-garden Park" of East Lake National Independent Innovation Demonstration Zone[J]. Science & Management, 2016.

第三章 江苏省科技金融创新机制研究

一、"十二五"期间江苏省科技金融实际进展情况分析

(一)"十二五"期间江苏省科技金融的进展与成效

1. 江苏省科技金融政策支持与拓展

2005年12月31日,国务院发布《国家中长期科学和技术发展规划纲要(2006—2020年)》(国发〔2005〕44号),代表着科技金融正式从传统经济中配角角色转换为主角角色的开始,此后国家出台大批配套政策细则,其中相当比例属于科技金融范畴,这些政策把科技金融作为一个与财政政策几乎并列的手段纳入了公共政策系统中。

为实现科技金融的迅速发展,促进科技资源和金融资源的有机结合、良性互动、同步增值,江苏省掀起"大众创业、万众创新"的新热潮以促使创新驱动发展战略的全面实施,并结合自身实际情况先后出台了一系列政策。

2011年5月21日,根据科技部、"一行三会"《关于印发促进科技和金融结合试点实施方案的通知》的精神,江苏省科技厅等七个部门推出《关于加快促进科技和金融结合若干意见》(苏政发〔2011〕68号),从结合试点、财政投入、科技信贷、资本市场、金融服务、金融体系与保障措施等七个方面提出了加快科技和金融结合的实施意见以推动创新驱动战略的实施和创新型经济的发展。

按照国家促进科技和金融结合试点省建设要求,同时依据苏政发〔2011〕68号文件的精神,为进一步推动科技和金融的紧密结合,2012年6月,省政府研究制定了《省政府关于加快促进科技和金融结合的意见》(苏政发〔2012〕79号,以下简称《意见》),明确提出了未来的发展目标,即到2015年,确保科技贷款余额及科技企业境内外上市数和融资额在"十一五"基础上实现翻一番,创业投资管理资金规模达到2 000亿元,科技支行、科技保险支公司、科技担保公司等科技金融专营机构发展到100家以上,科技小额贷款公司发展到100家以上;到2020年,以上各项指标在"十二五"基础上实现翻一番。2012年8月,又发布了《省政府关于印发国家促进科技和金融结合江苏省试点实施方案的通知》(苏政发〔2012〕117号,以下简

称《通知》)。

截至目前,我省已发布有财政补贴、风险补偿金、资金补助、专项资金乃至具体到企业层级的各种政策。

2. 江苏省科技金融投融资体系架构与完善

“十二五”期间,江苏省紧紧依托省内科技产业资源丰富、基础良好和省内金融体系相对发达完备两大优势,吸收借鉴国内外经验,促进科技金融深化发展创新,其中主要着力点在于科技银行、科技信贷、科技保险、科技证券资本等方面的创新努力,防范与控制科技金融风险,以及保证科技金融、战略性新兴产业和省区域经济的平稳、安全运行。

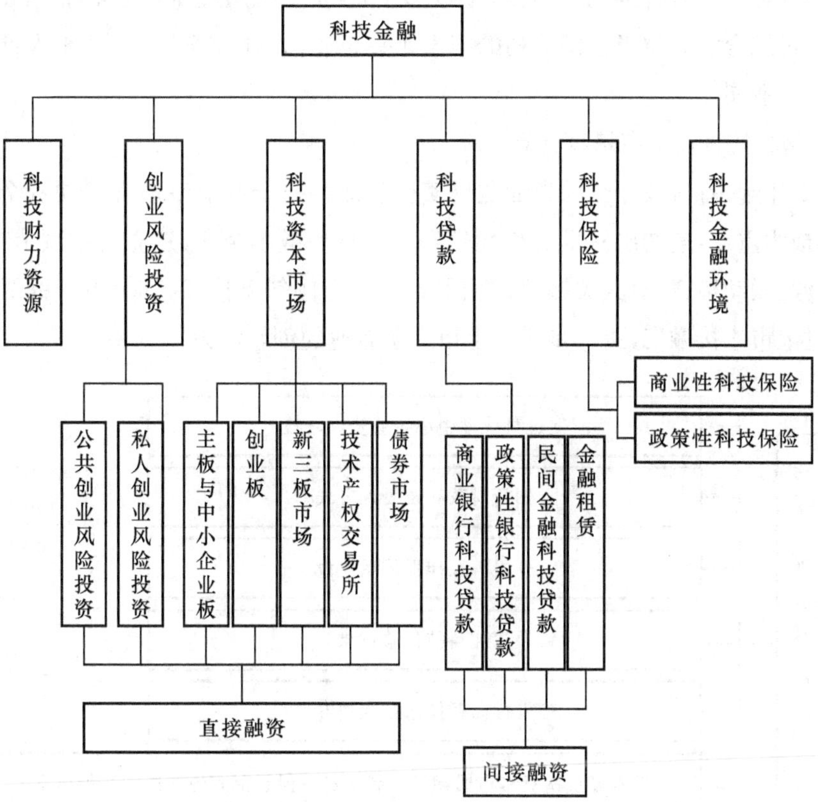

图 3-1　科技金融体系

“十二五”期间江苏科技投融资体系总体思路是构建多层次科技投融资体系,拓展融资渠道。从天使投资、创业投资、科技企业上市培育几方面构建多层次的投融资体系。

(1) 积极推动天使投资发展

“十二五”期间,省政府转发了科技厅和财政厅制定的《关于鼓励和引导天使投资支持科技型中小企业发展的意见》,省科技厅和财政厅共同下发了《江苏省天使投资引导资金管理暂行办法》。省财政厅安排了 2 亿省级天使投资引导资金,带动鼓励地方设立天使投资资金，通过上下联动、风险准备金形式，补偿天使投资机构对初创期中小型企业的投资损失，鼓励和引导民间投资为主的天使投资，支持初创期科技型小微企业、创新企业，解决种子期、初创期、成长初期企业融资困难和风险投资不愿介入的问题。

(2) 大力发展创业投资

江苏省政府于2009年设立10亿元的新型创业投资引导资金，通过与地方引导资金合作、阶段参股、跟进投资、投资保障和风险补助等形式，扩大创投资金规模，引导创投资金投向新兴产业和高新技术领域。目前全省13个省辖市、23个省级以上高新科技园区全部建有创投机构，苏南、苏中等经济基础较好的市县区纷纷设立创业投资资金，广泛吸引海内外股权基金落户江苏。全省各类创投项目2 000多个，投资金融超过300亿元，涌现出省高投、苏州创投等一批综合实力位于全国前列的创投龙头企业，2011年全国首个“千人计划”龙头中心落户苏州工业园。

(3) 实施科技企业上市培育计划

从2012年起，省科技厅会同省证监局实施省级科技企业上市培育专项资金计划，以创业板、中小板为重点，遴选出一批成长性较好的科技型微小企业，建立科技型上市后备企业库，集成资源、联动培育，对其关键研发项目给予资金倾斜支持，为其上市开辟绿色通道，推动企业通过上市直接融资，进一步激发上市后备企业的创新活力。

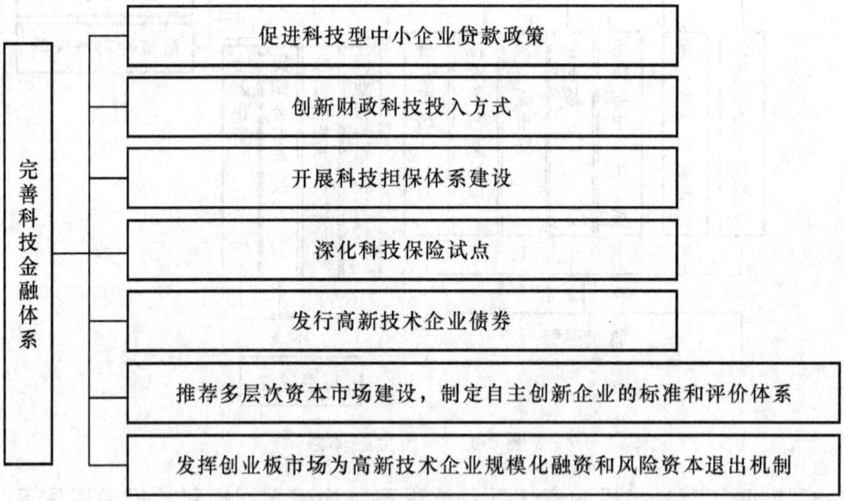

图3-2　完善科技金融体系构架

3. 江苏省科技金融投融资机制创新动力提升

“十二五”期间江苏省科技金融机制在风险分担机制、科技信贷风险补偿机制、科技保险和担保业务、产学研金合作创新机制、科技金融正向激励机制、科技信贷绩效考核制度等方面取得一定的成效。

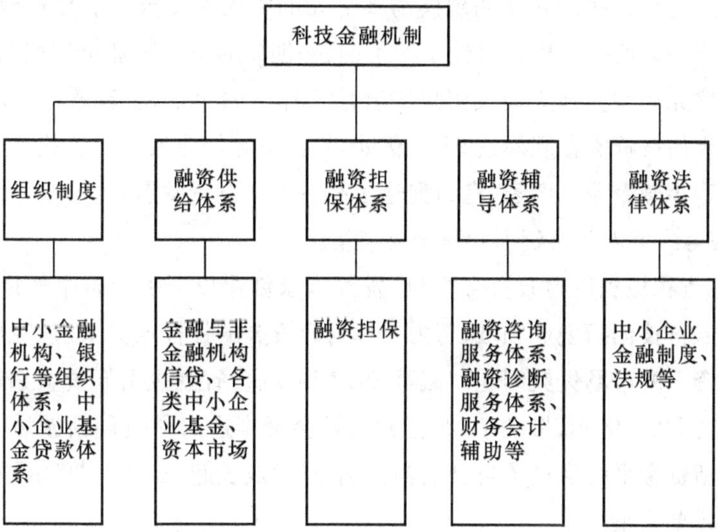

图 3-3 科技金融机制

(1) 投资方面

近年来，江苏省不断创新财政投入方式，充分发挥财政资金的杠杆作用和乘数效应，综合运用无偿资助、偿还性资助、创业投资引导、贷款贴息后补助等多种方式，引导和带动金融机构、社会资本参与科技创新，加大对科技型企业的支持。

① 江苏省科技成果转化风险补偿资金运作情况

江苏省科技成果转化风险补偿资金实施 5 年多来，也已在全省范围内建立了 34 个科技型中小企业贷款风险补偿资金池，资金规模达 5 亿元，合作银行达 10 家，分别比 2010 年增长了 400％和 900％，当年新增发放贷款 59.88 亿元，是 2010 年的 15 倍，实现政府和金融机构风险共担，帮助 1 542 家科技型中小企业解决了融资难题，迄今为止资金池入库科技型企业超过 3 000 家。

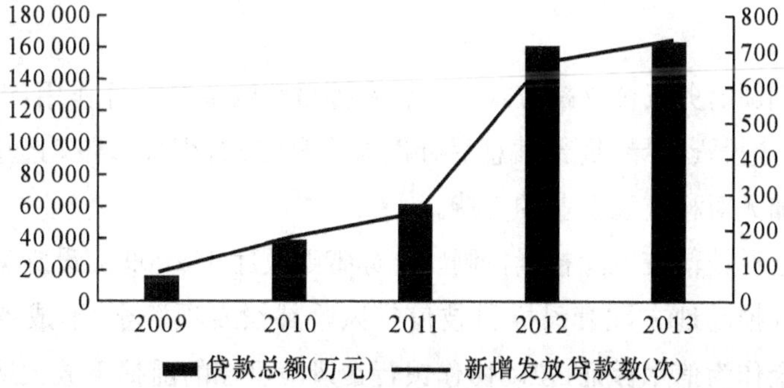

图 3-4 江苏省科技成果转化风险补偿资金运作情况

② 江苏省天使投资引导资金运作情况

为进一步建立健全科技投融资体系，缓解初创期科技型小微企业融资难问题，2013 年 1

月 4 日，省财政厅、省科技厅设立首期规模为 2 亿元的省级天使投资引导资金，通过补偿性资助等方式扶持引导天使投资机构对处于种子期、初创期的中小企业进行股权投资，这标志着江苏省在全国率先启动实施天使投资风险补偿工作。两年来，全省累计入库天使投资机构达 60 家，管理天使投资资金规模达 91.5 亿元，累计引导创业投资机构投入 10.2 亿元，支持了初创期科技型小微企业 233 家，有力促进了我省天使投资发展。

③ 江苏省获得国家创业投资引导基金支持情况

近年来，江苏省积极利用财政资金力量，发挥国家创业投资引导资金作用，引导风险投资等社会资本进入科技创新创业领域，努力发挥财政资金的杠杆放大效应，克服单纯通过市场配置创业投资资本的市场失灵问题。截至 2013 年年底，省创投引导资金累计支出创投机构 293 家，立项金额 2.7 亿元，带动 72.5 亿元的社会资本进入科技创新领域。一批科技型中小企业借助创新资金平稳度过了自己的初创期，迅速成长起来，成为推动我省战略性新兴产业快速崛起的重要力量。

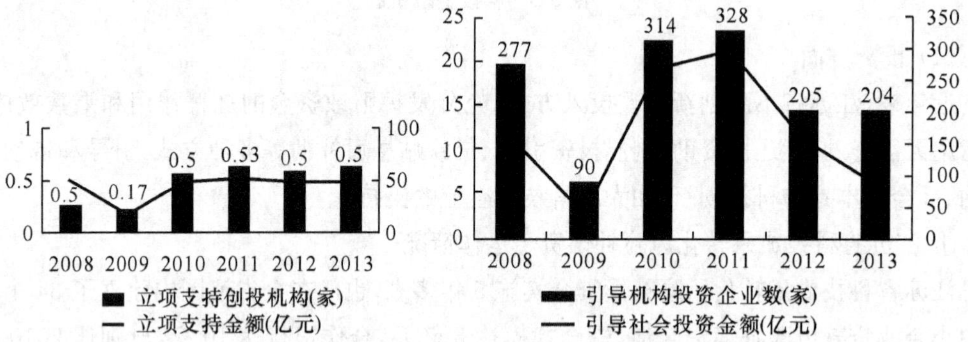

图 3-5　江苏省创投资金引导社会资本投资情况

(2) 贷款方面

当科技型中小企业逐渐成长起来时，银行等金融机构的贷款将逐渐成为其主要融资渠道，风险控制是其中不可忽视的一点，为完善江苏省贷款风险控制体制，江苏省相继采取多种措施。

第一，进一步创新财务资金支持方式。充分发挥财政资金的杠杆作用，综合运用无偿资助、偿还性资助、创业投资引导、贷款贴息后补助等多种方式，引导和带动金融机构、社会资本参与科技创新，加大对科技型企业的支持。

第二，探索建立科技信贷风险补偿机制。江苏省财政厅于 2009 年设立科技成果转化风险补偿专项资金，并推动地方配套设立科技信贷风险补偿专项资金，形成省、市、县三级联动，以政府专项资金作为信用保证，拉动协作银行在风险可控的前提下放大适当倍数贷款授信支持科技型中小企业的良好发展态势。

(3) 保险方面

积极发展科技保险和担保业务。在科技部和保监会支持下，江苏省在苏州高新区、无锡市率先开展国家科技保险试点。在总结试点经验基础上，2011 年江苏省科技保险逐步扩大到全省范围，当年就为全省企业提供了 600 多项一样的科技创新与经营风险保障，保费收入以及投保企业数同比增长超过 30％。2012 年，江苏省在省科技金融发展专项引导资金中，专门设立科技保险风险补偿和科技保险保费补偿两类支持专项，进一步加快了科技担保和科技保险的发展。

4. 江苏省科技金融投融资产品与人才建设

科技型中小企业属于知识、技术和人才密集型，是以追求技术创新为核心将科技成果转化为现实生产力的中小规模经济实体，生命周期大致可划分为种子期、创业期、成长期、成熟期、衰退期 5 个阶段，不同阶段其产品与融资问题、人才建设也不同，需要结合具体情况选择适当的措施。

(1) 投融资产品

依据企业的生命周期理论，中小企业的发展历程可划分成初创阶段、成长阶段、成熟阶段和衰退阶段 4 个时期。

① 种子期

即创业前期，在这一阶段，科技人员通过创造性地探索研究，将创意衍生为新的理论、方法、技术、发明等。此阶段具有强烈的知识创新特征，核心的投入要素是科技人员的智力和技能，涉及的主要风险是技术风险。

由于此时产品无法生产，市场潜力难以预测，研究成本高，风险非常大，使得权益性资本、债务性资本介入有限或不介入。处于种子期的企业资金需求量相对较小，一般来源于自有资本、职工持股、政府基金、天使投资等方面。

② 创业期

也称孵化期，此时企业已经完成产品设计、样品生产，开始进行产品试销、市场导入，逐步向消费者介绍新产品的特点和用途，这是取得及整合运用技术、人才和资金等资源并创立企业的过程，此时的主要风险是创业风险。

在这一阶段，虽然产品开发业已完成，但由于经营尚未进入正轨，还很少盈利，资本融通高风险、低收益特征十分明显，企业融资渠道仅限于自有资本、风险投资、政府基金、天使投资、银行存款等。

③ 成长期

此时企业主要技术产品具备一定可行性，产品市场初具雏形，企业从最初的关注技术创新转换为技术与市场并重，以促使产品获得市场认可。虽然技术日益成熟，但企业仍然需要开发更具竞争力的产品，并进行大规模市场开发。

这一阶段企业自我积累资金的能力已不足以满足需求，必须进行再融资，但受到企业盈利状况、总体规模及风险等因素的影响，其主要融资策略仍然是以风险资本为主，风险投资、银行贷款、资产证券化、资本运作、融资租赁及商业信用等渠道为辅的方式。

④ 成熟期

成熟期是科技型中小企业的规模化阶段，此时企业的产品在市场上已经占有较大份额，经营业绩良好，可抵押资产增加，风险逐步降低。进入这一阶段的企业基本排除了技术风险，经营风险与市场风险也逐渐降低，形成了自己的核心竞争力。

企业在成熟期融资渠道较为广泛，可以充分做到自由选择，包括银行贷款、上市融资、债券融资、留存收益等。

⑤ 衰退期

进入衰退期的企业对市场反应迟钝，技术和管理逐渐丧失创新能力，效益下降。此时企业唯有在退出战略和改革中做出选择以谋求二次创业。

二次创业中，企业资金需求更多用来满足设备更新及技术创新进步等，此时受到财务状况恶化的限制，银行贷款已不能满足企业，需要广泛从外部获取资金，如租赁融资、票据融资、商业信用、担保贷款、场外交易等。

(2) 人才建设

江苏省在"十二五"期间分别设立了国家"千人计划"、省"双创计划"、省科技创新团队、省"333 高层次人才培养工程"等人才建设项目。

① 创新服务团队建设

省创新中心已经成立科技金融服务部，全力推进信息平台建设，着力打造一支既熟悉科技管理工作，又熟悉金融工作的复合型科技金融管理的专兼职相结合的人才队伍，其中具有高级专业技术职称人员占 23%，硕士博士学历占 30%，保证项目实施。

② 人才引进与培养

培育和引进具有专业化管理水平的人才，不断强化平台人才队伍业务素质和管理能力建设，着力打造既熟悉科技管理工作，又熟悉金融工作的复合型管理人才队伍。同时，依托基层站点建设科技金融基层服务团队，鼓励科技金融人才通过兼职等各种方式为科技金融对接提供服务。强化项目人才的项目筛选、技术评价、投资价值分析的能力。针对金融机构对科技企业了解的薄弱环节，逐步建立项目技术评估与投资价值评估机制。

(二)"十二五"期间江苏省科技金融工作的主要特点或特征

1. 政策方向、目标、措施

(1) 政策方向

回顾"十二五"期间江苏省科技金融的发展，不难看出就整个大方向而言江苏省科技金融的发展主要呈现出这样的特点：努力建设具有江苏特色的多元化、多层次、多渠道科技投融资体系，促进技术、资本、人才等创新要素向科技型企业、新兴产业集聚，使江苏成为全国技术与资本要素最密集、科技金融发展最活跃的地区之一，为建设创新型省份、又好又快推进"两个率先"提供有力支撑和保障。

(2) 目标

① 建立健全政策体系，营造良好发展环境

按照国家有关要求，江苏省在 2012 年先后制定了《通知》《意见》两文，这是江苏省在"十二五”期间科技金融发展的指导性文件，对科技金融的发展工作进行了系统部署。同时基于《通知》《意见》精神，结合实际情况，省科技局、省财政厅、省金融办、银监局、保监局、中国人民银行南京分行等相关部门先后制定出台了一系列政策文件，改善了科技金融发展的政策环境。

② 加强规划布局和区域示范试点，探索发展新路径

省科技厅、省金融办会同省财政厅和“一行三局”深入开展省级科技金融合作创新示范区建设，重点加强对苏中苏北薄弱地区的建设，实现市、县(市)、高新区合理布局，区域试点示范充分活跃，科技金融有效结合新机制深入探索的工作局面。

③ 构建风险分担机制，加大对科技型企业的支持

这其中，相继出台了一系列政策，一方面修订了《江苏省科技成果转化风险补偿专项资金管理办法》并提出该资金池的“苏科贷”试点工作；另一方面还出台了包含关于贷款风险补偿资金池管理的准则等在内的若干信贷政策。此外，在保险、担保等方面亦有类似政策出台。

④ 构建多层次科技投融资体系，拓展融资渠道

围绕以“首投”“首贷”为重点的创业投资、科技信贷，大力发展科技金融中介服务体系，积极推动以天使投资为代表的社会资源的发展。随着科技金融的创新发展，江苏科技型企业的融资渠道不断拓宽，信贷、股票、债券、票据等融资工具不断增多，科技融资方式日益多元化。

⑤ 加快发展新型科技金融组织，创新科技金融产品

“十二五”期间，科技金融机构顺势发展。同时在科技金融产品创新方面，省内银行业金融机构先后推出了如江苏银行“科技之星”、交通银行“科贷通”、农业银行“金科通”等各类科技信贷专营品种，累计达 67 种。同时保险业亦有“科易保”等大量产品出现。

(3) 措施

① 科技技术创新资金项目立项众多，多种专项资金配套扶持

在科技部、财政部公布的 2013 年度科技型中小企业技术创新基金立项名单及资助资金中，江苏省共有 368 个项目立项，获资金资助 28 526 万元，资助金额连续六年居全国第一。此外，江苏省还设立了江苏省科技创新资金、创业投资引导资金、科技成果转化、知识产权运用等专项资金，如表 3-1 所示。

表 3-1　江苏省多种科技专项资金　　单位:亿元

年份	创业投资引导资金	科技成果转化专项资金	知识产权运用资金	科技条件建设配套资金	科技服务平台专项引导资金	省自然基金	产学研联合创新专项引导资金
2010 年	3.2	10	0.892 5	0.8	3.2	1.976	2
2011 年	2	11	0.95	1	3.5	2	2
2012 年	4	11	0.87	1	3.8	1.8	2
2013 年	5	13	1.12	5	4	3	2

② 试点科技小额贷款公司和科技银行，科技信贷总规模逐年增加

2010 年 10 月，江苏首家科技小额贷款公司——苏州融达科技贷款公司成立。2014 年，

全省科技小额贷款公司达86家，科技支行达33家，分别是2010年的近10倍、近5倍，基本实现了省辖市全覆盖。

2012年江苏省科研企业全年总贷款规模达到2 663.05亿元，比2011年同比增长26.93%。2013年上半年江苏省科研企业总贷款规模已达1 427.61亿元，同比增长23.48%。江苏省大多数科研企业属于中小企业，其贷款规模逐年增加，同比增长率基本保持在20%以上。

③ 设立科技金融服务平台，科技企业融资渠道逐步增加

2008年，江苏省科技厅以苏州市吴中科技创业园为主，设立中小企业科技投融资公共服务中心。2011年，江苏省设立科技金融综合服务平台，现已汇集17 000余家科技企业数据、400多家机构的金融创新产品与服务信息。2012年，常州利用财政贴息、担保费补助等政策引导企业发行5.08亿元科技型中小企业集合债。近两年，许多商业银行推动中小企业使用商业承兑汇票、应收账款质押、集合票据等融资工具进行融资，部分外资银行如渣打银行，为科技型中小企业配套供应链融资。这些方式逐步拓宽了中小企业的融资渠道。

④ 建立科技保险和担保风险补偿机制，专业科技保险和担保公司成立

2013年，江苏省对购买科技保险的科技型中小企业，省财政分地区给予20%、30%、40%的补贴。对于为中小科技型企业贷款提供担保的担保机构，按不超过季均担保余额的1%给予风险补偿。2013年，全省科技保险实现保费收入1.5亿元以上，补助中小信用担保公司数百家。2012年12月，国内首家科技保险支公司在苏州成立。2013年1月，江苏首家专业科技担保公司——苏州融创科技担保投资有限公司成立。

⑤ 科技公共服务平台建设初见成效，科技基础设施支撑作用明显

自2004年起，江苏省先后建设了16家科技资源共享服务平台和19家公益研发服务平台，总投入7.40亿元，拥有科技资源总值40.23亿元。到2011年底，江苏省已建有省级科技公共服务平台286家，其中公益性科技资源服务中心35家、专业性技术服务中心186家、科技成果转移转化服务中心65家，总投入41亿元。2012年，江苏省投入省级科技服务平台专项引导资金3.5亿元。2013年，江苏省首次建立5家平台网络，其中4家为科技平台网络。

2013年，江苏省科技厅投入3.02亿元，立项建设了73个省科技基础设施计划项目，其中重点实验室7个、企业研发机构40个、产业技术研究院8个，科技服务示范区3个，科技公共服务平台及网络8个，公益院所特色业务建设项目7个。目前，这些基础设施项目按照“边建设、边运行、边发挥作用”的理念，共承担省级以上科技项目312项，申请发明专利574件，开发新产品87个，形成新技术91项、新工艺45项，科技支撑作用明显。

2. 体系、机制、协同

(1) 体系

① 多元化、多渠道、多层次是江苏省“十二五”期间科技投融资体系的基本特点

构建投资主体多元化、资金来源多渠道和投资规格多层次的科技投融资体系，能顺应当

代科技投融资的特点和规律的要求，能有力支持江苏在“十二五”期间高新技术产业和科技的发展。

② 构建六位一体的投资主体是江苏省“十二五”期间科技投融资体系的重要特点

一、财政科技投资为先导；二、金融科技贷款为支柱；三、企业科技投资为基础；四、风险投资为重点；五、城乡居民科技投资为依托；六、外商科技投资为补充。

(2) 机制

“十二五”期间江苏科技金融机制是在科技投入渠道的基础上，建立起以“市场引导投资方向，政府提供政策环境，企业作为投资主体，金融作为主要手段”为宗旨，“全方位、全阶段、全手段”的科技金融体制体系。

(3) 协同

科技金融的良好发展需要各方紧密配合、协同操作，而良好的合作首先需要做到信息的充分流通。

在实现信息有效沟通的基础上，政府便可以针对不同市场的具体情况采取具体的措施以实现协同合作，相应地，包括互联网企业等社会资源也可以逐步注入其中。具体而言，在科技金融市场机制的作用下，形成了不同类别的科技金融市场，包括创业风险投资市场、科技贷款市场、科技资本市场、科技保险市场。

3. 行业、产品、人才

(1) 行业

① 银行

2010 年 9 月，江苏首家科技专业银行(中国农业银行无锡科技支行)挂牌成立。“十二五”期间，省内各地区积极探索科技银行新模式，科技支行的数量、规模由此得到了快速发展，截至 2014 年年底累计已达 33 家，覆盖全省 12 个省辖市，相较于 2010 年翻了近 3 番，占全国科技支行总数的近 20%。

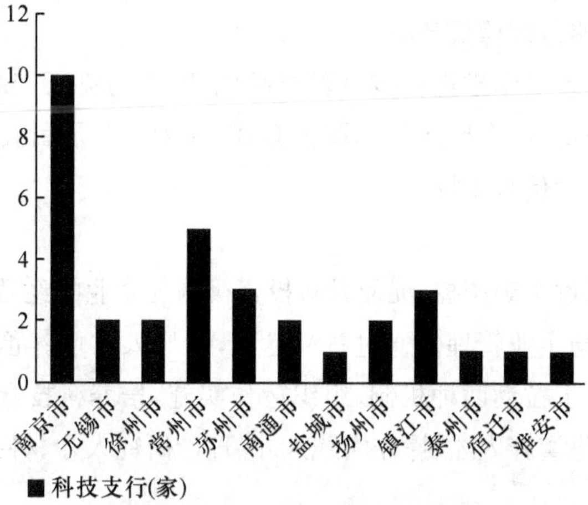

图 3-6　截至 2013 年全省科技支行建设布局情况

② 保险

科技保险是我国首创，属于政策性风险，最早于2007年投入实践，江苏作为全国最早且唯一拥有两个科技保险试点地区的省份，科技资源和保险资源的丰富为科技保险的发展奠定了良好基础。近年来，全省的科技保险体量一直居于全国前列，截至2013年，全省累计保费收入4.66亿元，累计投保额2 090亿元，累计参保企业达到1 384家次。2014年，江苏省科技保险为1 700余家科技型企业提供了近1 500亿元的创新风险保障，比2010年增长了330%。

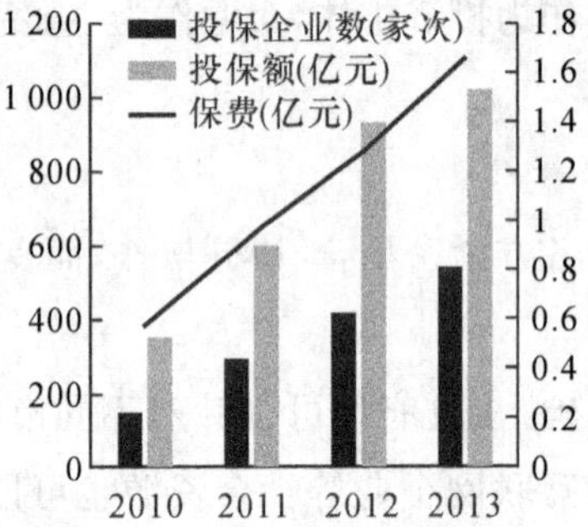

图3-7　2010—2013年全省科技保险发展情况

③ 中介

“十二五”期间，江苏省继续推进科技小额贷款公司建设，并于2013年由省金融办先后出台了《关于促进科技小额贷款公司持续健康发展的意见》(苏金融办〔2013〕44号)、《科技小额贷款公司“科技型中小微企业”标准和认定办法》(苏金融办〔2013〕51号)两文。截至2013年底，全省累计批筹科技小额贷款公司70家，注册资金规模达到170.5亿元，累计发放贷款493.83亿元。2014年，全省科技小额贷款公司达86家，实现了省辖市全覆盖。

(2) 产品

科技金融产品创新主要有以下特点：产品创新速度快、范围广；创新活动围绕企业经营发展；信贷产品创新借鉴传统信贷产品。

“十二五”期间江苏省继续推进科技金融产品创新，大力创新产品与信贷模式。鼓励各银行机构积极创新工作机制、金融产品和服务方式，探索和开展科技型中小企业金融服务，加大对科技型中小企业的信贷支持。

(3) 人才

江苏各级政府应通过宏观调控，促使风险投资机构为企业的经营活动提供资金、指导和咨询，推荐人才直接参与企业管理。通过各种途径，做好人才培养顶层设计与规划，应充分运用政府引导与市场需求拉动两种机制，组织运作实施，培养科技金融复合型人才、科技金融战略性人才、组织运作实施人才、操作实践人才、理论研究人才、科技金融工具与机制运用人才。

4. 苏南、苏中、苏北

(1) 苏南

① 南京市

加快科技金融政策制定与实施，形成政策保障、资金保障、服务保障三大保障机制；建立贷款风险补偿、贷款利息补贴、贷款担保补贴、科技保险保费补贴、天使投资风险补偿5种补贴补偿方式。加大财政科技资金投入，全面推进科技金融服务机构建设，重点打造9家科技支行，2家科技保险公司和2家科技担保公司，为在全市范围内建设科技创业投融资体系发挥了积极作用。全方位搭建科技金融服务平台，建立了科技金融服务中心，紫金科技创业投资集团，南京市联合产权交易所三大平台，为科技型中小企业的全面发展发挥政府的桥梁纽带作用。

② 无锡市

试点小额贷款保证保险业务，发布《市政府办公室关于印发无锡市小额贷款保证保险业务试点办法的通知》，充分利用保险工具的增信作用，缓解互保、联保带来的连带风险。设立中小企业转贷应急资金，发布《无锡市中小企业转贷应急资金管理暂行办法》，对应急资金的设立、使用对象和范围、管理和运行方式、使用程序、监督和风险控制、收入和分配等各方面均有明确规定。其东方硅谷科技金融对接项目签约会筹办一系列品牌活动，有力地强化科技金融支撑推动企业加快发展。

③ 苏州市

针对科技型中小企业不同的发展阶段，引导金融机构开发了科技微小贷、科贷通、投贷联动、集合信贷等个性化服务产品20余种，形成了面向中小企业的科技金融产品群。

④ 常州市

举办科技金融专题讲座，举办科技金融桥系列投融资对接活动。

⑤ 镇江市

探索知识产权质押贷款，强调专利质押单位可享受科技项目等方面优惠。推进专利保险试点业务、专利维权托管业务，对托管的专利定期开展风险预警分析，增加了专利保险有效性。

(2) 苏中

① 南通市

初步建立了科技部门和金融管理部门、财税部门以及其他相关机构的科技金融协调机制，探索和完善政府、银行、投资、担保“四位一体”富有南通特色的科技金融长效工作机制。

② 扬州市

着力推进科技企业上市，实施“一企一表一策”服务机制，疏通企业上市服务绿色通道。加强部门沟通合作，加快全市创业投资发展，推动设立3 000万元天使投资基金、2亿元的中小企业应急专项资金。

③ 泰州市

科技部门积极招引相关基金落户，合作基金规模近10亿。积极同市金融办、发改委、财政局举办“百家创投进泰州”活动，深入宣传转型升级，融合发展战略，进一步营造发展创业投资的浓厚氛围。

(3) 苏北

① 徐州市

成立了徐州市拨改投专项资金，并制定了《徐州市拨改投专项资金管理暂行办法》，积极探索财政资金使用新模式。

② 连云港市

推动科技金融平台建设，成立首家科技支行，高新区成为江苏首批科技金融服务中心。设立4 500万元的科技风险补偿资金池，引导推动金融产品创新，完善科技金融专家委员会，壮大科技政策辅导员和企业融资辅导员队伍，为企业提供点对点政策辅导和融资服务。

③ 淮安市

创建银企保合作模式，加大科技和金融对接力度。修订《淮安市科技型企业小额贷款保证保险业务实施办法》。

④ 盐城市

科技部门加强与市财政、江苏银行合作，继续开展江苏省科技成果风险补偿资金贷款项目(苏科贷)实施工作，在缓解科技型中小企业融资难问题上取得明显成效。

⑤ 宿迁市

组织科技型企业与银行对接，成功签约736个项目，协议贷款162.24亿元。成功设立了创新券制度，累计发放4 747.4万元创新券，为279个项目兑现2 577万元，带动科技投入3.73亿元。

(三)“十二五”期间江苏省科技金融工作存在的问题与原因分析

“十二五”期间，江苏省科技金融的整体发展位居全国省市区的前列，但是距创新驱动、转型发展的要求还有很大距离。目前存在的主要制约因素和问题有以下几个方面：

部分地区思想上不够重视。江苏省内部分地区对于科技金融工作在思想上不够重视，没有看到建立科技金融服务体系的必要性和紧迫性。不少地方政府在组织引导发展科技金融的行动上还停留在原则号召上，没有建立起部门沟通协调制度和工作机制，没有成立具体的办事机构。

部分地区发展方向没有结合实际。江苏省内部分地区在开展科技金融工作时没有结合本地区经济发展水平、金融体系完善程度、市场发育程度和历史文化背景，一味模仿国内外成功国家及地区的发展路线，造成科技金融发展受到很大限制。

现有体制对工作的开展尚存在诸多约束。首先，目前的财税体制不利于调动金融产业扶持科技创新的积极性，而且江苏省内对金融企业扶持科技创新存在的风险损失，没有相应的优惠扶持政策;其次,近几年江苏省财政科技经费增长很快,但仍然是采取拨付形式,受益面小,放大效应不明显,需要改革;再次,目前江苏省对金融机构支持科技创新的业绩还没有纳入考核体系中;最后,现有"先行先试"政策范围的限制。

科技金融人才缺口明显。科技管理和金融管理部门没有专门负责科技金融的工作机构,具体工作人员也有待增加。

省内地区之间的发展极不平衡。苏南地区特别是苏州、无锡和南京,科技金融的发展较快、效果较好。而苏中一些地区和苏北多数地区,由于在科技人才、金融机构和财政扶持条件存在差距,发展缓慢。

银行业本身有待步入深水区的改革。首先,银行业务应淡化企业的属性和大小,国有企业应深化改革,与中小企业和民营企业通过公平竞争获取银行信贷资源;其次,银行业要注重对小企业、微型企业和个人的金融服务;再次,政府公共政策应该为金融可持续发展提供支撑,地方政府要改变目前对土地财政和外资的突出依赖,加强直接融资的机制建设;同时国家要建立专门适用于金融机构破产的法律制度和政策体系,强化信用监督和失信惩戒,降低各行各业的道德风险。

总体上说,江苏省还没有形成多元化、多层次、多渠道的科技投融资体系。目前,省内科技企业主要还是依靠银行的间接融资、财政扶持和少量的创投基金,在资本市场融资渠道不够宽,直接融资比重不够高,科技企业到境内外上市不多。其次,科技产权交易市场、创业资本市场发展不够,这些都制约了多元化、多层次、多渠道的科技投融资体系的形成。

二、"十三五"期间江苏省科技金融发展思路和目标任务

(一) 国内外科技金融经验与启示

1. 国外科技金融经验与启示

发达国家在科技与金融的融合方面已取得了显著成效,构建了完善的支持科技创新的金融体系。不同的经济发展水平、金融体系完善程度、市场发育程度和历史文化背景,产生了不同的科技金融融合模式和机制。以美国、日本和韩国科技金融的实践经验为鉴,可以发现:(1) 美国已形成资本市场主导地位的融资体制,主要通过发达的资本市场和风险投资市场促进科技金融的融合,各类金融中介机构发挥补充作用。日本则是政府主导地位的融资体制,主要通过银行间接融资体系促进科技金融融合机制,资本市场和风险投资对科技创新的支持则处于次要地位。(2) 该类发达国家科技金融政策与其所处环境高度适应,政策性金融在科技金融的融合中能够发挥支持和引导作用。同时,商业银行的积极参与很好地推动了科技与金融相融合,并且完善的信用担保体系较好地放大了金融支持科技创新的效果和力度,资本市场和风险投资市场加速了科技金融的融合进程。

2. 国内科技金融经验与启示

纵观国内科技金融实践较早的城市和地区可以发现:(1) 该类区域均非常重视科技金融平台的建设,多方探索科技型中小企业的融资途径。(2) 制定一系列促进科技与金融结合的政策措施,搭建不同功能定位、专业化、全方位、一站式服务的科技金融服务平台,引导金融资源向高新技术企业聚集,形成有力的企业融资扶持体系,能够较好地缓解科技型中小企业尤其是初创企业的融资压力,帮助广大科技型中小企业渡过难关。尤其科技信息交流平台能够让企业认识自己,并了解自己所处的外部环境,企业也能够及时了解国家的政策、相关融资信息等,对自身发展有重大帮助。

(二) "十三五"期间江苏省科技金融战略定位和总体思路

随着"十二五"规划即将全面完成,江苏省经济发展将步入新世纪的第四个五年阶段。"十三五"时期将是江苏省推进"两个率先"战略目标的关键时期,全省上下应以科学发展观为主题,以加快经济发展方式转变为主线,加紧实施传统产业升级改造、服务业提速和战略性新兴产业倍增三大产业振兴计划,推动经济转型升级,实现经济又好又快发展。

"十三五"期间,江苏省科技金融发展的总体思路是:以科学发展观为指导,以培育更多的科技创新型中小企业、增强新的发展优势为目标,以科技金融制度创新为突破,构建科技金融综合服务平台,改善金融支持科技创新创业环境,加快科技创新成果转化,促进高新技术产业快速健康发展,为建设创新型省份做出新的更大贡献。

(三) "十三五"期间江苏省科技金融发展目标

江苏省加快科技金融发展的总体目标是:坚持政府主导原则,同时发挥市场配置科技金融资源的基础性作用,把科技金融发展作为区域科技创新体系建设的重点;各级政府和科技、金融部门要深刻认识科技金融在提高企业自主创新能力中的重要性和紧迫性,扩大金融支持的受益群体范围;抓住新的思想大解放契机,探索建立符合科技型中小企业发展特点的新型科技金融管理体制和运行机制,丰富金融创新产品及服务;形成财政科技投入、创业种子资金、创业风险投资、私募股权投资、银行保险资金、担保资金、产业资本等多元投入、有机联系的共同支持科技创新创业的投融资服务体系。

(四) "十三五"期间江苏省科技金融重点任务

1. 政策引导支持强化

随着我国"互联网+"的网络化、平台化、智能化现代服务业的蓬勃兴起,工业互联网方兴未艾,将引领更广范围、更深层次、更高水平的产业变革。江苏省"十三五"期间应强化信息技术产业发展,根据实施《中国制造 2025》、"宽带中国"战略和"互联网+"行动计划要求,将认真贯彻落实党中央、国务院决策部署,紧紧围绕制造强国和网络强国的目标,以深化改革、优化环境、创新驱动、整合发展为动力,大力推动两化深度融合,促进软件产业做大做强,让信息技术更好地支撑和引领经济社会创新发展。

2. 体系与架构完善

“十三五”期间江苏省应走出传统的“孵化孤岛”，突破原先的孵化服务模式单一等瓶颈，逐步积极探索“孵化＋创投”模式，变单一服务为服务与投资结合，以投资拉动孵化器运营模式的转型。同时，积极拓展“双创空间”，改善软件和信息技术服务供给，推动软件公共服务平台、创客空间、创新工厂互补，创建一批专业化、网络化“众创空间”，激发中小微企业创业创新活力。

3. 机制与协同创新

“十三五”期间，强化江苏省科技金融在投融资渠道、平台、产学研等方面的机制与协同创新发展。

(1) 加快形成江苏省多层次的科技资本市场，拓宽高新技术产业发展的投融资渠道。大力培育新兴产业企业上市创业板、中小企业板及主板市场的培育体系。

(2) 制定新兴产业企业上市行动计划，选择一批主要财务指标达到上市标准的企业，帮助其策划改制方案，实施资产重组和企业改制，尽快申报上市。选择一批具有高成长性的企业作为上市后备企业重点培养，帮助其加快产业化发展、提高财务指标水平和策划改制上市方案。

(3) 推动高新技术产业企业在境外上市。利用江苏省在全球软件和服务外包领域享有的较高声誉，选择一批规模较大、国际竞争力较强的软件和服务外包企业，帮助其策划和落实境外上市方案，争取尽快在纳斯达克或其他境外创业板上市。

(4) 进一步做好国家级高新区的各项准备工作，扩大新三板江苏军团。创造条件，努力争取江苏省国家级经济技术开发区进入国家“股份代办转让系统”试点。

(5) 健全科技产权交易市场，在产权交易所设立高新技术产业企业产权交易平台，为高新区及全省的新兴产业企业提供股权融资服务。江苏省科技产权交易市场要逐步与国内各个产权交易中心联网，提升服务功能，扩大交易规模，形成区域性科技产权交易市场。

(6) 扩大科技企业债券市场融资，推进直接债务融资工具业务。积极组织推动各地“高科技企业集合短期融资券”“高科技企业集合中期票据”“高新技术企业集合债”等新型金融工具的承销与发行，有效拓展科技企业多元化融资渠道。

(7) 准确定位政府创业投资引导基金，强化其引导作用，控制社会资金的流向以及流入时机，引导创业风险投资来源上来自社会资本，去向上集中于高新技术产业企业的初始、创业期。

(8) “十三五”期间，江苏省在借鉴国内兄弟省份科技金融综合服务平台运行模式及实践的基础上，结合自身建设的实际情况，在信息服务平台运行模式的选择上，一方面，坚持政府主导，创新运营主体；另一方面，强化公共服务与市场化运作的有效结合。

(9) 政府协调机制。政府主导型协同发展模式下，政府协调机制是江苏省建立与完善科技金融协同发展机制的重点。

4. 行业、产品与人才

(1) 在科技金融行业领域应创新科技金融风险管理技术。一是各银行机构要积极引进专业的科技金融信用甄别和风险定价技术,积极探索以简洁的评分卡工具取代复杂的评审报告,淡化财务要素评分比重,强化对科技企业"三表"(水表、电表和煤气表)、"三品"(人品、产品和押品)、"三单"(税单、货运单和银行对账单)等非财务因素和管理团队素质等行为因素的评分。二是鼓励银行机构积极探索外部评审制度,支持建立共享的科技专家库,启动科技专家随机参与科技金融决策评审工作机制。

(2) 逐步丰富和完善科技金融创新产品,大力创新产品与信贷模式。鼓励各银行机构积极创新工作机制、金融产品和服务方式,探索和开展科技型中小企业金融服务,加大对科技型中小企业的信贷支持。根据"政府引导,市场运作"的原则,为科技中小企业信贷支持开辟"绿色通道",围绕"创投+担保+贷款"模式、"政府推荐+担保+贷款"模式以及"统贷支持"模式积极研发新产品,加大对科技企业的信贷支持力度。目前代表性的科技信贷产品包括农业银行的"金科通""点金石"和"好帮手"三大系列产品,交通银行的"科贷通""税融通""创业通"等。

(3) 重视人才引进与开发机制。科技金融人才的获取,一靠引进,二靠开发和培养。一方面,江苏省科技金融事业的发展仍处于不完善阶段,引进人才能带来新思想和新方法,有利于科技金融突破发展上的瓶颈,因此应针对科技金融平台内科技和金融发展中的重点和难点实施海内外高层次创新人才引进计划,加强与发达国家在科技金融方面的合作,实施"海外留学人才工程",建立引进高层次人才的绿色通道。另一方面,要建立起一支强大的、高素质的科技金融人才队伍始终离不开对人才的开发。首先,从思想和意识上提高对人才的重视。政府、企业和社会各界应共同努力树立人才是第一资源的理念,提高对各类科技金融人才的重视,创造出"尊重人才、尊重知识、尊重创造"的氛围,将科技金融人才的发掘与培养看作是重要而紧迫的任务来抓。

三、"十三五"期间江苏省科技金融发展规划的对策与建议

(一) "十三五"期间江苏科技金融发展的政策、体系、机制创新思维

1. 加强政府组织引导,发挥政策基础性作用

各级政府设立的政策性创业投资引导基金及其风险补偿基金,综合运用跟进投资、风险补助等方式,主要吸引和引导社会资本投资于种子期、初创期的项目,在发生全额损失或所投企业破产清算时,经认定可按创业投资企业投资额的一定比例给予补偿,从而对种子期、初创期的企业进行扶持。组织实施扶持政策,鼓励高新园区内企业通过引进战略投资者或者发行债券等进行直接融资。以"孵化+投资"的模式改造科技企业孵化器,使之成为政府主导型的天使投资机构。积极引进国外创业基金,对创业基金制定一系列税收优惠政策,最

大限度发挥政府对创业基金发展的促进作用。

创新财政投入方式，改革和出台相关税收政策，形成科技金融服务业发展正向激励机制；建立开放、公平的市场体系，构建高效的信息服务平台，完善法律法规；建立专项扶持资金和风险准备资金，使市场机制和价值规律在促进科技创新的资源配置中发挥基础性作用，引导民间社会资本、海外资本支持科技创新创业。

2. 构建多层次金融体系，支持科技企业的发展

(1) 构建多层次金融体系。以政府、市场、产学研为驱动，信用平台为基础，投融资平台为主体，中介服务平台和信用担保平台为两翼，融合制度创新、机制创新、技术创新、产品创新等在内的多层次金融体系。

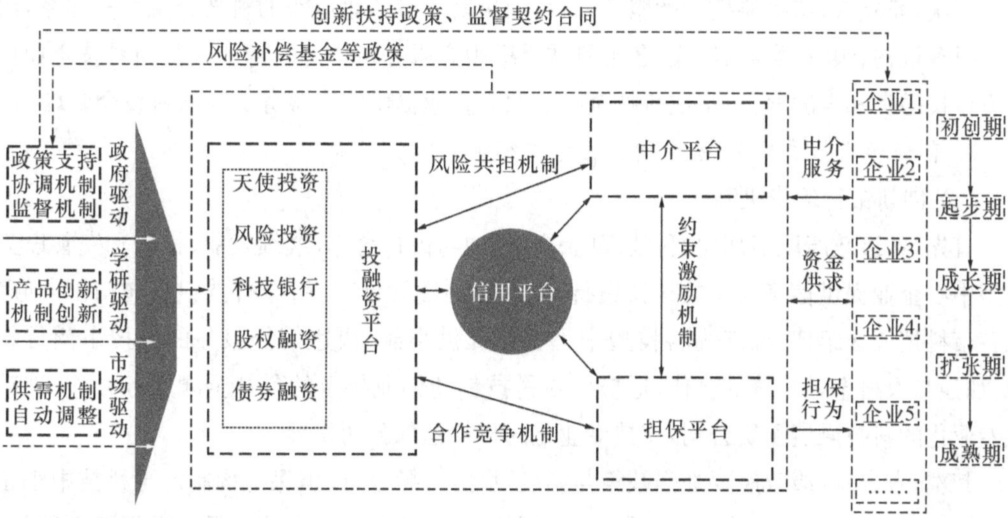

图 3-8 完善系统的科技金融体系架构

完善科技保险和科技担保的财政支持政策，积极推动有条件的保险公司和融资性担保公司在各市、区县开发园区、科技金融服务中心开展业务，引导支持保险公司和融资性担保公司着力研究开发科技保险产品、科技担保产品、创新科技保险服务和担保服务。

加快完善区域性多层次资本市场，吸引民间资本和海外资本参与，强化金融创新。支持科技型企业上市。建立利用资本市场专业服务平台，培育和支持符合条件的高新技术企业在创业板及其他板块上市融资。

积极发展场外交易市场，探索建立行业性或区域性产权交易市场，在江苏省会城市——南京建立省级统一的产权交易中心和证券代办股份转让系统，开拓非上市科技企业股权交易转让工作，提高企业产权流动与重组效率，畅通省与省之间要素流动，为非上市企业和创业投资资本提供退出渠道。

此外，互联网金融对于构建多层次金融体系也有很大的推动作用。互联网金融一定程度上颠覆了传统银行企业之间信息不对称的格局，创新了风险管理理念，为改善中小企业融

资状况开拓了新路径，利用大数据挖掘技术，一定程度上摆脱了依靠抵押品的传统信贷技术。

(2) 完善科技金融服务平台，建设科技金融中介服务体系

江苏省要建立多层级的中介服务机构，包括科技服务中心、投资顾问机构、会计师事务所、证券公司、评估机构等，为科技企业发展提供更多规范性服务。

首先，要积极做好科技金融数据库及信息服务平台建设，做好企业经营、科技项目、金融需求等基础数据的积累工作，组织有关部门与金融机构、投资机构、中介机构等相互配合，发布融资需求信息和科技信贷、创业投资的融资供给信息，逐步建立科技金融所需的社会化服务体系。

其次，建立省、市级科技金融服务平台，加快培育市场化运作的科技金融服务体系，组织创业投资机构、银行、券商、保险、各类科技金融中介服务机构等的专业人员为科技企业提供全方位投融资和金融服务，集成科技金融资源为企业提供综合服务。开展科技金融培训。

3. 创新银行信贷机制，加大对科技型中小企业信贷支持

(1) 创新银行信贷机制

首先，各级政府职能部门(科技部门、金融办)与银行合作，继续发展、推广和完善以为科技型中小企业提供信贷为主的科技银行，尤其在制度设计上，引导科技银行向初创期倾斜；在各市科技园区组建、推广为科技型中小企业提供小额、快速信贷服务的科技小额贷款公司；加强与农村金融系统的合作，适应农村科技创新创业特点的科技金融服务方式；推动建立专业化的科技融资租赁公司，支持专业化的科技担保公司发展。

其次，省、市两级政府要加强政策与制度设计，引导银行、担保机构制定与科技中小企业相应的信贷审批制度、风险容忍政策、风险评估体系、业务协同政策以及专项拨备政策等，放宽贷款利率范围，创新利率收益方式，创新设计金融产品和业务流程业务。创新科技型企业信贷的担保方式，从抵押、担保、信用评估等几个方面进行创新，切实为科技型中小企业提供多种金融服务。

(2) 积极探索和完善知识产权定价交易机制和融资机制

积极探索知识产权交易、投资机构投资价值认定等发现企业无形资产未来价值的方式方法，建立和完善科技成果评价和评估体系，培育一批专业化科技成果评估人员和机构。组织科技专家参与科技型中小企业贷款项目评审和无形资产价值评审工作，为银行信贷提供专业咨询意见，建立科技专家网上咨询工作平台。

(3) 优化多元金融服务，形成科技贷款延伸机制

充分利用市场机制，把科技贷款与科技担保、科技保险、风险投资、联交所股权融资、代办股份转让、推动企业改制上市等结合起来，根据企业成长轨迹的阶段性特点，实施差异化金融扶持服务，为企业提供多方位的科技金融服务整体解决方案，满足企业多元化的有效融资需求，形成多元化、多层次、多渠道的科技投融资体系，不仅帮助种子期、初创期企业突破

发展瓶颈,更要培育和引导成长期科技企业上市融资、做大做强,使企业在规模、质量和竞争力上得到跃升。

(4) 建立考评奖励机制,完善科技金融的运行机制

建立落实科技金融体系各项任务的考核指标体系,开展科技金融体系建设监测评价工作。建立跟踪评价制度,制订科技和金融融合发展水平及服务能力评价指标,建立相应的统计制度和监测体系,对科技和金融结合实施成效进行动态评估考核,将科技金融体系建设工作纳入综合考评体系,确保各项工作落到实处。

加强对政府各职能部门科技金融工作的考核和指导。强化考核监督、法律法规、市场评价等多元约束机制。完善科技金融服务人才资源管理和开发机制,实现人才保障机制。

4. 创新财政科技投入方式,促进科技资源集聚与配置优化

加快推进科技经费管理改革,创新财政科技投入方式与机制,省、市两级政府及有条件的区县政府综合运用无偿资助、偿还性资助、风险补偿、贷款贴息、保费和担保费专项补贴以及后补助等方式,支持新设科技支行、科技保险支公司、科技担保公司、科技小额贷款公司和科技产权交易市场等科技金融专营机构,引导和带动金融机构资金和社会资金参与实施各级各类科技计划,促进科技成果转化,提高政府资金使用效益和效率。并建立江苏科技成果转化项目库,运用创业投资机制,吸引社会资本投资科技成果转化项目;进一步发挥省、市及各区县科技型中小企业创新基金投融资平台的作用,运用贴息、后补助和股权投资等方式,增强中小企业商业融资能力;扩大省、市及各区县、高新区创业投资引导基金规模,鼓励和引导以支持初创期科技型中小企业为主的创业投资机构的建立;建立科技贷款风险补偿基金,完善科技型中小企业贷款风险补偿机制,引导和支持银行业金融机构加大对科技企业信贷投入;建立和完善科技担保和科技保险保费补助和风险补偿机制,重点支持科技企业融资类和知识产权抵押类保险;发挥税收政策的引导作用,进一步落实企业研发费用加计扣除政策、科技小额贷款公司、科技担保公司及创业投资等的税收优惠政策及对金融机构支持自主创新的税收政策。

(二) 重点推进措施与对策

1. 制定政府专项政策,推进大众创业万众创新

制定出台《江苏科技金融推进大众创业万众创新的意见》,围绕该办法落实制定一系列以鼓励大众创业万众创新为核心,具有江苏特色的科技金融创新政策。进一步加大国家和江苏已经出台鼓励科技创新和金融创新政策的落实力度,对部分缺少具体实施办法的国家鼓励科技成果转化、知识产权交易、中小科技型企业融资的政策,由江苏在全国率先试点,制定相应的具体实施办法并加以落实。

制定支持江苏大众创业万众创新的金融服务建设工作的专项规划,合理确定目标任务,研究制定试点工作实施方案,明确具体措施,确定责任部门,尽快实施。

2. 利用"互联网+"新型经济形态，建立全省科技创新创业信息服务平台

利用互联网技术发展，构建创新创业信息服务平台，汇集人才、技术、资金、项目、服务、政策等信息，全省创新创业的企业、个人及政府、高校、科研机构共享信息平台资源，为江苏的科技创新创业发展提供支持和服务。

3. 加强政产学研合作，建立高校科技金融实践实验平台

充分利用江苏高校资源丰富的优势，加强政产学研合作，建立高校科技金融实践基地和实验平台，促进高校大学生创新创业的实践和试验基地。在我省有条件的高等院校开设科技金融服务创新专业课程以及开展与国外知名院校合作办学等多种形式培养科技金融人才。

4. 加快科技金融人才培养，制定有利创新的激励机制

加大科技金融及创新创业的培养、引进和使用力度，加强金融机构和科技金融人才与国外富有经验的金融机构合作与交流。科技金融及创业投资的高级管理人才可比照享受省对高层次创新创业人才的有关激励政策和各市县对高级金融人才的优惠政策。培养和引进科技金融高级人才纳入我省六大人才高峰行动计划，并享受有关优惠政策。

同时建立创新评价机制和奖惩机制，要形成以市场为导向的研发目标、健全的组织管理体制、切实有效的营销手段等特征的金融创新机制，从而保证金融创新收益的最大化。

5. 设立江苏科技金融创新创业专项基金，支持创新创业

江苏政府应设立科技和金融结合试点工作专项资金和科技金融创新创业发展专项基金用于产学研合作、科技金融公共服务平台、科技创业载体、科技与金融人才引进与培养、科技金融创新创业奖励等，并在实施中进一步细化。

其次，江苏率先推动成立民营科技银行，民营科技银行的信贷审批制度、风险容忍政策、风险评估体系、业务协同政策以及专项拨备政策等与支持创新创业相适应，鼓励其从抵押、担保、信用评估等几个方面创新设计金融产品和业务流程，切实为创新创业的科技型中小企业提供多种金融服务。

6. 加快江苏的"孵化器"、场外交易市场建设

应加快江苏的"孵化器"、柜台交易市场和产权交易市场等场外交易市场建设，这对江苏的科技创新、金融、资本市场、创业投资的发展具有引领、辐射、超前和品牌意义。目前，江苏在这方面与其他先进省市相比显得很落后，应具有紧迫感。

（执笔人：李心丹　刘海飞　赵成国　刘　骅　柏　巍　赵晓强　郭剑雄
胡　艾　刘　杰　孙　宸）

参考文献

[1] 赵昌文，陈春发，唐英凯. 科技金融[M]. 北京：科学出版社，2009.

[2] 李心丹,束兰根.科技金融:理论与实践[M].南京:南京大学出版社,2013.
[3] 李健,马亚.科技金融:理论进展与滨海金谷的构建[M].北京:中国金融出版社,2014.
[4] 中研普华公司. 2015—2020年中国科技金融行业市场前景及融资战略咨询报告[R].亚博中研研究院,2015.
[5] 中华人民共和国科技部.中国科技金融发展报告(2012)[M].北京:经济管理出版社,2013.
[6] 中华人民共和国科技部.中国科技金融发展报告(2013)[M].北京:经济管理出版社,2014.
[7] 中共江苏省委党校,江苏省行政学院.江苏创新型经济中推进科技与金融结合的路径和对策研究[R].2013.
[8] 房汉廷.关于科技金融理论、实践与政策的思考[J].中国科技论坛,2010(11):7-12,25.
[9] 邓天佐.加强科技创新产业化能力建设的思考与对策[J].中国科技论坛,2010(8):17-21.
[10] 周昌发.科技金融发展的保障机制[J].中国软科学,2011(3):77-86.
[11] 张维.科技金融发展的进程与政策建议[J].金融纵横,2012(11):11-15.
[12] 吴先满.江苏科技金融发展与创新研究[J].东南大学学报(哲学社会科学版),2012,14(5):64-68.
[13] 钱荣国.江苏科技金融现状及发展对策[J].中国科技信息,2012(12):158-159.
[14] 谢静."科技金融"撬动市场资金[N].深圳商报,2014-02-19.
[15] 陆莹洁.江苏创新型经济建设背景下的科技金融结合路径与对策研究[J].江苏科技信息,2014(12):37-38.
[16] 谭璇.江苏科技金融实践探索、问题及发展对策[J].金融经济,2013(12):42-44.
[17] 吴凤菊.我国科技金融扶持政策的分类及实施现状分析——以江苏省科技型中小型企业为例[J].江苏商论,2014(10):60-66.
[18] 江苏省人民政府.省政府办公厅转发省科技厅等部门关于加快促进科技和金融结合若干意见的通知[EB/OL].(2011-05-21).http://www.jiangsu.gov.cn/jsgov/tj/bgt/201311/t20131107406746.html.
[19] 江苏省人民政府.省政府关于印发国家促进科技金融结合江苏省试点实施方案的通知[EB/OL].(2012-08-30).http://www.jiangsu.gov.cn/jsgov/tj/bgt/201311/t20131107406746.html.
[20] 樊星.科技金融理论与实践悖论分析[J].中国科技论坛,2011(3):161-162.
[21] 游达明,朱桂菊.区域性科技金融服务平台构建及运行模式研究[J].中国科技论坛,2011(1):42-48.

[22] 赵成国主持的 2011 年江苏省软件科学项目"江苏科技金融产品创新及创业投资发展的研究"(项目编号:BR2011055)报告。

[23] Ilyina A O, Samaniego R M. Technology and Finance[C]. International Monetary Fund, 2008:1-42.

[24] Holohan P, Clews M, Collins S. Finance Options and Technology[J]. Printing World, 2008.

[25] Brar S, Farley S E, Hawkins R, et al. Science, Technology, and Innovation, in Uganda: Recommendations for Policy and Action[J]. General Information, 2010, 6(2-3):6767.

[26] Yaxin Z, Yuwen D. The Analysis of Government's Role in the Development of Scientific and Technological Finance: Illustrated by the Case of Liaoning Province[J]. Canadian Social Science, 2014, 10(4).

[27] Matveev D M. Current State of Production and Finance Development of Scientific and Technological Progress in Agriculture[J]. European Researcher, 2014, 81(8-2): 1532-1545.

第四章 江苏省新型产业研发组织体制机制研究

一、研究背景

(一) 研究目的与意义

为加快构建高水平的区域创新体系,增强产业研发和技术创新能力,支撑引领产业结构调整和升级,提升产业发展质量和效益,近年来包括江苏在内的我国许多地方的政府、高校科研院所纷纷建设新型产业研发组织。这些产业研发组织以技术创新为其主要生产经营活动,以服务于企业和产业、研发新技术、开发新产品、培育新业态和新产业为基本出发点,以知识密集的人力资源作为主要资本结构,以多样化的创新服务作为主要商业模式,显示出强劲的创新动力和发展活力。据初步估计,我国各地建设的各种形态的新型研发组织数以千计。

新型产业研发组织作为我国科技体制改革的积极探索和具体实践,发展到目前这个阶段后,有必要系统分析其发展状况、取得的成效和存在的问题。在此基础上,借鉴创新型国家和地区的经验,进一步审视新型产业研发组织建设的必要性,明确其发展定位和任务,从管理体制和运行机制方面提出加速其发展的对策建议。显然,该研究是完善国家和区域创新体系建设的必然要求,是提升我国产业研发和技术创新能力的重要任务。

(二) 主要研究内容与方法

本项目采用案例分析、理论分析相结合的方法,从在江苏加快构建体系结构完整的高水平区域创新体系、大力实施创新驱动发展战略、加快经济转型升级的总体目标出发,深入研究我国新型产业研发组织的发展现状和特点,借鉴创新型国家和地区的经验,结合运用先进理论,审视新型产业研发组织建设的必要性,明确其进一步发展的定位和任务,从管理体制和运行机制方面提出加速其发展的对策建议。具体而言,本项目重点研究如下几个方面的问题:

(1) 剖析我国新型产业研发组织的建设现状和特点,凝练创新型国家和地区产业研发组织的建设特点和经验,比较其共同点和各自的差异。

(2) 界定产业研发和产业技术创新等相关概念,辨析其相互联系和区别,为科学界定新型产业研发组织的职能提供理论支撑。

(3) 从建设高水平的区域创新体系、大力实施创新驱动发展战略、为供给侧结构性改革提供有力支持的总体要求出发，审视新型产业研发组织建设的必要性，明确其进一步发展的定位和创新任务。

(4) 围绕新型产业研发组织的定位和任务，从管理体制和运行机制方面提出加速其发展的对策建议。

(三) 主要结论和建议

1. 通过典型案例分析总结了目前我国部分新型产业研发组织的特点

一是围绕产业发展及区域创新体系建设需要赋予新型研发组织新的定位，绝大多数都把产业技术研发摆在核心位置。二是围绕提升产业自主创新能力和核心竞争力，明确新型产业研发组织新的任务，强调其要为产业内的企业发展服务。三是新型产业研发组织都把“开放合作”作为其基本的发展战略。四是积极构建现代院所制度，实行理事会领导下的院所长负责制。五是努力围绕产业链打造创新链。

2. 通过对德国弗朗霍夫学会、美国国防先进研究项目局(DARPA)和中国台湾工研院等创新型国家和地区代表性产业研发组织的分析，总结了他们的好做法和经验

一是坚持产业研发组织的公益性和非营利性，保障其相对独立地运行。同时，注重弥补创新体系建设中高校和企业等不同创新主体的不足，把开展高水平的产业技术创新摆在核心位置。二是产业研发组织重视构建扁平化的组织结构，具有充分的自主权和快速反应能力。三是政府支持与产业研发组织对企业的服务绩效直接挂钩，实行开放和滚动的管理方式。四是坚持需求导向，紧密围绕经济社会发展需求开发和运用新技术。同时，重视技术储备，积极围绕产业发展需求开展前瞻性的技术研发。五是高度重视人才的培养以及人才和技术的集成整体流动，形成了多样化的产业技术转移路径。

3. 比较了产业研发和技术创新之间的差别

一是活动性质和目的不同，产业研发是技术行为和科技活动，主要目的是产生先进知识和技术；产业技术创新是经济活动，主要关注通过运用已有先进技术和研发新技术增强产业竞争力，提升产业发展质量和效益。二是需要的能力明显不同。产业研发主要需要研发能力；产业技术创新不仅需要研发能力，还需要用户现实和潜在需求分析能力、新技术产业化运用能力、市场融资和风险分担能力、生产经营管理能力、市场开拓能力等。研发是技术创新链条上重要的一环，技术创新远比研发复杂。三是面临的风险。产业研发主要面临技术风险；技术创新不仅有技术风险，还有市场风险。

4. 通过比较产业研发和技术创新的差别，得出一系列的启示

一是研发与技术创新之间不是简单的线性关系，而是复杂的相互促进关系。不能认为研发水平提高了，技术创新水平必然会提升。二是从产业发展的角度看，不是技术越多越好、越高越好，而是越适用越好。依靠科技促进产业发展，不仅要关注研发，更要重视围绕市

场和用户需求运用先进技术，这是产业技术创新极其重要的方面。三是研发不一定是技术创新的关键，技术创新不一定总是需要研发的引导。

5. 在多方面比较分析的基础上，提出了我国和江苏新型产业研发组织建设的重点方向

一是应把产业技术创新而不是研发作为新型产业研发组织的核心任务。二是新型产业研发组织建设既要积极利用高校科研院所的力量，又要加强自身技术创新队伍的建设，既提升自己的技术创新服务能力，又培育产业发展急需的复合性技术创新人才。三是新型产业研究组织既要服务于国家和区域高技术产业和战略性新兴产业的发展，也要服务于传统产业的技术改造升级，不能偏颇。四是产业研发组织服务于产业技术创新，既应积极采用合同科研、技术许可、技术交易等方式，还应特别重视支持产业研发组织内的人员带着自己的成果创新创业，发展衍生企业，实现人才和成果向企业和产业的集成转移。

6. 明确了江苏新型产业研发组织的职能定位

一是紧密围绕产业和企业发展需要开展产业技术创新活动。二是培养产业发展急需的既懂技术又懂市场和管理、善于发现并利用市场机会的高层次创新人才。三是通过提供高水平的技术开发、管理咨询、融资等科技服务，支持创新创业，孵化优质企业。同时，支持新型产业研发组织内的人员开展创新创业活动，发展衍生企业。四是发挥国际和国内科技合作的桥梁作用，吸引和集聚人才的基地作用，使其成为各类科技创新资源的蓄水池，成为利用国内外各类科技创新资源的纽带。

7. 界定了江苏新型产业研发组织的技术创新任务

一是围绕产业和企业的现实需求，通过产品和生产工艺渐进创新、生产工艺重大创新、产业核心技术攻关等，提升已有产业发展质量和效益。二是通过设计创新，既服务于已有产业，又积极引领新兴产业发展。三是充分运用已有的先进技术和/或研发突破性的新技术开发全新产品，培育新的产业，引领产业发展。

8. 提出了促进江苏新型产业研发组织建设的管理体制建议

一是给予新型产业研发组织发展以明确的职能定位，重点是服务于产业和企业需求开展技术创新而不是研发活动。二是赋予产业研发组织明确的地位和自主运行权，并通过法律予以保障。三是赋予产业研发组织以充分的资金和人才等的使用自主权。四是对新型产业研发组织的支持与其服务产业和企业的技术创新绩效直接挂钩。

9. 提出了促进江苏新型产业研发组织发展的运行机制建议

一是新型产业研发组织应实现开放的建设机制，鼓励有条件的各类研究机构加盟，并把其服务产业和企业的绩效作为主要评价选拔指标。二是新型产业研发组织应对下设研究机构实现滚动管理方式，支持力度与服务绩效直接挂钩，并促进其专业从事产业技术创新工作。三是新型产业研发组织应加强自身的战略研究能力建设。四是新型产业研发组织要重视围绕产业和企业发展需要提供技术创新、科技金融、商业模式创新与管理咨询等集成化服务。五是新型产业研发组织要重视培养复合型的产业技术创新人才，支持人才和技术集成

向产业和企业转移。六是新型产业研发组织要大力支持下属研究机构和人员创办衍生企业，开展创新创业活动。七是新型产业研发组织要充分发挥科技合作的桥梁和纽带作用。

二、国内外产业研发组织建设状况与特点

为加快提升产业技术创新能力和国际竞争力，改善产业发展质量和效益，实现经济转型升级，近年来我国不少地区积极借鉴创新型国家和地区的经验，建设了一批新型产业研发组织。比较国内外产业研发组织发现，他们之间既有相同点，又有各自的特点，存在明显差别。

（一）我国新型产业研发组织建设现状与特点

目前，包括江苏在内的我国许多地方政府、高校科研院所建设的新型产业研发组织数以千计。现通过典型案例分析归纳其建设现状和特点。

1. 上海产业技术研究院

上海产业技术研究院成立于2012年8月22日，其使命是：为共性技术研发、成果转化和产业引领提供统筹、支撑、服务平台。如果把科技创新形象地比喻为一项4×100米接力赛跑，科学发现和机理验证是第一棒，技术形成和原型实验是第二棒，应用转化形成生产技术是第三棒，产业化和商品化是第四棒。上海产业技术研究院则定位为第三棒，即作为组织者和行动载体，推动共性技术研发、科技成果转化和商业模式创新。

上海产业技术研究院的建设理念是“开放创新、服务产业”。开放创新，是指其是非赢利性科技研发与服务机构，不设围墙，向社会开放创新资源，吸引社会各界创新人才、思想、资本等共同参与创新，分享智慧，共享成果。服务产业，是指其把为产业发展提供技术引领和支撑服务作为价值取向，一方面通过开展产业共性技术研发，解决产业链缺失环节、关键环节上的技术需求，提升传统产业升级；另一方面通过新型产业技术的研发和服务，发展战略性新型产业。

上海产业技术研究院的功能。一是战略咨询。研判国内外产业技术发展态势，制订产业技术发展战略、规划和路径，为政府部门提供咨询意见。二是联合研发。组织产、学、研、用、金等各方资源，联合开展平台建设和项目研发。三是成果转化。通过“与用户一起创新”以及商业模式创新等各种手段，加强科技金融合作，或创立衍生公司，或知识产权转让，促进共性技术转移和扩散。

2. 厦门产业技术研究院

厦门产业技术研究院是在原厦门市生产力促进中心和厦门微电子集成技术研究中心的基础上于2009年12月组建，是厦门市财政全额拨款事业单位，隶属厦门市科学技术局。

厦门产业技术研究院的建院宗旨是“支撑研发、服务创新”。加速提升厦门乃至海西的工业技术水平，推动区域产业升级换代、增强自主创新能力、实现战略性产业研发和市场驱动型产业研发的有机结合和相互促进发展。

厦门产业技术研究院的主要任务：一是根据产业界的需求，从事共性、关键性和前瞻性技术研究开发，引进国内外先进技术进行消化吸收再创新；二是采取多种方式向产业界推广产业化研究成果和最新工艺技术，催生新兴产业；三是建立面向企业的技术服务体系、开放研究平台和实验室，为企业尤其是中小企业提供开放研发平台，实验设备共享，以及技术信息、技术咨询、技术培训等服务，协助开展科研活动，提升技术水平；四是培育产业技术创新人才；五是开展国内外科技交流与合作，特别是对台科技交流与合作。

3. 广东华南新药创制中心

广东华南新药创制中心成立于 2008 年 10 月，是在广东省科技厅等多家政府部门倡导下，由多家骨干医药企业和科研院所共同出资成立的科技类民办非企业单位，专注于为新药创新创制提供专业服务。

广东华南新药创制中心的使命是：通过政府引导和企业化的运作，整合境内外新药创制优质资源，加强国际合作，探索新药创制的新模式，加速新药创制的项目转化和市场化，推动产业集群化和国际化发展，使中心成为具有南方特色、国内一流、国际知名的新药创制战略基地，为提升广东新药自主创新力和产业竞争力，推动广东医药产业结构转型作贡献。

广东华南新药创制中心的发展理念：一是服务为本。通过整合、集聚、转化、融合四大核心能力，向客户和社会提供政策服务和策划、设计、组织、管理等系列新药创制专业服务。二是集聚资源。通过机制体制创新，集聚政府、行业与项目，整合新药创制链条，促进项目、平台与产业的融合发展。三是加速开发。作为生物医药产业的核心加速器，以公众需求为导向，通过项目的开发及产业化，加速新药创新型企业的成长。四是合作共赢。通过外部资源融合、内部动力机制激活的方式，建立高效的企业化运营组织，以资本及项目权益为纽带，合作互补、风险共担、利益共享。

广东华南新药创制中心为广东省生物医药行业的核心加速器，它的功能是：一是加速新药项目的开发和产业化，加速新药创制创新型企业的快速成长；二是加速项目、平台、行业与政府资源的融合；三是加速区域医药行业创新力、竞争力的提升。

4. 江苏产业技术研究院

江苏省产业技术研究院于 2013 年 12 月 6 日经省人民政府批准成立，其宗旨定位是：围绕江苏省产业结构调整需求，以服务企业创新、引领产业发展为宗旨，坚持技术创新的市场导向机制，以产业应用技术研发为重点，与高校研发机构、企业研发机构形成互动关系，着力破解企业不会做、高校院所不愿做、政府不能做的瓶颈制约，着力构架从基础研究、应用开发到产业化之间的桥梁纽带，努力建设成为世界有影响、全国最前列的产业技术创新中心。

江苏产业技术研究院的建设理念有四项。① 坚持一个方向：健全技术创新市场导向机制。② 突出两大功能：服务企业创新，引领产业发展。③ 引导三类资源：高校优势学科平台，科研院所研发力量，海内外高层次人才。④ 实施四项改革：一所两制，引导高校院所资源服务企业创新；合同科研，构建面向市场的研发导向机制；项目经理，推进科技项目组织模式的创新;股权激励,鼓励高层次科技人才创新创业。

江苏产业技术研究院的发展目标是:建成需求引导、体系开放、接轨国际、水平一流的新型产业研发组织。

5. 我国新型产业研发组织的特点

通过对上海产业技术研究院、厦门产业技术研究院、广东华南新药创制中心、江苏产业技术研究院等典型产业研发组织的分析发现,当前我国新型产业研发组织具有下列特点:

一是新型产业研发组织类型比较多样。从组织性质看,有些作为事业单位;有些是"民办非企业"。从建设主体看,有些是政府主导,高校科研院所配合参与,如江苏产业技术研究院;也有些是高校主导服务于区域产业发展需要。从建设方式看,有些是全新建设,如江苏产业技术研究院;有些是在原有机构上改造建设,如厦门产业技术研究院。从产业研发组织的组织结构看,有些是一层的组织架构,不再下设独立研究机构;也有设计为两层的组织结构,上层负责组织协调,下层是相对独立、滚动发展的研究机构,如江苏产业技术研究院。

二是新型产业研发组织紧密结合区域创新体系建设和产业发展需要,明确其定位与任务。我国新型产业研发组织的兴起和发展具有强烈的需求导向性,一般以建立高水平的区域创新体系、增强产业技术创新能力和竞争力为主要目标,以研发、成果转化、战略咨询、科技服务为主要任务,着力破解企业不会做、高校院所不愿做、政府不能做的瓶颈制约,着力发挥桥梁纽带作用。典型案例分析还发现,新型产业研发组织普遍把研发摆在核心位置。

三是新型产业研发组织都把"开放合作"作为基本发展战略。新型产业研发组织都特别重视通过开放合作集聚利用国内外优质创新资源,建立高水平的产学研用合作技术创新体系。如上海产业技术研究院的基本建设理念之一就是开放创新,强调其是非赢利性科技研发与服务机构,不设围墙,向社会开放创新资源,吸引社会各界创新人才、思想、资本等共同参与创新,分享智慧,共享成果。

四是新型产业研发组织都积极探索构建现代院所制度,实行理事会领导下的院所长负责制。新型研发组织重视构建现代院所制度,一般是在政府引导下,实行理事会领导下的院、所长负责制。机构的组建一般由企业、高校科研院所,甚至政府部门参与,按约定共同出资建立,理事会是决策机构,确定组织的发展方向和重大决策,由政府部门、高校科研院所、企业、专家等各方面成员组成。院、所长负责研发组织的日常经营,对院、所长实行(国内外)公开聘任制度。

五是新型产业研发组织都谋求围绕产业链打造创新链。新型产业研发组织已经不局限于服务科技创新活动的某个环节,而是逐渐演变成从产业上游源头创新到下游产业化的全产业链创新体系。如广东华南新药创制中心提出其核心能力即服务力,包括整合、集聚、转化、融合四大核心能力,向客户和社会提供政策服务和策划、设计、组织、管理等系列新药创制专业服务。

（二）创新型国家和地区典型产业研发组织的建设经验

创新型国家与地区在加强国家和区域创新体系建设过程中，也把产业研发组织建设摆到特别重要的位置，为支撑引领产业发展发挥了极其重要的作用。目前国际上比较成功和具有代表性的产业研发组织包括：德国弗朗霍夫学会、美国国防先进研究项目局（DARPA）和中国台湾工研院。分析这些代表性的先进产业研发组织发现，他们有不少共性的特点和经验。

1. 德国弗劳恩霍夫协会

弗劳恩霍夫应用研究促进协会，即德国弗朗霍夫学会，是德国也是欧洲最大的应用科学研究机构之一，成立于1949年，拥有近15 000名科研人员，其中研究机构的领导有一半以上是大学教授，工作人员有约40%是大学的高年级学生与研究生，下设80多个研究所。主要研究领域包括微电子、制造、信息与通讯、材料与零部件、生命科学以及工艺与表面技术和光子学等。该协会一年为3 000多企业客户完成约10 000项科研项目，年经费逾10亿欧元，其中2/3来自企业和公助科研委托项目，另外1/3来自联邦和各州政府用于前瞻性的研发工作。

弗劳恩霍夫协会定位为公助、公益、非营利的科研机构，是政府为确保研究的公益性而对市场失效领域的研究进行投资而设立的，它必须是非营利性的，不能生产产品与企业在市场上竞争，不能从新技术或创新的商业运作中直接获得利益。同时，它具有相当的自主性，政府对它的投资没有任何附加条件，在科研上它具有一定的自由度。再有，为了自身的发展，它为企业或政府部门提供的研究服务是有偿的。

弗劳恩霍夫协会主要为企业特别是中、小企业开发新技术、新产品、新工艺，协助企业解决创新发展中的组织、管理等问题。具体包括：一是承接企业和政府部门委托的科研项目，为其技术与管理等实际问题的解决提供方案，推进已有知识和技术的转化和运用；二是为大学的硕士生和博士生提供开展应用研究的机会，培养高层次的技术开发人才；三是适当开展前瞻性的研究，确保其科研水平处于领先地位；四是发挥国际科技合作的桥梁作用，如在欧盟技术项目的范围内，弗劳恩霍夫协会在工业协会中参与提供技术问题的解决方案。

弗劳恩霍夫协会包含总部和下设研究所。总部的主要职能是支持和促进各研究所的发展，对其实行动态管理机制。符合条件的研究所可以及时加入协会。如果研究所在裁员等控制成本的基础上仍然不能维持正常运转，总部不会让其继续生存发展，而是让其退出或破产。

研究所承担着“设定目标”“科研规划”“经费使用”“争取项目”等责任，有充分的自主权。各研究所可自主决定如何开展业务、确定编制、雇佣人员。研究所在对外开展业务需签订合同时，合同首先经协会法律部审核，得到认可后由协会董事会主席委托研究所所长签订。

弗劳恩霍夫协会的经费主要来源于三个方面：一是公助项目（参与提高竞争力的预研）；二是企业项目（证明能将研发成果转移到市场）；三是事业费（开展自主的前导性科研）。根据 2006 年的数据，这三者的比例约为 3∶4∶3。协会向产业的技术转移主要有五条途径：分别是合同科研（Contract research）、派生公司（Spin—offs）、技术许可（Licenses）、人才流动（Transfer of skilled minds）、与企业战略合作（Strategic cooperation with companies）和创新集群项目（Innovation clusters）。其中，合同科研是其主要方式。

2. 美国国防先进研究项目局（DARPA）

美国国防先进研究项目局（Defense Advanced Research Projects Agency，简称 DARPA）是美国国防部重大科技攻关项目的组织、协调、管理机构和军用高技术预研工作的技术管理部门，成立于 1958 年，隶属于国防研究与工程署。目前工作人员不足 200 人，多由文职人员组成，其中多为各学科一流专家学者。

DARPA 的使命就是以创造美国的科技研发战略领先地位来遏制任何他国在科技研发上领先。DARPA 主要关注高风险、高回报，对各军种联合作战有巨大促进作用和对推动军事发展有重大影响的技术领域，其使命是保持美国科技研发的战略领先地位，通过具有前瞻性的关键科技研发和创新来保持美国军队在军事技术方面的领先地位，占领科技研发的制高点，防止其他国家科技创新活动的技术优势对美国国家安全带来威胁和造成损害，使美国免遭技术突袭，同时谋求压制敌方的技术优势。

美国国会为了支持 DARPA 的管理理念，赋予其 3 项特权：一是拥有以具有竞争力的工资从企业雇佣有经验的项目经理的人事权；二是与联邦采用办法相比，允许其采用更加灵活的合同管理办法；三是有权使用现金奖励。

DARPA 内部一直沿袭其 50 多年来组织架构的特有传统，即采用典型的扁平化项目管理组织架构。从纵向看，DARPA 是由局长、办公室主任与项目经理组成的三级垂直管理机构。从横向看，DARPA 主要由 5 个职能办公室和 6 个技术项目办公室组成。项目经理是 DARPA 的核心人力资源，由来自工业界、大学、政府实验室和联邦研发中心的既懂技术又懂管理的专家担任，任期一般为 3～5 年。DARPA 局长能直接接待来自科研一线的科技人员，并可根据其良好的项目可行性报告直接任命其为 DARPA 未来新项目的项目经理。项目经理也可直接向 DARPA 的总顾问办公室或局长申请经费，支持其研发项目。项目经理拥有自主支配研究经费的权利。

DARPA 通过遴选项目经理组织富有远见的技术人员、顶级科学家与工程师，组成一系列小型研发团队进行外包研发，不仅使其成为一个“花钱不养人”的地方，还能广泛吸纳新的创新思想，开发颠覆性的创新成果，取得很大的成效。50 多年来，DARPA 先后推出了以互联网、全球定位系统（GPS）、远程医疗、智能义肢、新能源、合金材料、航天火箭等为代表的大批先进科技成果，不仅确保了美国军事的全球领先优势，同时也极大地改变了人类的生活方式乃至社会的文明形态。

3. 台湾工业技术研究院

台湾工业技术研究院（简称台湾工研院）始建于 1973 年，其法律性质为“财团法人”，主要定位于服务中小企业，始终坚持公益性，体现了作为官办研发机构的社会责任。40 多年来，台湾工研院始终以"世界级研发机构、产业界的开路先锋"为使命，紧紧将国际产业发展趋势与台湾当地企业的技术需求结合起来，起到很好的桥梁和杠杆作用，被称为"台湾之脑"。据统计，工研院培育了 70 多位台湾高科技产业的 CEO，成功孵化高技术企业 60 多家，累积获得发明专利超过 1 万件。

台湾工研院的发展战略：一是加强前瞻性技术研发。为加速岛内产业技术发展，建立新型科技产业，工研院加强前瞻性及创新性技术研发，提供领导型技术，帮助企业摆脱技术追随者的弱势。二是强化产业服务。工研院主动发掘企业的技术需求，协助企业研究开发，并为其提供技术服务。三是推动国际化。为了应用国际科技资源，工研院积极开展国际合作，加强前瞻性技术信息交流，引进高层专业技术人才，拓展国际合作研究开发领域。同时，通过举办科技展览、吸引国际创业投资等方式，帮助企业了解和获取国际科技资源。

台湾工研院的主要任务：一是中长期应用研究，开发前瞻性、创新性、包容性、尖端性技术；二是短期的应用研究，为产业和企业改进生产工艺技术和产品、开发新产品等服务；三是进行实验量产，以确保技术的产业化和市场化，同时制定完成后退出策略；四是从事工业服务，辅助中小企业技术升级，增强其在国际市场的竞争力；五是落实当局的中小企业扶持政策，辅导中小企业技术升级；六是为地区培育产业技术人才。

台湾工研院的发展定位与一般科研机构、高等院校和企业相比有两个明显特点：首先，工研院的研究开发重点是实用技术，而不是基础研究，其紧密围绕科技成果商品化、产业化和市场化进行应用性研究开发，向企业提供技术转移和各项工业技术服务；其次，实现规模化研究开发，形成集聚效应和完整而高效的研究开发与服务体系。

台湾工研院通过"立法"被设立为民办官助的财团法人机制。依照法律当局出资，但实行公司化运营，设立董事会、院长、监事会。实践表明，财团法人体制是台湾工研院最重要的体制创新，一方面避免了它成为低效率的政府机构；另一方面允诺工研院可以分娩衍生公司，避免了其陷入国有企业的窘境，保证了其组织的灵活性和高效运作，形成了有效的运行机制。

工研院在台湾地区的创新体系建设中发挥了很重要的作用。首先是杠杆功能。工研院通过各分支机构以及建立研发联盟等进行国际合作，使得其一头与世界最具创新活力的高科技中心保持密切的联系，一头联系着台湾的中小企业。它使台湾产业创新融入全球创新网络，实现以小撬大、以小博大。其次是桥接功能。工研院与企业建立产业联盟，与高校建立联合研发中心，与政府机构联合建立纳米产品制造与检测研发联盟等，使其成为台湾区域创新体系建设中的关键连接点，把政府、大学、企业等联系起来，形成了围绕工研院的官、产、学、研紧密联系和有效互动的网络。

4. 创新型国家和地区产业研发组织的特点

一是坚持产业研发组织的公益性和非营利性质，保障其相对独立运行。由于产业研发和技术创新具有典型的公共产品特征，目前国际上的产业研发组织普遍被建设为非营利的公益性机构，或者直接由政府部门组织建设，独立运行，或者在其建设和发展过程中得到政府部门的大力支持。例如，弗劳恩霍夫协会就强调自己是公助、公益、非营利的科研机构，不能生产产品与企业在市场上竞争。台湾工研院的法律性质为"财团法人"，主要定位于服务中小企业，始终坚持公益性，体现了作为官办研发机构的社会责任。

二是把服务于产业技术创新作为其核心使命。国际上典型的产业研发组织都很注重自己的特色，强调自己的发展定位与高校和企业之间的差别，把服务于产业技术创新而不是研发摆在核心位置，强调其主要任务是为企业特别是中小企业技术创新服务，帮助培养产业发展需要的技术创新人才，促进已有科技成果的产业化和市场化，发挥国际科技合作的桥梁作用。

三是构建扁平化的组织结构，具有充分的自主权。国际上成功的产业研发组织都在其内部构建扁平化的组织结构。弗劳恩霍夫协会只包含总部和下设研究所两层结构。DARPA也一直沿用典型的扁平化项目管理组织架构。同时，由于技术创新决策的专业性强、风险大和时效要求高，常规决策方法很难科学和高效，创新型国家和地区政府都对产业研发组织充分授权，甚至赋予特权。如美国国会为支持 DARPA 的发展，赋予其 3 项特权：一是拥有以具有竞争力的工资从企业雇佣有经验的项目经理的人事权；二是允许其采用比联邦采用办法更加灵活的合同管理办法；三是有权使用现金奖励。

四是政府支持产业研发组织与其服务企业的绩效直接挂钩，实行开放和滚动的管理机制。创新型国家和地区政府对产业研发组织都给予大力支持，而且普遍将支持力度与产业研发组织对企业的服务绩效挂钩。台湾工研院经费的来源，一般是政府出资约 50%，对企业的技术服务收入占 41%，衍生企业的利润回报占 9%。同时，国际上成功的产业研发组织还普遍实行开放和滚动的管理机制。弗劳恩霍夫协会对下属研究所实行动态管理，符合条件的研究所可以及时加入协会，不能维持正常运转的要么让其退出，要么破产。DARPA 的项目经理大多不是终身雇用，而是短期合同聘用，实行轮换制度，使 DARPA 始终保持新鲜的创新思想与活力，能够从全社会获取解决问题的方案和创新思想。

五是注重紧密围绕产业发展需求，积极围绕产业发展需求开展前瞻性的技术研发。作为国家和区域创新体系建设中不可或缺的关键要素，产业研发组织的主要使命是快速转化和产业化已有的成果，广泛和深入地服务于广大企业的技术创新。同时，为保持其具有较高水平的研发能力和服务能力，绝大多数产业研发组织还很注重围绕产业的中长期发展需求开展前瞻性、尖端性的技术研发，进行战略技术储备，这已成为国际上成功的产业研发组织的普遍选择。DARPA 的发展定位是致力于成为军事领域"革命性"科学和技术的始作俑者，自然非常重视前瞻性和战略性技术的研发。德国弗朗霍夫学会每年经费逾 10 亿欧元，其中 2/3 来自企业和公助科研委托项目，另外 1/3 来自联邦和各州政府用于前瞻性的研发工作，确保其科研水平处于领先地位。台湾工研院也把开展中长期应用研究，开发前瞻性、创新性、包容性、尖端性技术作为其一项重要的任务，开发出了喷涂式玻璃保温技术、可重复书写电子纸等突破性的新技术和新产品。

六是高度重视产业技术创新人才的培养，形成了多样化的产业技术转移路径。国际上的产业研发组织还普遍重视产业技术创新人才的培养，把支持产业研发组织的人才向产业和企业流动作为特别重要的技术转移途径，形成了多样化的技术转移方式。台湾工研院非常支持技术创新人才和技术产业化管理人才集成和整体向企业转移，其流动率在12%至30%之间，工研院的人员向企业转移的同时，不断地从大学和留学人员中吸纳新人，增强活力，保持人才和技术的循环机制。弗劳恩霍夫协会也认为，人员流动对协会发展和技术转移的影响是广泛、积极和有效的，人员流动会增加协会的客户关系资源，有利于协会进一步开发市场，其技术转移已经形成了合同科研、派生公司、技术许可、人才流动，与企业战略合作等多种方式。

（三）国内外产业研发组织比较

比较国内外产业研发组织的性质、定位和任务可以发现，他们之间有许多相同点，如都强调以服务于企业和产业发展为核心，都注重与高校科研院所和企业之间既相互区别又相互合作，都建设为公益性的组织并相对独立运行，都重视建设现代院所制度和构建扁平化的组织结构，都实现开放和滚动的管理机制，都强调政府对产业研发组织的支持力度与其服务企业的绩效直接挂钩。

但是，细致比较会发现，国内外产业研发组织之间又有多方面的不同。首先，在职能定位上，国内新型的产业研发组织普遍把产业研发摆在核心位置；创新型国家和地区的产业研发组织强调以服务于产业和企业的技术创新为主。其次，在关注的重点问题上，国内的新型产业研发组织主要关注技术问题，注重提供技术开发和成果转化与产业化等服务，注重利用高校科研院所的力量；创新型国家和地区的产业研发组织同时重视技术和人才，即在重视技术开发和成果产业化服务的同时，重视建设自己的高水平的产业技术创新队伍，培养产业发展需要的高层次技术创新人才和企业家人才。再次，在服务企业和产业技术创新方式上，国内的新型产业研发组织更强调合作研发、科技服务；创新型国家和地区的产业研发组织不仅重视合作研发和提供科技服务，还支持产业研发组织内的技术创新人才携带其开发的新产品和新工艺，通过创业或加盟已有企业，实现技术和人才同时和高效向企业与产业转移。

三、产业研发与技术创新的比较及启示

国内外产业研发组织建设存在的差异引发多个需要深入思考的问题：一是产业研发和技术创新之间的联系和区别如何？二是当前我国新型产业研发组织核心职能应该是产业研发还是产业技术创新？三是我国新型产业研发组织的自身队伍建设与利用外部高校科研院所力量之间的关系如何？四是我国新型产业研发组织服务产业和企业发展的方式应该有哪

些？现对这些问题进行分析。

（一）产业研发与技术创新的联系和区别

一般而言，产业技术是一个非常复杂的概念，学界对其有多种定义。归纳起来定义为：产业技术是服务于产业活动目的，按照技术规律支撑产业发展的相关各种技术的系统化和结构化组合与有机集成。从不同的角度出发，可以形成产业技术的不同分类，按照技术的特点和作用一般分为：共性技术、专用技术、关键技术和核心技术等。

产业研发是研发人员和研发机构根据现实或潜在需求，通过一定的技术路线，采用适当的方法和手段，研发出更好地满足已有需求的新技术、新产品和新工艺的过程。需要强调的是，产业研发是技术行为，是新概念、新设想、新技术和新产品原型的产生过程。评价研发工作，主要评价新技术、新产品和新工艺的新颖性、先进性。

产业技术创新是指以市场需求为导向，以企业技术创新为基础，以提高产业竞争力和发展质量为目标，从新产品或新工艺设想产生，经过技术开发、试验、生产，再到商业化的整个过程一系列活动的总和。显然，产业技术创新的核心目标是增强产业和企业的竞争力。

对比产业研发和技术创新的定义可以发现，它们之间存在联系，产业研发可能是产业技术创新中的一个重要环节。但是，它们又存在很大的差别(表 4-1)。

表 4-1　产业研发和技术创新的差别

活动	产业研发	产业技术创新
性质	科技活动	经济活动
目的	新技术、新产品和新工艺的新颖性和先进性	经济和社会效益
需要的能力	研发能力	用户现实和潜在需求分析能力、研发能力、新技术产业化运用能力、市场融资和风险分担能力、生产经营管理能力、市场开拓能力
风险	技术风险	技术风险和市场风险
复杂性	相对较低	相对较高

首先，活动的性质和目的不同。产业研发是科技活动，主要目标是产生尽可能多、尽可能先进的新技术、新产品和新工艺；产业技术创新是经济活动，它不仅关注新技术、新产品和新工艺，更强调其产业化和市场化，能帮助产业增强竞争力提升产业发展质量和效益。

其次，需要的能力明显不同。产业研发主要需要科学研究和技术开发能力；产业技术创新通常不仅需要研发能力，还需要用户现实和潜在需求分析能力、新技术产业化运用能力、市场融资和风险分担能力、生产经营管理能力、市场开拓能力等。产业技术创新相比产业研发，需要的能力更多，对多种能力集成运用的要求更高。

再有，面临的风险和复杂性不同。产业研发主要面临技术风险；产业技术创新不仅有技术风险，还存在市场风险。这样，产业技术创新远比产业研发复杂，风险更高，难度更大。

（二）新型产业研发组织建设需要明确的几个观点

基于产业研发和技术创新的比较分析，借鉴创新型国家和地区产业研发组织的建设经验，我国加强新型产业研发组织建设，需要明确如下几个观点：

1. 产业研发与技术创新之间不是简单的线性关系，而是复杂的相互促进关系

传统的观点认为，科学研究和技术开发即研发与技术创新之间是顺序进行的线性关系，认为新技术总是来自科学发现，科学发现推动技术进步。在这样的观点下，推进产业技术创新，总是强调先要开展研发，总是把研发摆在特别重要的位置。实际上，科技发展史表明，研发与技术创新之间存在高度复杂的、非线性的相互促进关系，一方面科学研究和技术开发能显著支撑引领技术创新，另一方面技术创新也能强有力地引导和促进科学研究与技术开发。例如，蒸汽机在卡诺(Carnot)创建热力学一个世纪以前就已经存在，热力学是卡诺在研究为什么高压蒸汽机比低压蒸汽机的效率要高过程中发展起来的，技术创新引发新的科学研究问题。显然，研发和技术创新之间不是简单的线性关系，不能认为研发水平提高了，技术创新水平必然会提升。

2. 研发不一定是技术创新的关键，技术创新不一定总是需要研发支撑

目前普遍存在的一种观点是：产业技术创新需要以研发为基础。在这样的思想下，促进企业技术创新，自然要求企业建立研发中心和开展研发工作。然而，国际创新管理学界对创新型国家和领先创新企业的调查结果否定了上述观点。调查发现，即使在美国，80%的工业研发也只是对已有产品的改进，不是发明新产品。这样，即使某些企业没有经典意义上的研发活动，技术创新也能成为企业的核心发展战略。当然，这不是说企业不应该围绕需求进行研发，而是不应脱离需求追求高、新技术的研发。秉持技术创新都必须以研发为基础的观点，一方面可能误导政府的科技创新政策设计，把科技创新的重点摆放到与本国产业发展需求脱节的研发上；另一方面在产业内又容易误导人们认为技术创新是高不可攀的，不是每个企业都能开展的。实际上，技术创新是广大企业可以普遍开展的活动。

3. 从创新驱动产业发展的角度看，技术不是越多越好、越高越好，而是越适用越好

大量案例表明，“华丽”的高技术在市场上遭遇失败的例子比比皆是，协和式超音速客机、摩托罗拉“铱星”通信系统等都是这方面的典型代表。从产业技术创新的角度看，技术不是越多越好，也不是越高越好，而是越能支持产业增强竞争力越好。国际创新管理学界一致认为，日本企业的不少创新技术既不是资本密集型的，也算不上是高技术，而是以开发和创新性运用“众所周知”和“广泛使用”的技术为核心，协同推进生产组织管理创新，不断提高产品质量和性能，加快零部件的加工配送，减少库存，缩短产品生命周期，优化工厂布局，由此形成了丰田的“精益生产”模式，强有力地支撑了日本相关产业竞争力的增强，成为世界上许多企业效仿的对象。

4. 新型产业研发组织既要服务于高技术产业和战略性新兴产业发展，也要为传统产业改造升级服务

实施创新驱动发展战略，从根本上看是要提高全社会的劳动生产率，核心是要依靠技术

创新，既驱动高技术产业和战略性新兴产业的发展，也要促进传统产业发展质量和效益的提升，否则劳动生产率很难大幅提升，经济转型升级的目标很难实现。大量案例表明，运用先进技术改造传统产业，促进其升级换代，可以大幅提升产业的附加值和发展质量。造船和陶瓷加工曾经是日本传统的效益不高的产业，但是后来日本把造船业改造发展成为先进的海洋工程中心，把传统的制陶厂更新为高技术陶瓷制造区，形成了较强的国际竞争力，带来了良好的效益。

5. 新型产业研发组织不仅要注意利用高校科研院所的力量，还要大力培养自己的高层次产业技术创新人才

新型产业研发组织的建设关键在人才。与产业研发主要需要具有研发能力的技术型人才不同，产业技术创新需要既了解技术又懂管理还能够深刻洞察市场和用户需求的复合型创新人才，需要善于发现并利用市场机会的企业家人才，这样的复合型技术创新人才很难依靠高校直接培养，需要通过创新实践予以培育，需要通过市场机制不断发现。创新型国家和地区的经验表明，加强产业研发组织建设，是培养复合型技术创新型人才的有效途径。这样，新型产业研发组织建设，不仅要产出创新成果，还要注意培养人才；不仅要注意利用高校科研院所的力量，还应通过加强自身创新人才队伍建设，既提升自己的产业技术创新服务能力，又造就一批的高层次的复合型创新人才。

6. 技术转移的最有效方式是人才流动

知识管理理论表明，知识有显性部分和隐性部分之分，隐性知识是那些存在但难以言说的关于技能、技巧、经验和诀窍等方面的知识，是存在于研发人员身上很难被别人快速学习和模仿的知识，是开发新产品和新工艺过程中比显性知识更有价值的知识。通过技术许可、技术交易等方式进行技术转移，只能转移显性知识。要实现更有价值的隐性知识的转移，最有效的方式是让掌握隐性知识的人进行流动。为此，创新型国家和地区的产业研发组织都特别重视支持技术和人才集成向产业和企业的转移，既加速了创新成果的转移转化，又支持了高层次创新人才向企业和产业的集聚，这是新型产业研发组织应该广泛采用的。

综上，我国新型产业研发组织建设应重视如下几个方面：一是应把产业技术创新而不是研发作为新型产业研发组织的核心任务；二是新型产业研发组织建设既要积极利用高校科研院所的力量，又要加强自身技术创新队伍的建设，既提升自己的技术创新服务能力，又培育产业发展急需的复合型技术创新人才；三是新型产业研究组织既要服务于国家和区域高技术产业和战略性新兴产业的发展，也要服务于传统产业的技术改造升级，不能偏颇；四是产业研发组织服务于产业技术创新，既应积极采用合同科研、技术许可、技术交易等方式，还应特别重视支持产业研发组织内的人员带着自己的成果创新创业，发展衍生企业，实现人才和成果向企业和产业的集成转移。

四、江苏省新型产业研发组织的必要性及其定位与任务

根据我国实施创新驱动发展战略的需要，遵循产业研发和创新的规律，借鉴创新型国家

和地区产业研发组织的建设经验，江苏加强新型产业研发组织建设极其必要，需要科学界定其职能和技术创新任务。

（一）江苏加强新型产业研发组织建设的必要性

从全国的情况看，江苏高校科研院所众多，人才和技术资源比较丰富，是江苏实施创新驱动发展战略的重要优势。但是，江苏的高素质人才主要集中在高校科研院所，企业技术创新人才特别是善于发现和利用市场机会的企业家缺乏的问题比较显著。同时，相比广东和北京等地区，江苏还缺乏华为技术有限公司、联想集团那样既有较强自主创新能力又有很强国际竞争力的企业，江苏迫切需要加强新型产业研发组织建设。

1. 加强新型产业研发组织建设，是江苏加快经济转型升级的紧迫需要

近年来，江苏的战略性新兴产业和高技术产业快速发展，产业结构明显调整，为保持经济持续快速发展发挥了极其重要的作用。但是，由于产业核心技术受制于人，江苏产业发展质量和效益不高的问题没有有效解决，成为江苏经济转型升级迫切需要解决的重大战略问题。加强产业技术创新，打破创新型国家企业的核心技术垄断，攻克和掌握产业核心技术，成为江苏实施创新驱动发展战略、实现经济转型升级的重大战略任务。江苏的发展历史和目前发展状况，以及创新型国家加强产业研发组织建设的经验都表明，依靠现有高校科研院所甚至企业都很难解决产业核心技术受制于人的问题，加强新型产业研发组织的建设，不仅必要，而且能够在产业关键核心技术的突破上发挥关键作用。

2. 加强新型产业研发组织建设，是江苏构建高水平区域创新体系的紧迫需要

从全国情况看，江苏高校科研院所比较多，积极开展技术创新活动的企业比较多，使得江苏兼具科技发展和产业发展优势，在全国率先实施创新驱动发展战略具有良好的基础和条件。但是，江苏目前战略性新兴产业发展质量和效益还不高的现实也表明，江苏科技优势和产业发展优势的结合情况还不够好，科技支撑产业发展的能力还不强。之所以如此，理论分析以及创新型国家与地区的经验都表明，主要因为江苏的区域创新体系建设中，明显缺乏德国弗朗霍夫学会、中国台湾工研院、美国 DARPA 这样的产业研发组织，导致科技资源与产业发展的结合缺乏了有力支撑和组织保障。加强新型产业研发组织建设，是江苏科技与产业发展更好结合的需要，是江苏加快构建体系结构完整的高水平区域创新体系的需要。

3. 加强新型产业研发组织建设，是培养江苏产业发展急需的高层次创新人才的紧迫需要

理论和实践都表明，实施创新驱动发展战略，建设创新型国家，最关键的因素是人才，创新的事业呼唤创新的人才。与全国同类地区相比，江苏高层次创新人才资源比较丰富。但是，具体分析江苏的人才结构可以发现其也存在明显的结构性问题。首先是江苏的高层次人才从事科学研究和技术开发的多，能够围绕产业发展需要开展产业技术创新的相对少；其次是江苏的高层次人才聚集在高校科研院所的多，在企业一线从事技术创新的比较少；还有是江苏的高层次人才能够把握技术发展前沿的比较多，能够了解产业发展前沿和需求的比

较少；再有高层次人才中技术型的比较多，既懂技术又懂管理的企业家比较少。目前，江苏提升产业发展质量和效益急需的企业家人才、产业核心技术开发人才等高层次创新人才还极其缺乏。创新型国家和地区的经验表明，培养产业发展急需的高端人才，只依靠引进是不够的，依靠高校科研院所的培养是很难实现的。通过加强产业研发组织建设，不仅可以培养产业发展急需的高层次创新型人才，还可以加速创新型人才和技术向企业的集成转移，快速增强产业的技术创新能力。

（二）江苏新型产业研发组织的职能定位

江苏建设的新型产业研发组织应定位为非营利的公益性机构，履行下列职能：

一是江苏新型产业研发组织应紧密围绕江苏产业和企业增强竞争力的现实需要，重点开展产业技术创新活动，帮助企业改进已有产品和生产工艺，开发新产品和新工艺，既服务于江苏高技术产业和战略性新兴产业的发展，又支撑引领江苏传统产业的技术改造升级。

二是江苏新型产业研发组织应紧密围绕江苏产业发展需求适度开展产业研发活动，开发新技术新产品，培育新产业。同时，还应针对已有的处于实验室阶段的高水平研发成果，开展中试、实验量产等活动，促进已有成果尽快产业化和市场化。

三是江苏新型产业研发组建设既要积极运用高校科研院所的力量，更应加强自身技术创新人才队伍建设，培养产业发展急需的既懂技术又懂市场和管理的复合型高层次技术创新人才，造就善于发现并利用市场机会的企业家人才。同时，为高校的博士和硕士生提供开展应用研究的机会，培养高层次的技术创新人才。

四是江苏新型产业研发组织应加强创新创业平台建设，通过提供高水平的技术开发、管理咨询、融资等科技服务，支持创新创业，孵化优质企业。同时，大力支持产业研发组织内的人员带着自己的成果创新创业，发展衍生企业，实现人才和成果向企业和产业的集成转移。

五是江苏新型产业研发组织应发挥国际和国内科技合作的桥梁作用，吸引和集聚人才的基地作用，使其成为各类科技创新资源的蓄水池，成为利用国内外各类科技创新资源的纽带。

（三）江苏新型产业研发组织的技术创新任务

产业发展包括提升现有产业和发展新兴产业。实施创新驱动发展战略，开展产业研发和技术创新，一方面是要通过创新提升已有产业发展质量和效益，另一方面是自主培育发展新兴产业，形成新的增长点。

从实际看，当前我国产业与企业技术创新仍然处于技术追赶阶段，产业发展需要尽快实现从中国制造到中国设计再到中国创造的转变。这样，江苏新型产业研发组织需要开展的产业技术创新任务比较多样，具体可以分为三个层次（图 4-1）。第一层次是通过产品和生产工艺渐进创新、重大工艺创新、产业核心技术攻关，提升已有产业发展质量和效益；第二层次是通过设计创新，既服务于已有产业，也可以引领新兴产业发展；第三层次是充分运用已有的先进技术，或研发突破性的新技术，开发新产品，培育新产业，引领产业的发展。

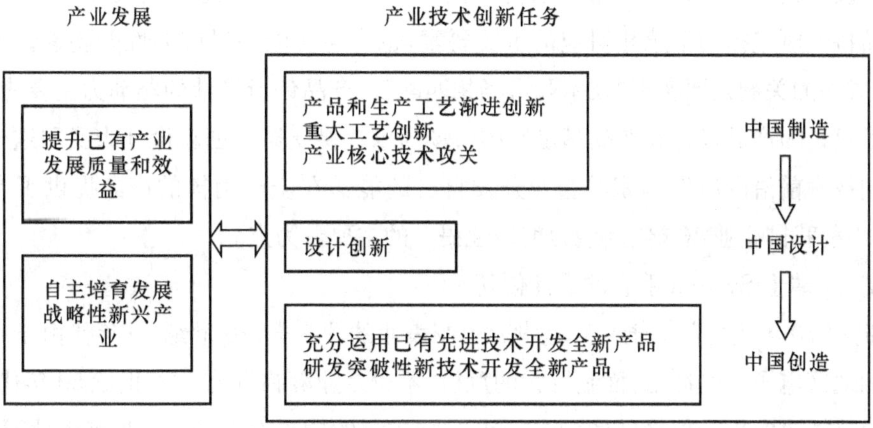

图 4-1　产业发展与产业技术创新

1. 产品和生产工艺渐进创新

当前我国现有产业中产品和生产工艺技术含量不高、产品性能不稳定和质量不可靠、用户的产品体验不好等问题突出存在，产品很难进入国际上的高端市场，企业盈利能力弱，产业附加值低。在产业的现有技术范式下，广泛和持续不断地开展产品和生产工艺的渐进创新，努力改进产品的技术水平及其性能和质量，提高生产效率，降低生产成本，不仅可为，而且有效，可以大幅提升产业竞争力和劳动生产率。这不仅是我国一些成功的产业和企业的典型做法，也是日本和韩国的成功经验。日本和韩国的创新型国家建设，高度重视持续推进已有产业的产品和生产工艺渐进创新，取得了很大的成功。

2. 重大工艺创新

按照产业生产周期模型和产业发展规律，产业发展初期企业间主要是产品竞争，随之逐渐转变为成本和价格竞争。当低成本成为竞争力的主要来源时，工艺创新有着决定性的作用。当前江苏省和我国的其他省份的许多现有产业已进入成本和价格竞争阶段。开展重大工艺创新，即突破传统生产方式的制约，开发新的更高效的生产技术和方式，不仅可能，而且能为企业带来很大的效益。

案例 1：深圳比亚迪股份有限公司独创的二次充电电池生产工艺技术

深圳比亚迪股份有限公司在 20 世纪 90 年代后期开始生产锂离子电池，他们没有花高价引进国外的自动化生产线，而是在当时我国劳动力成本很低的基本国情下开展工艺创新，形成了独具特色、具有完全自主知识产权的“技术密集+劳动密集”的生产方式，即在产品生产过程中能用人工的尽量采用人工，必须用机器的采用机器，且自己研发相应的设备。这样，比亚迪只花 4 000 万人民币就拥有了日产 20 万枚锂离子电池的生产线，而从国外引进同样生产能力的自动化生产线，价格近 1 亿美元，前者不到后者的 1/20。由于投资少、成本低，企业形成了很强的竞争力，产生了很好的效益。

3. 设计创新

所谓设计创新，是将产品概念化，并使之具备新的外形、功能和涵义，以更好地满足需求。产品特性既包括与情感相对应的审美要素，也有与功能相对应的性能要素。产品的设计创新，成功的关键是要实现"技术和市场相匹配"。产品创新设计的驱动力主要来自市场，相关技术只是为产品设计和产品满足新的市场需求提供支撑。创新设计为我国这样的还未完全达到技术前沿的后发国家的企业开发自己的能够在全球销售的产品提供了有效的途径，应是当前我国企业需求创新能力突破性提升的主要着力点。

案例 2：瑞士 Swatch 手表的设计创新

20 世纪 70 年代之前瑞士一直是世界上制表业的领头羊，20 世纪 80 年代由于日本等亚洲国家和地区电子表的冲击，面临巨大的危机，不少企业濒临倒闭。20 世纪 80 年代初，瑞士钟表工业公司决定生产价格低廉的电子表对抗亚洲的钟表企业，Swatch 表由此诞生；瑞士钟表工业公司将 Swatch 表定义为时尚配件，不只是计时工具。手表售价 40 美元左右，基本不变。但是，其风格多样、色彩艳丽，时尚人士出席不同的场合、穿戴不同的衣服，配套不同的手表；瑞士钟表工业公司从 1983 年到 1992 年，累计销售 Swatch 表超过 1 亿只。公司 1983 年销售 15 亿瑞士法郎，亏损 1.73 亿瑞士法郎；1993 年销售 30 亿瑞士法郎，盈利 4 亿瑞士法郎。

4. 产业核心技术攻关

产业核心技术是产业发展所必需的，被国际上极少数企业垄断掌握的技术。全球化背景下产业的国际分工越来越细致，特点越来越鲜明，发达国家的企业往往处于产业价值链的高端，我国这样的后发国家的企业只能处于产业价值链的中低端。之所以形成这样的格局，是由于当前国际上快速发展的高技术产业和新兴产业是由发达国家的企业培育的，产业发展形成之后，他们往往把效益和附加值较低的中低端制造环节转移到发展中国家，自己重点发展拥有核心技术的高端环节。由于他们垄断掌握产业核心技术，不仅能获得正常的利润，还会利用在产业链中处于的垄断和优势地位榨取处于产业价值链中低端企业的利润，取得高附加值和超额利润，使得处于产业价值链中低端的企业大量消耗劳动力和自然资源甚至引发较大的环境代价，只能获得很小的低于产业平均水平的利润。我国各地区提升产业发展质量和效益，必须通过攻关打破发达国家企业的核心技术垄断，向产业价值链的高端攀登。

5. 开发新产品自主培育发展新兴产业

经济学和创新管理理论表明，一个国家或地区要大幅提升劳动生产率，关键是要在国际上能率先开发新产品，自主培育发展新兴产业，掌控产业发展的主导权，形成垄断地位，才能获取高额利润。自主培育发展新兴产业，是后发国家和地区大幅提升劳动生产率的必然要求。

新兴产业是新建立的或是对已有产业重新塑型的产业，当前处于形成或成长阶段，未来具有很好的发展前景和空间。开发新产品，自主培育发展新兴产业，从技术创新与需求相结合的角度看，有多种可能的途径。一是研发新技术，开发新产品，满足新需求，带动新兴产业形成和发展。例如，计算机技术的发明创造出了新的产品计算机，满足了人们大量的信息需求，催生了计算机这一新兴产业，形成了新的经济增长点。二是充分运用已有先进技术开发新产品，满足新的需求。例如，日本通过已有信息技术的创新性应用发明了卡拉OK机，不仅带动了卡拉OK机制造业的形成，还促进了卡拉OK厅等新型娱乐服务业的发展。三是充分运用已有技术改变传统的产品和产业，实现对已有产业重新塑型，形成全新的产品和产业形态，更好地满足已有的需求，实现产业替代，自主培育发展新兴产业。例如，创新性地运用已有的数字图像技术开发新的产品数码相机，替代传统的胶片相机和胶片产业，使传统的胶片相机产业趋于消亡，发展形成了新兴的数码相机产业。四是通过研发新技术开发新产品，实现对已有产业重新塑型，更好地满足已有的需求，实现产业替代和发展新兴产业。例如，液晶电视技术的发明取代CRT电视技术，就是这方面的典型代表。

五、促进江苏省新型产业研发组织发展的对策建议

江苏新型产业研发组织建设，需要政府部门对新型产业研发组织形成科学的管理体制，需要新型产业研发组织形成有效的运行机制。现分别从两个方面提出对策建议。

（一）促进江苏新型产业研发组织发展的管理体制建议

按照既要积极有为又要科学作为的原则，建议政府部门推进新型产业研发组织建设，应重视如下几个方面：

1. 给予新型产业研发组织发展以明确的职能定位，重点是服务于产业和企业需求开展技术创新而不是研发活动

江苏新型产业研发组织建设，千万不能走传统的研发机构走过的老路，要紧密围绕企业和产业需求开展技术创新活动，一方面运用先进技术改造提升已有产业，另一方面围绕需求开发全新产品，自主培育发展新兴产业，引领产业发展。同时，培养产业发展急需的既懂技术又懂管理的复合型高层次创新型人才。新型产业研发组织的建设，要防止将其建设成为高校科研院所的翻版，摒弃技术创新必须以研发为基础、没有研发就没有技术创新的理念，转变技术越多越先进越好的理念，把其主要职能摆到技术创新和人才培养的协同推进上来，为江苏产业和企业发展提供强有力的技术和人才支撑。

2. 赋予产业研发组织明确的地位和自主运行权，并通过法律予以保障

支持新型产业研发组织发展，在明确其职能定位的基础上，还需要准确界定其组织性

质。创新型国家和地区的经验表明，产业研发组织的合适定位是成为非营利的公益性机构，德国的弗劳恩霍夫协会、中国台湾工研院都是如此，一方面避免其陷入国有企业和政府组织的僵化和低效窘境，另一方面防止其只追求自身利益最大化。同时，还要通过完善关于非营利科研机构的法律法规，对新型产业研发组织的性质、权利、义务和可以享受的优惠政策等予以法律规定，保障其能在法律规范的范围内能够独立自主地运行，尽量减少外部各方面的干扰。

3. 赋予产业研发组织以充分的资金和人才等的使用自主权

与一般的非营利性组织不同，新型产业研发组织从事的是高技术、高风险，在短期内可能很难见效的工作。为此，政府部门应通过财政科技投入等方式给予新型产业研发组织以大力支持，这是创新型国家和地区的普遍做法。同时，政府部门还要给予新型产业研发组织以充分的自主权。首先，政府部门对新型研发组织的财政科技投入，不应该以各种专项的名义规定使用领域下达，而是整体下拨，由其自主使用。其次，政府部门应放弃对新型产业研发组织的人事审批权，尽可能给予其人员数量编制、招聘和辞退的条件等方面的自主权。再有，尽量不要对新型产业研发组织的人员工资总额、杰出人才的工资水平予以限制，给予其充分的自主权，使得新型产业研发组织能以有竞争力的工资雇佣高水平的人才。

4. 对新型产业研发组织的支持与其服务产业和企业的技术创新绩效直接挂钩

政府支持产业研发组织建设，不应是无条件的，而应与其绩效直接挂钩。结合创新型国家和地区的经验，一般而言，在新型产业研发组织建设初期，政府财政资金可以是其主要经费来源。但发展到一定阶段后，财政资金支持要与其服务产业和企业的绩效挂钩，大致按1∶1的比例配套。这样，新型产业研发组织的经费构成应该包括：服务企业和产业的收入、政府的财政资金支持、承担政府的科研项目经费、衍生企业的收入等。其中，产业研发组织服务于产业和企业技术创新以及来自衍生企业的收入，应该不低于50%。如果产业研发组织来自服务和衍生企业的收入太低，实际上就意味着其直接服务于产业和企业的作用未能有效发挥，政府不应将其作为重点支持对象，甚至不予支持。

（二）促进江苏新型产业研发组织发展的运行机制建议

加快江苏新型产业研发组织建设，还要促进其建立良好的运行机制。建议江苏新型产业研发组织的建设，特别重视如下几个方面：

1. 新型产业研发组织应实现开放的建设机制，鼓励有条件的各类研究机构加盟，并把其服务产业和企业的绩效作为主要评价选拔指标

开展高水平的产业技术创新活动，必须对市场和用户需求有系统的了解和深刻的理解，这样的能力是不容易具备的，具有路径依赖性，需要在实践中逐步发展形成。加强新型产业研发组织建设，首先要实现开放的机制，只要符合条件，不管是高校科研院所还是社会研发

组织，都可以申请加盟。其次，制定加盟机构的评价选拔标准时，应把其是否了解市场和用户需求摆在特别重要的位置，把其服务于产业和企业技术创新取得的成效摆到特别重要的位置，优先选择服务绩效大的科研机构予以加盟，不应该把研发能力置于优先位置。

2. 新型产业研发组织应对下设研究机构实现滚动管理方式，支持力度与服务绩效直接挂钩，并促进其专业从事产业技术创新工作

新型产业研发组织应采用扁平的组织架构，上层主要负责管理协调和战略研究，下设的研究机构负责开展技术创新活动。同时，对下设研究机构的经费支持也应与其服务产业和企业技术创新的绩效直接挂钩，配套支持。一旦下设研究机构绩效不好，或者不符合产业研究组织的发展方向，一定要将其淘汰，实现滚动的管理方式。再有，发展到一定阶段后，应要求其下设的研究机构不能既从事高校科研院所的工作，又从事产业技术创新工作，而应把推进产业技术创新摆在核心位置。

3. 新型产业研发组织应加强自身的战略研究能力建设

当今社会科技创新和技术供给能力大幅提升，在一些产业领域，不是缺乏研发能力，而是缺乏准确把产业发展趋势和科学分析产业研发需求相结合的能力，缺乏准确分析市场和用户现实与潜在需求的能力，缺乏技术创新与市场创新相结合的能力。为此，台湾工研院早在2000 年就成立了产业经济与趋势研究中心。江苏新型产业研发组织应加强产业发展趋势及其技术创新需求分析等战略问题的研究，将其作为新型产业研发组织管理层的核心职能，加快提升战略研究能力，一方面支持科技与经济从源头上紧密结合，另一方面为下属研究机构提供更好的管理和服务。

4. 新型产业研发组织要重视围绕产业和企业发展需要提供技术创新、科技金融、商业模式创新与管理咨询等集成化服务

不管是现有产业的技术创新，还是通过创新创业自主培育发展新兴产业，都需要技术开发、科技金融、管理咨询、商业模式创新等多种类型的科技创新服务，特别需要多种支持和服务的集成提供。台湾工研院于 1996 年建立的创业育成中心能为创新创业者提供场地和部分初始投资、人力资源、技术支持、试验设备、企业资讯、产业安全、管理、商业咨询、法律信息、日常生活等多项服务。江苏新型产业研发组织建设，不仅要增强其技术创新能力，还要加快形成较强的科技创新服务能力，建设高水平的科技企业孵化器，多视角、多方式服务于产业和企业的技术创新。

5. 新型产业研发组织要重视培养复合型的产业技术创新人才，支持人才和技术集成向产业和企业转移

江苏新型产业研发组织应通过加强自身技术创新队伍的建设，加快培养复合型的高层次创新人才。同时，积极建立人才的合理流动机制，一方面支持产业研发组织内的技术和人才集成通过创办衍生企业等多种方式向产业和企业转移，另一方面不断从大学和留学回国

人员中吸纳新人，保持人才和技术的良性循环。

6. 新型产业研发组织要大力支持下属研究机构和人员创办衍生企业，开展创新创业活动

理论研究和实践经验均表明，创办衍生企业和开展创新创业，是加速新知识和新技术向产业转移的最有效途径之一，是培育新的经济增长点、自主培育发展新兴产业的必由之路。新型产业研发组织应把支持创办衍生企业，开展创新创业活动摆到特别重要的位置，将其作为服务企业和产业发展的关键途径。

7. 新型产业研发组织要充分发挥科技合作的桥梁和纽带作用

江苏的新型产业研发组织要充分发挥国际和国内科技合作的桥梁作用，吸引和集聚人才以及培养人才的基地作用，使其成为各类科技创新资源的蓄水池，成为高效利用国内外各类科技创新资源的纽带。

（执笔人：仲伟俊　梅姝娥　周　勇　康争光）

参考文献

［1］陈宝明，刘光武，丁明磊. 我国新型研发组织发展现状与政策建议［J］. 中国科技论坛，2013(3)：27－31.

［2］上海产业技术研究院，http://www.siti.sh.cn/

［3］厦门产业技术研究院，http://www.ait.gov.cn/

［4］广东华南新药创制中心，http://www.sccip.org.cn/

［5］江苏省产业技术研究院，http://www.jitri.org/

［6］杨艳红. 江苏省产业技术研究院建设现状［J］. 江苏科技信息，2013：9－10.

［7］刘强. 德国弗朗霍夫协会企业化运作模式［J］. 德国研究，2002(1)：62－65.

［8］百度百科，德国弗朗霍夫协会，http://baike.baidu.com/

［9］朱启超，黄仲文，匡兴华. DARPA 及其项目管理方略与启示［J］. 世界科技研究与发展，2002(6)：92－99.

［10］吴金希. 公立产业技术研究院与新兴工业化经济体技术能力跃迁——来自台湾工业技术研究院的经验［J］. 清华大学学报（哲学社会科学版），2013(3)：136－145.

［11］仲伟俊，胡钰，梅姝娥. 自主培育发展新兴产业的路径与政策［M］. 北京：科学出版社，2014.

［12］Forbes D P，Kirsch D A，The Study of Emerging Industries：Recognizing and Responding to Some Central Problems［J］. Journal of Business Venturing，2001，26：589－602.

[13] 纳谢德·福布斯,戴维·韦尔德.从追赶者到领先者:管理新兴工业化经济的技术与创新[M].北京:高等教育出版社,2005.

[14] 罗伯特·维甘提.第三种创新[M].北京:中国人民大学出版社,2014.

[15] 仲伟俊,胡钰,梅姝娥.民营科技企业的技术创新战略和政策选择[M].北京:科学出版社,2005.

[16] 仲伟俊,梅姝娥,黄超.国家创新体系与科技公共服务[M].北京:科学出版社,2013.

[17] Edler J, Georghiou L. Public Procurement and Innovation—Resurrecting the Demand Side[J]. Research Policy, 2007,36: 949 - 963.

[18] Bongenaar B, Szirmai A. The Role of a Research and Development Institute in the Development and Diffusion of Technology[J]. Centre for Health Economics Working Papers, 1999, 196(1):225 - 242.

[19] West J. Institutions, Information Processing, and Organization Structure in Research and Development: Evidence from the Semiconductor Industry[J]. Research Policy, 2000, 29(3):349 - 373.

[20] Szogs A, Wilson L. Effective Knowledge Sharing: The Tanzanian Industrial Research and Development Organization as Mediator between the Foreign and Local Sector[J]. Knowledge Management for Development Journal, 2006(1).

[21] Kaneko Y. Japan's Innovation of Public Organizations in the Research and Development Field[J]. Public Organization Review, 2006, 6(4):329 - 346.

[22] Ellefson P V, Kilgore M A, Skog K E, et al. Forest Products Research and Development Organizations: Organization, Governance, and Measures of Performance in a Worldwide Setting[J]. Forest Products Journal, 2007, 57(10):6 - 13.

[23] Library W C. Canadian Industrial Research and Development Organizations[M]. For Jublishing, 2011.

[24] Reza B, Davoud K D, Ahmad J. The strategic Management Model of Technology Development in Research and Technology Organizationsofoil Industry: Case of Mixed Method [J]. 2012.

[25] Gao J, Wu Y. Research on the Development and Innovation of R & D Organization Model of the Strategic Emerging Industry[C]. International Conference on Innovation, Managementand Technology Research,2013.

[26] Li D, Li J, Committee D M. Discussion of Adapting to the High-end Bio-industry Development on Research and Development Organization Model[J]. Journal of Heilongjiang Bayi Agricultural University, 2014.

第五章 江苏省跨国技术转移的实践与思考

一、"十二五"期间江苏省跨国技术转移实施进展情况分析

(一) 取得的主要进展和成效

江苏以创新型省份建设试点为总抓手,大力推进科技创新工程,区域创新能力连续六年位居全国首位。随着经济全球化的不断推进,在全球范围内寻求创造性资产,通过多种方式展开跨国技术转移,获取资源杠杆效应是江苏提升自主创新能力的重要途径。围绕集聚国际创新资源、服务企业需求,江苏与重点国家交流合作取得新进展,与国际著名创新机构合作实现重要突破,举办了一批有影响的交流对接活动,创新国际化实现了质的提升。

1. 政府推动国际科技合作深入发展

政府间科技合作是在政府间双边和多边协议下执行的科技合作项目,科研合作水平较高,对科技事业和经济建设影响大。2008 年江苏与以色列产业研发合作项目是以色列首次与国外地方政府签署产业研发合作协议,至今双方已完成 9 轮合作项目的联合征集和立项工作,共同征集项目 145 项,共同支持合作项目 48 项。2012 年,省科技厅与芬兰国家技术创新局共同签署科技创新领域合作备忘录,共同设立江苏—芬兰产业研发合作计划,至今已共同支持了两批合作项目。

同时,江苏政府与国际著名创新机构的合作实现重要突破。江苏省科技厅与美国麻省理工学院(MIT)于 2013 年首届"MIT 中国年会"上正式签署产业技术合作协议,标志着江苏与 MIT 在省级层面正式建立了合作伙伴关系。通过这一官方合作平台和渠道,重点推动双方开展以产业技术创新需求为导向的合作研发和产业化。同年,江苏省科技厅与德国弗劳恩霍夫应用研究促进协会正式签署"访问科学家合作交流计划"协议,该计划旨在支持江苏选派优秀科研人员以访问科学家身份赴该协会有关研究所参与应用科学研究。

2. 国际研发机构成为重要创新载体

江苏作为经济大省及科技资源密集地区,吸引了大批外资研发机构。从 2003 年底开始,江苏省科技厅把鼓励和支持外资在江苏设立和发展研发机构作为开放性利用国际科技资源的一项重要工作加以推进。目前,已有跨国公司、国外大学和研究机构建立了江苏产业

技术研究院、国际研发中心、系统工程中心、研究开发有限公司等多种创新国际化载体。2014 年 8 月，江苏省科技厅确认 94 家外资研发机构为第十批省级外资研发机构，省级外资研发机构总数累计达到 780 家。苏州在外资研发机构发展上在全省遥遥领先，目前该市共有省级外资研发机构 600 多家，其中独立研发机构 33 家。江苏省 2015 年度第一批外资研发中心认定，8 家外资企业获批，其中苏州有 5 家外企通过认定。

随着跨国公司 R&D 机构的大量进入，部分江苏企业也开始在海外设立研发机构。截止 2012 年底，江苏企业设立海外研发机构已超过 40 家，聘用当地研发人员 200 多人，成为研发新技术、新产品和申请、获得国际专利的重要基地。例如，江苏金昇实业股份有限公司在制造业实力雄厚的德国建立金昇—埃马克全球高端装备研发中心；中利科技集团股份有限公司在新加坡成立了利星科技（亚洲）有限公司，作为公司海外市场拓展与特种电缆研发中心等。海外研发中心的建立不仅可以吸引到世界一流的研发人才，还可以吸纳国外先进技术，大大拓展了江苏企业创新的视野和资源。

3. 技术获取性海外并购增长显著

通过国际兼并获取海外高技术企业核心技术是江苏企业创新国际化的战略选择之一，江苏国际研发机构很多就是通过海外并购成立的。基于核心技术的跨国并购有助于本土企业快速获得与核心业务相关的上、下游技术，通过技术协同效应来培育企业自主开发能力，从而实现技术的跨越和企业核心竞争力的升级。在国际经济低迷和国内开放经济转型升级的大背景下，江苏“走出去”步伐加快。境外投资的领域不断扩展，以技术为驱动，成为境外投资的重要动因。专业技术服务业、科技交流与推广服务业等领域的投资增长显著(见表 5-1)。

表 5-1　江苏三次产业境外投资情况

	2013		2012		2011	
	新批项目数（个）	中方协议投资（万美元）	新批项目数（个）	中方协议投资（万美元）	新批项目数（个）	中方协议投资（万美元）
第一产业	15	26 338	14	23 286	5	4 772
第二产业	190	229 016	175	150 560	158	151 148
第三产业	400	358 918	383	330 701	342	204 234
研究与试验发展	16	5 049	17	6 107	15	6 202
专业技术服务业	7	7 105	2	202	3	402
科技交流与推广服务业	8	7 296	8	6 373	4	245

资料来源：江苏省统计局. 江苏省统计年鉴 2014[M]. 北京：中国统计出版社，2014.

2010 年 11 月，江苏太瑞生诺生物医药科技有限公司出资 400 万欧元成功收购瑞典生物技术研发公司 SentoClone，获得该公司肿瘤生物治疗技术在全球大部分地区的垄断性知识产权，从而使太瑞生诺公司站到了国际顶尖技术前沿。徐州工程机械集团有限公司在 2011 年收购了位于德国、荷兰的两家液压件零部件制造商之后，2012 年又将德国混凝土巨头施维英的控股权收入囊中，海外并购获取技术的战略意图明显。2014 年 5 月，江苏长江电子科技股份有限公司（简称长电科技）和天水华天科技股份有限公司收购世界著名芯片企业 STATS ChipPAC。2014 年 12 月，长电科技宣布与芯电半导体有限公司、国家集成电路产业投资基金股份有限公司签署了《共同投资协议》，联合收购外商独资的半导体封装测试公司新加坡星科金朋。

4. 涉外技术交易企稳回升

"十二五"期间全省技术市场统计数据显示，2011 年至 2012 年，江苏省涉外技术交易成交总量保持稳定增长态势，涉外输出技术成交金额分别为 129.69 和 131.03 亿元。2013 年涉外技术交易成交额和合同数大幅下降，但在 2014 年已呈企稳回升态势，当年共登记涉外技术合同 614 项，成交金额 112.26 亿元（见图 5-1）。随着技术交易日渐活跃，江苏企业技术引进力度不断加大，引进先进适用技术成为跨国技术转移的重要方式之一。从技术引进方式来看，包含许可证贸易、特许经营、技术服务与咨询，以及含有知识产权和专有技术转让的设备买卖等方式。

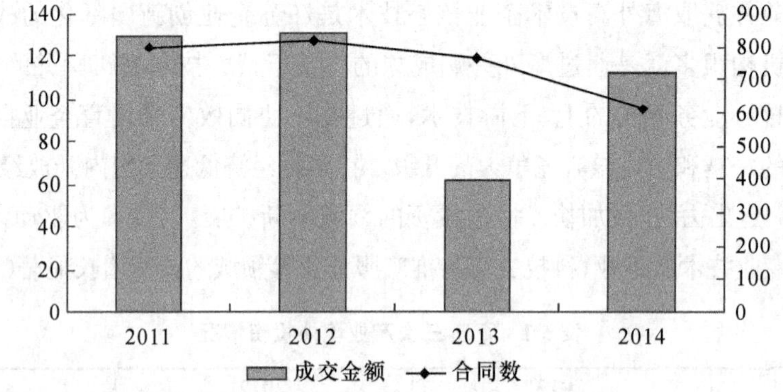

图 5-1 2011—2014 年江苏省涉外输出技术成交金额和合同数（单位：亿元、项）

资料来源：江苏科技厅国际合作处，《江苏省各地输出技术成交金额情况》，2015 年 4 月.

5. 人力资源的国际流动频率加快

推进创新国际化，人力资源国际化是关键和根本。江苏坚持在全球范围开发利用、优化配置人才资源，全面参与国际人才合作和竞争，积极实施人才国际化战略。国际化人才推动区域创新能力显著提升。江苏省"双创计划"、南京"321 计划"、无锡"东方硅谷计划"、常州"龙城英才计划"、苏州"姑苏计划"、镇江"331 计划"等高层次人才引进计划，采取灵活多样的方式引进外国专家和海外智力，推动人才更多向企业、向一线集聚。2014 年，新增留学回国人员 7 690 人；新引进长期合作外国专家 2 627 人；累计 18 人入选国家"外专千人计划"，居全国第三；新建省级留学人员创业园 3 家。2015 年第一季度，全省新增留学回国人员 1 912 人，新引进长期外国专家 647 人。

同时，江苏把提升本土人才国际化素质作为根本之策。大力实施"333 工程""科技企业家培育工程”，近3年选派1 000多名优秀人才赴海外知名高校培训研修。把提升企业家国际化素质作为突出任务，进一步创新培养方式，组织企业经营管理人员到国内外知名高校、科研机构、大型企业学习培训，造就了一批具有全球战略眼光、市场开发意识、管理创新能力和社会责任感的优秀企业家。各类国际化人才在技术攻关、科技创业、学科建设等方面发挥了重要的示范引领作用。

6. 各类科技交流活动亮点纷呈

江苏有针对性地开展专题性的科技交流、技术展示及项目对接活动，借此积累海外技术供给信息资源和江苏省内重点产业的关键技术需求，为中外双方有针对性地开展跨国技术转移提供保障。2008年以来，每两年一次的“中国·江苏国际产学研合作论坛暨跨国技术转移大会”已成功举办四届，吸引了1 000多位境外技术专家及有关专业人士与会，对接了一大批跨国技术转移项目，成为国内层次、规模、影响都比较突出的国际产学研合作平台。“全球（南京）研发峰会”“中国（无锡）国际设计博览会”“中国常州先进制造技术成果展示洽谈会”“中国国际纳米技术产业发展论坛暨纳米技术成果展”等一系列科技对接交流活动，有效推动企业的创新国际化发展。

（二）江苏省的主要特点或特征

1. 推动与创新强国的深度合作

江苏高度重视与以色列、芬兰、英国、美国、俄罗斯、德国、法国、新加坡等创新强国开展科技创新合作，通过多种渠道来提升技术转移的层次与质量。2008年，江苏与以色列正式签署《关于民营企业产业研究和开发的双边合作协议》，开拓了江苏创新国际化的新局面。协议签署以来，双方在活动组织、对接交流、载体建设等方面开展了务实合作，至今共投入产业研发合作专项资金9 000万元人民币，2014年江苏省科技部与以色列经济部签约共建“中以常州国际创新园”。参照以色列合作模式，2012年江苏与芬兰国家技术创新局建立双边产业研发支持机制，2014年10月9日与英国创新署（原英国技术战略委员会）共同签署关于开展区域技术创新合作的谅解备忘录。

2. 围绕重点项目实现双向驱动

江苏围绕战略性新兴产业发展，确定重点对接项目，调动并集聚相关资源开展重点攻关，努力提升技术转移项目合作的层次和影响力。江苏省跨国技术转移由技术成果从供方向受方的单向转移，逐步转变为“需求导向”加“供给导向”的双向驱动模式，提高了技术转移的效率。一方面，加强一线调研，了解企业国际合作的真实需求，向企业提供解决方案，即通过“需求导向”型技术转移方式，体现以市场为导向的技术创新需求；另一方面，掌握海外资源的特点，把握转移双方存在的技术梯度，保证项目对接和技术转移的有效性，更有效地将海外优质科技创新资源转化为现实的生产力。

3. 凸显知识产权先导效应

江苏积极拓展知识产权领域的国际交往,较早发布了企业知识产权维权指引。江苏是首个与美国国家专利商标局签订知识产权合作协议的中国地方政府,也是首个与韩国知识产权局签订开展知识产权保护合作的谅解备忘录的外国地方政府。“十二五”以来,江苏全省专利申请量和授权量、企业专利申请量和授权量、发明专利申请量均保持全国首位,有效发挥了专利对科技创新、经济发展和社会进步的激励保障作用,为产业转型升级和实现创新驱动发展战略提供了有力支撑。在跨国技术转移中,企业专利运用水平不断提升。通过《专利合作条约》(PCT)途径提交国际专利申请是企业依靠自主知识产权提升国际核心竞争力的直接体现。江苏PCT国际专利申请量不断攀升(见图5-2),PCT国际专利为产品打开国际市场,为企业产品参与全球竞争保驾护航。

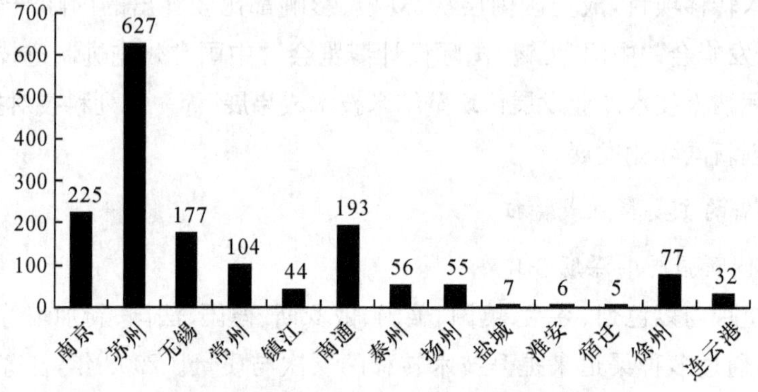

图5-2 2014年江苏省PCT专利申请分布

资料来源:晏如. 7年数据看中国知识产权发展[N]. 中国知识产权局年报,2015-04-23.

4. 搭建国际科技合作平台

江苏推进国际科技合作平台及相关载体建设,构建并完善平台、载体的市场化运行机制。江苏在全国率先成立省级跨国技术转移中心,已在无锡、常州、泰州等地建立了多家跨国技术转移分中心,构建了全省性的跨国技术转移服务网络体系。国际产业技术联盟把不同国家的技术创新主体联系在一起,形成了产业内外多个技术联系通道,构成了市场主体新型网状联系,有助于推动技术创新主体之间的技术学习与合作。目前,全省各地已围绕六大战略性新兴产业领域组建了一批“产业创新国际合作联盟”,如:江苏高能耗产业节能减排产业创新国际合作联盟、江苏—澳大利亚维州生物医药产业创新国际合作联盟、江苏传感网产业创新国际合作联盟、江苏纳米产业创新国际合作联盟、江苏环境友好作物保护产业创新国际合作联盟、江苏新能源电动汽车产业创新国际合作联盟、江苏对俄(独联体)硅基新材料产业创新国际合作联盟、江苏智能电力电器产业创新国际合作联盟、江苏生物医药产业创新国际合作联盟等。

5. 加强创新国际化服务体系建设

江苏高度重视跨国技术转移对促进科技创新的重大作用,通过建立技术转移基层服务网络，完善技术转移的工作手段，建设适应新形势的技术转移工作机制，不断加强创新国际化服务体系建设，营造了有利于科技进步和创新的环境。"十二五"期间，江苏省科技厅国际科技合作计划聚焦支持与重点国家、重点机构的产业研发合作，持续推动创新国际化服务体系建设。《关于建设苏南国家自主创新示范区的实施意见》[苏发〔2015〕5 号]等地方政策和部门政策规定加大了对跨国技术转移的支持力度。推动地方引进境外高水平的大学、研究机构、跨国公司来江苏建设跨国技术转移中心等国际合作载体；支持省内有条件的企业到境外设立研发机构；鼓励企业并购、合资、参股国际研发企业或设立海外研发中心和产业化基地；支持科技人员参加国际研发组织、承担国际科技项目，同时对企业出口高新技术产品、开展对外投资、设立海外研发机构等给予政策扶持。

（三）存在问题与原因分析

"十二五"期间，我省跨国技术转移迈上了新台阶，走在全国前列。但面对新常态下经济转型升级的机遇与挑战，制约跨国技术转移的瓶颈问题依然突出。

1. 跨国技术转移资源相对不足，资金和人才问题突出

创新资源相对不足是阻碍江苏企业跨国技术转移的最主要因素。2014 年江苏研究与实验发展经费支出占生产总值比重预计达 2.5%，在国内处于领先水平，但距离日本、德国、韩国等国仍有较大差距(见图 5-3)。

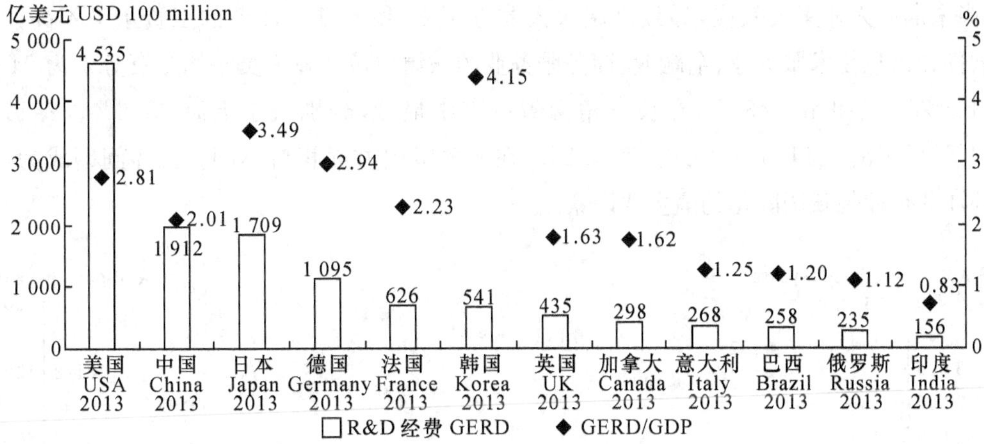

图 5-3　2014 年部分国家 R&D 经费支出

资料来源：科技统计数据 2014.

与国际跨国公司相比，江苏本土企业往往规模小、利润薄，自我积累能力和速度较低，企业自有资金 R&D 投入强度低，难以支持企业进行国际化的创新活动。2013 年，江苏企业 R&D 经费占主营业务收入的比重为 0.91%，不到发达国家的四分之一，远低于国际上 3% 的门槛值。从外部融资渠道看，金融资本更加偏好成熟行业和大型企业，对新兴领域、初创期企业供给意愿不足，而在国外比较普遍的风险投资等，受金融体制制约尚难以成为主要的创新资金来源(见图 5-4)，江苏 80%的科技型中小企业存在资金匮缺，融资难度大位居其发

展困难的首位。

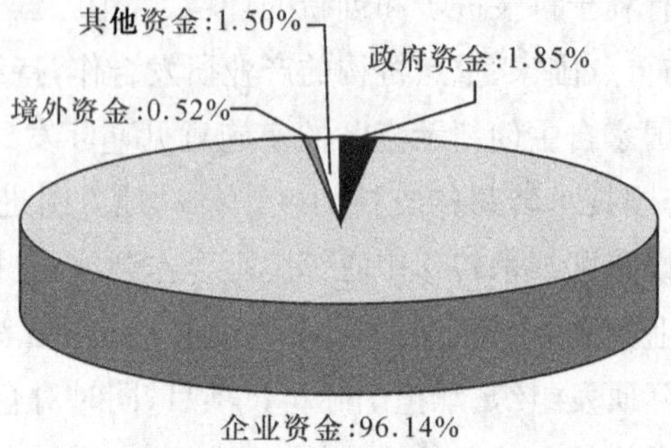

图 5-4 2013 年江苏大中型企业 R&D 经费来源

资料来源:根据《江苏统计年鉴 2014》数据计算。

国际化创新人才是跨国技术转移的第一资源。一批具有风险意识和创造精神的企业家,是跨国技术转移顺利推进的关键。但总体来看,江苏企业家缺乏创新意识,缺少全球视野和国际思维,面对创新可能带来的巨大成本风险,企业在选择跟踪模仿和创新之间往往止于仿制,追逐短期利润。同时,2013 年,江苏省每万名从业人员中 R&D 人数为 128 人,已接近中等收入国家平均水平(见图 5-5)。但是企业研发人员的整体水平仍然偏低,缺乏懂技术、懂市场、懂管理、懂法律的复合型、国际化人才。企业研发机构的规模较小,缺乏创新平台,尚未形成人才集聚效应,导致高层次人才进不来、留不住。江苏的工资水平不高,2013 年软件和信息技术服务业、金融业、商务服务业的城镇单位从业人员平均工资分别为 94 616 元、105 289 元和 48 648 元,在长三角两省一市中最低,分别低于上海 38.6%、42.1%和 62.4%,低于浙江 11.5%、15.6%和 7.5%,在人才吸引方面相对不利。人才问题成为当前制约江苏企业创新国际化的最主要因素之一。

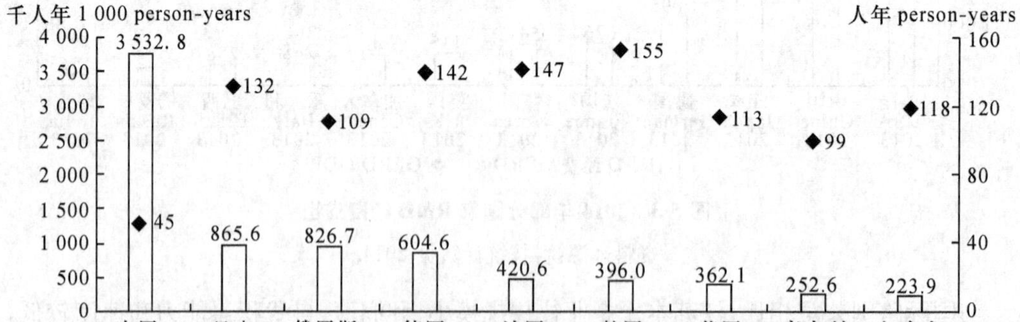

图 5-5 部分国家 R&D 人员

资料来源:科技统计数据 2014。

2. 对外技术依存度较高，缺乏自主知识产权

改革开放以来江苏产业结构升级一个最重要的特点就是依靠外资流入所带来的先进技术设备，而且多以生产线和最终设备为主，以技术换市场战略的实施，虽然奠定了良好的工业化基础，但自主创新能力没能显著提高，外资企业成为企业创新的重要力量（见图 5-6），导致制造业核心技术和重大设备的对外技术依存度过高。2013 年全国用于基础研究、应用研究和试验发展的经费支出占总研发经费的比重分别为 4.7%、10.7%和 84.6%，但江苏基础研究和应用研究的经费支出分别在 3%和 10%以下，皆低于全国平均水平。原创性基础研究投入不足导致江苏核心技术的开发能力较弱，关键部件、器件和材料主要依靠进口。相比大部分发达国家的对外技术依存度都在 30%以下，其中美国和日本低于 10%，江苏的差距依然较大。大部分中小企业技术引进费用远超过研发费用，引进的技术大部分不是最新技术、最高端技术，需要不间断的引进才能维持产业发展，造成过度依赖，关键技术受制于人，企业的原创性成果不多，自主知识产权创造能力明显不足，技术研发、自主创新和系统集成方面依然是短板。

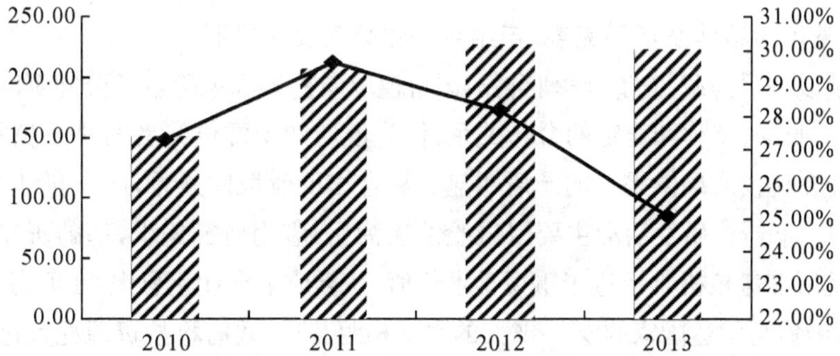

图 5-6　江苏大中型企业 R&D 经费支出中外资企业 R&D 经费支出额及比重

资料来源：根据《江苏统计年鉴 2014》数据计算而成。

从 PCT 专利产出能力来看，2014 年，国家知识产权局共受理通过《专利合作条约》(PCT)途径提交的国际专利申请 2.616 9 万件，其中，江苏申请 1 610 件，只占全国受理总量的 6.15%，约为广东(13 332 件)的 1/8。江苏企业国际 PCT 专利申请明显分散，缺少像广东的华为、中兴、腾讯科技、深圳华星光电等 PCT 专利申请大户（见表 5-2），在国际知识产权领域话语权方面与发达国家和国内先进地区的差距十分明显。创新成果的市场认可度相对不足。2013 年，江苏平均每件专利所有权转让及许可收入为 16.69 万元，同期全国平均为 37.83万元，广东更高达 117.79 万元，江苏每件专利的收入仅相当于全国的 44%和广东的 14%，创新成果与市场需求存在脱节。

表 5-2 2014 年国内企业 PCT 申请量排名

排名	国内企业名称	申请量
1	华为技术有限公司	3 901
2	中兴通讯股份有限公司	2 801
3	京东方科技集团股份有限公司	1 145
4	深圳市华星光电技术有限公司	957
5	腾讯科技(深圳)有限公司	864
6	华为终端有限公司	402
7	北京奇虎科技有限公司	172
8	小米科技有限责任公司	167
9	国家电网公司	158
10	惠州市吉瑞科技有限公司	130

资料来源:中华人民共和国国家知识产权局. 2014 年国内企业 PCT 申请量排名. [EB/OL]. (2015-02-10). (http://www.sipo.gov.cn/twzb/2014fmzlsqqkfbh/bjzl/201502/t20150210_1074409.html).

3. 跨国技术转移体系尚不完善,产学研合作缺乏长效机制

江苏目前以项目为载体的产学研合作,因价值取向差异和风险收益分配等问题,组织形式松散,尚未建立长期、持续和稳定的合作关系,作为创新知识源供给者的科研院所和作为创新需求者的企业在科技成果供需上的矛盾明显。从合作价值取向来看,产学研结合企业主导作用不强,追求短期效益,研发活动主要以试验发展为主,应用研究偏少,基础研究则基本空白;高校及科研院所在考核机制上过于重视学术价值,缺乏成果产业化意识,江苏高校高科技成果转化率只有 10%,与发达国家 60%~80%的水平相距甚远;政府科技资源配置过度行政化,科技资源短缺与浪费的现象并存。风险分担机制不完善,由于缺少中试环节的风险分担机制,在解决技术进入企业方面存在技术转移"最后一公里"的难题,使得企业会因为害怕风险而规避参与国际化合作研发;从收益分配来看,创新成果的权利归属不明晰,新技术带来的收益在合作主体间分配不合理,使得合作创新缺乏内在动力和外在压力。

跨国技术转移中,技术中介体系有待成熟。许多从国有事业单位转化来的技术转移服务机构市场化程度低,跨国技术转移的实践、经验与能力也明显欠缺;各类服务机构力量分散,缺乏协同,跨国技术转移渠道及信息不够顺畅;行业协会的建立相对滞后,全球链接能力和功能远不能满足需要;服务人员专业化程度不高,高端、个性化服务能力尤为欠缺。

4. 跨国技术转移支撑体系不强,存在市场障碍

创新资源重复投资、大型设备利用效率较低、技术创新市场的供需失衡、创新人才流动性不足、跨区域创新合作壁垒等问题,都源于最基础的创新资源共享的市场一体化建设滞后。市场配置资源的决定性作用没有充分发挥,跨国技术转移还比较多地依靠政府主导、政策拉动,政府与市场的关系还有待进一步理清。具体说来,企业跨国技术转移缺乏金融、技

术和人力资源三大市场基础。

江苏各级政府部门对跨国技术转移重要性的认识程度不断提高，但支持技术转移的导向还不够强，经济增长仍主要依靠投资和出口拉动。江苏税收优惠政策更多地用于支持出口，高新技术企业认定、研发费用加计扣除等科技税收减免及其政策落实还有很大的提升空间。

技术创新具有较强的外部性且类似公共物品，创新的溢出效应使企业偏好模仿。如果缺乏知识产权保护意识或知识产权保护不力、过度进入（过度竞争）、重规模仿，甚至侵权等将进一步阻碍首创者的技术创新欲望。江苏省近年来通过立法形成了一系列的法律法规，不断加强对知识产权的保护。但是，法律法规还有待进一步完善，特别是在执法过程中由于多方面的原因，对侵犯知识产权违法行为的打击力还不够。

二、"十三五"期间江苏省跨国技术转移发展思路和目标任务

（一）国内外发展现状和趋势分析

技术转移在20世纪60年代中期被首次使用，最初是由联合国作为解决南北问题的一个重要战略提出的。在全球化程度不断提高、知识经济快速发展的今天，跨国技术转移的速度加快，规模越来越大，领域不断拓宽，已由梯度式转移发展到跳跃式转移。20世纪90年代以来，国际技术贸易额平均每10年翻两番，已接近世界贸易总额的1/2，跨国技术转移日益成为重要的议题。

1. 开展跨国技术转移的动力与条件

（1）二元技术结构形成的技术差距

二元技术结构形成的技术差距，是发达国家与发展中国家之间技术转移的前提。从全球研发投入来看，发达国家是技术"中心"，全球80%以上的科技开发及其进展均在发达国家进行和取得。WIPO等机构发布的《2014年全球创新指数报告》显示，高收入经济体占据了排行榜前25位，其中瑞士、英国、瑞典、芬兰、荷兰、美国依次位居"最具创新力经济体"的前6位。发展中国家是技术的"边缘"，技术由"中心"向"边缘"转移。

（2）需求资源关系的制约

一个国家的经济发展及其对外经济活动，受该国国民需求N(Needs)与该国的资源R(Resources)关系的制约。NR关系解释了跨国技术转移产生的原因及形成的机制。如果R不足以满足N，就会形成"瓶颈"，促进技术革新。新技术出现后，原有技术就可以转让给其他国家或地区。原有NR不相适应的关系得到协调后，又会产生新的瓶颈，NR关系出现新的不相适应，促进了新一轮技术革新和技术转移。世界经济就在这种不相适应到互相适应到新的不相适应的循环中发展。

（3）全球一体化生产和研发体系的形成

全球经济与信息网络经济、知识经济的互动，将引发以工业4.0为标志的新的工业革命。随着新科技革命浪潮的兴起，知识、技术和信息对经济增长的贡献越来越大，基于互联

网应用的智慧经济正在成为世界经济最亮丽的新增长点。科技可贸易性越来越强,从而为跨国技术转移、国际分工的全面深化打下基础。特别是金融危机以后,世界进入了创新全球化阶段,全球资源随着创新创业而流动。

(4) 跨国公司内部的技术转移

跨国公司以其雄厚的资金和强大的技术力量成为国际技术转移的主要承担者,是当今国际技术转移中最活跃、最有影响的力量,垄断着世界技术市场。近几年,在全球经济不景气的大背景下,跨国公司开始了依据全球价值链的新一轮全球产业布局调整,重新调整对发展中国家的技术转让和研发投入策略,使其对外技术转移呈现出一系列新的态势。

(5) 创新组织方式的社交化

云计算、物联网、大数据等新技术的出现在本质上改变了人的社会存在方式和交往方式,进而改变了研发的组织方式。在制造业全球化阶段,研发主要的变化体现为研发外包;进入社交化阶段,研发的组织形式出现了众包。从自我研发到外包再到众包,体现了研发在组织变革中处在领先的位置。

2. 跨国技术转移的主要模式

为了体现目前发达国家对发展中国家跨国技术转移的特点,将跨国技术转移模式按媒介、目标和行业三种标准进行分类。一类是根据跨国技术转移是否以市场为媒介为标准,将技术转移模式分为以市场为媒介的技术转移模式和非市场媒介的技术转移模式。二是根据跨国技术转移是否把转移技术作为明确目标为标准,可以分为正式的跨国技术转移和非正式的跨国技术转移两大类。以往人们比较偏爱以市场为媒介的正式的技术转移模式,而随着技术的不断发展,非市场媒介和非正式的技术转移模式越来越受到重视。三是根据跨国技术转移的具体行业来分类,可以发现战略性新兴产业是跨国技术转移的主要领域。以2015中国(北京)跨国技术转移大会为例,大会及专场部分项目共665个,主要为信息技术、生物技术、能源与环保、航空航天器等战略性新兴产业(图5-7)。

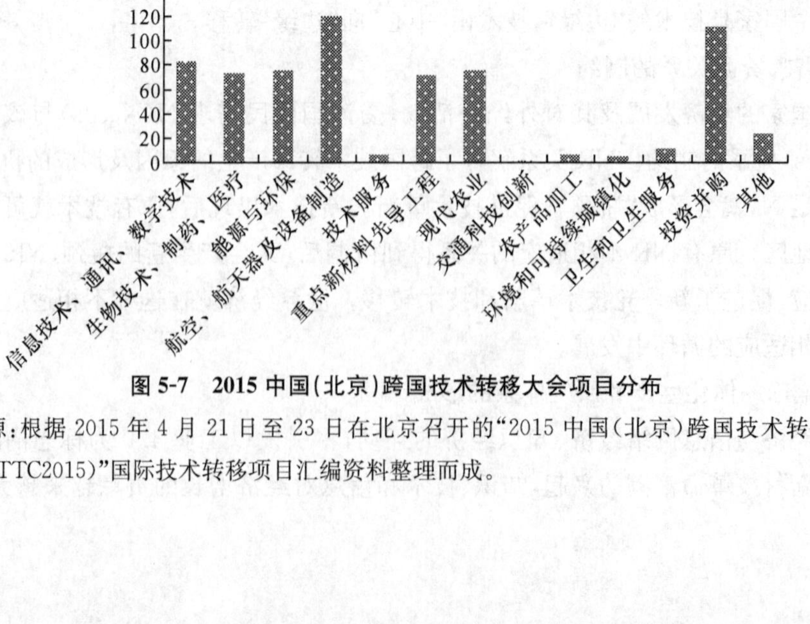

图5-7 2015中国(北京)跨国技术转移大会项目分布

资料来源:根据2015年4月21日至23日在北京召开的"2015中国(北京)跨国技术转移大会(China ITTC2015)"国际技术转移项目汇编资料整理而成。

3. 境内外国际创新合作载体

(1) 欧洲企业服务网络

2008年，欧盟创新驿站网络(IRC)与欧洲信息中心(EIC)合并为欧洲企业服务网络(Enterprise Europe Network，EEN)。EEN网络涵盖600多个技术转让与商业支持机构，覆盖全球56个国家，拥有5 000多名员工，它整合和改进了IRC与EIC的服务，可为更多的中小企业提供“一站式”解决方案。企业想了解技术信息、寻找商业合作伙伴、获取技术创新方面的建议或申请欧盟研究资金，都能享受到EEN网络所提供的高效服务(图5-8)。

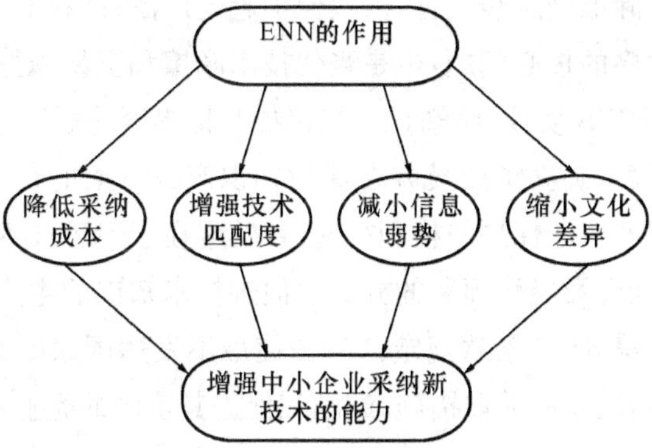

图5-8　ENN提升中小企业技术吸纳能力的方式

(2) 以色列工业研究开发中心

以色列工业研究开发中心(MATIMOP)是以色列劳工部首席科学家办公室(OCS)的执行机构，代表首席科学家委员执行、贯彻和监管双边和多边的国际合作项目。中心提供的服务包括：帮助本土公司进行国际合作研发；帮助本土公司寻找国外合作伙伴；帮助国外的公司寻找本土企业；帮助本土企业加强在国际市场的技术竞争力；通过欧盟等机构帮助本土企业的合作项目寻找资金；协调本土企业在其他区域的工作。

(3) 国际技术转移协作网络

国际技术转移协作网络(ITTN)是由北京技术转移交易促进中心、中科院国际技术转移中心等来自15个国家的40余家知名技术转移与创新服务机构共同发起成立的，致力于为跨国技术转移提供全面支持的开放式创新服务平台。ITTN旨在：

- 搭建国际、国内科研机构、企业和政府部门交流沟通平台
- 推动技术引进与技术输出双方向的国际技术转移与国际创新合作
- 推动创新合作项目加速落地
- 实现商业价值转化，创造合作共赢

4. 跨国技术转移政策和服务体系

各国政府对技术转移的干预比对普通商品贸易的干预程度要大。一般而言，输出方主要实行保护政策，接受方主要实行鼓励政策。发达国家主要是通过投资法、工业产权法、外

汇管制法和反垄断法等对向外技术转移加以管理和控制，随着发达国家之间技术的多极竞争格局的形成，技术转移中的保护主义更加强烈。发达国家与发展中国家的控制与反控制的矛盾日益深化。发展中国家对技术转移的鼓励政策主要有通过提供优惠条件引进国外先进技术，提供便利条件鼓励发达国家直接投资，建立知识产权等各种适用制度。国际政治和外交因素对技术转移的影响正在加强，技术转移与技术外交成为国际政治舞台的一项重要活动内容，这在高科技领域表现得更为明显。

5. 跨国技术转移的相关法律及知识产权保护

跨国技术转移的国际准则逐步完善，产权保护趋向广泛、严格和国际化。知识产权制度成为建立国际经济新秩序的核心问题，也是当代技术摩擦和贸易摩擦的焦点。《与贸易有关的知识产权的协议》(TRIPS 协议)将知识产权保护与世界贸易联系起来，以 WTO 特有的实施和争端解决机制为后盾，确立了成员方在保护知识产权方面的最低标准。第 7 条规定了知识产权的目标："知识产权的保护与权利行使，目的应在于促进技术的革新、技术的转让与技术的传播，以有利于社会及经济福利的方式去促进技术知识的生产者与使用者互利，并促进权利与义务的平衡。"第 66.2 条款规定："为了使最不发达国家缔约方能够建立良好的能够生存的技术基础，发达国家应采取措施，鼓励和促进其境内的企业和研究机构向最不发达国家缔约方传输技术。"联合国《国际技术转移行动守则草案》中把"技术转移"定义为："关于制造产品、应用生产方法或提供服务的系统知识的转移，但不包括货物的单纯买卖或租赁。"

我国深入推进国家知识产权战略实施，知识产权法律法规建设稳步推进，知识产权数量持续快速增长。2014 年，受理 PCT 国际专利申请 2.6 万余件，同比增长约 14.2%(图 5-9)。知识产权对外交流合作不断深入。2014 年 7 月 9 日世界知识产权组织中国办事处在北京正式设立。2014 年 12 月 7 日我国政府与新加坡政府签署知识产权领域合作谅解备忘录。同时国家知识产权相关部门积极参与知识产权多双边磋商谈判。

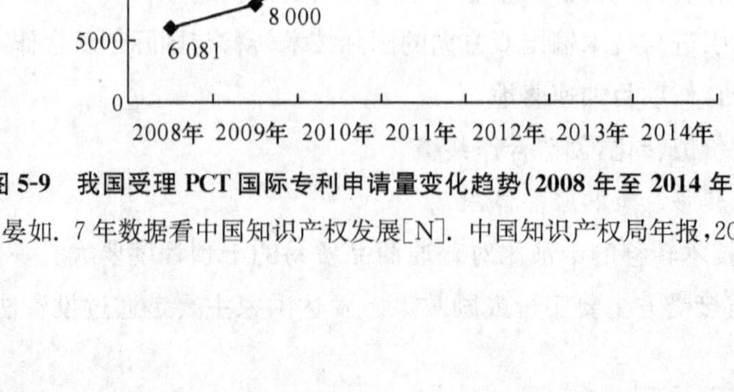

图 5-9　我国受理 PCT 国际专利申请量变化趋势(2008 年至 2014 年)

资料来源：晏如. 7 年数据看中国知识产权发展[N]. 中国知识产权局年报，2015-04-23.

（二）战略定位和总体思路

1. 战略定位

中共“十八大”提出“创新驱动发展战略”“以全球视野谋划和推动创新”“整合国内力量，共享国际资源”。江苏作为我国经济社会发展格局中具有重要地位的省份，应该增强省内企业创新国际化意识，积极探索和率先垂范，努力打造成为国内乃至全球知名的跨国技术转移示范区和发展高地。

“十三五”江苏跨国技术转移工作的战略定位是：主动适应、积极引领经济发展新常态，全面实施创新驱动发展战略，推动以科技创新为核心的全面创新，以“服务江苏、引领全国、放眼全球”为总体定位，以从发达国家技术引进为主，向发展中国家技术输出为辅；以苏南为技术引进的重心，辐射苏中、苏北；以项目＋基地＋人才的形式开创江苏跨国技术转移的新局面。围绕江苏省战略性新兴产业等重点领域，识别前沿技术转移契机和潜在市场机遇，预测热点创新技术未来发展前景，逐步向多层次、多领域、多形式、多渠道、全方位的方向推进，实现跨国技术转移体系和区域创新体系的对接，努力把江苏建成全国跨国技术转移的优势地区和辐射带动最强的科技创新高地。

2. 发展思路

“十三五”江苏跨国技术转移工作的总体思路是：因地制宜，分业施策，对苏南、苏中和苏北不同区域，以及代表未来发展方向的战略性新兴产业和新兴业态，既要区别对待，也要注重统筹协调；突出重点，集中力量，有选择地解决影响江苏区域竞争力的重大关键共性技术；着眼企业需求，正确处理政府和市场之间的关系，充分发挥技术转移中市场机制的需求导向作用；梯度转移，优化跨国技术转移在苏南、苏中和苏北的区域布局；协同创新，建立“政产学研用”协同创新模式；深化科技管理体制改革，完善跨国技术转移服务体系。

(1) 有选择地引进重大关键共性技术

以先导技术引领战略性新兴产业发展，着眼于江苏省战略性新兴重点产业领域的突破，对产业链的瓶颈环节、价值链的关键环节和技术链的薄弱环节进行系统研究，发现和锁定关键共性技术作为跨国技术转移的重点。到“十三五”末期，在生物医药、新材料与纳米技术、新能源与环境保护、电子信息、装备制造、现代农业等战略性新兴产业技术开发应用方面达到国际或国内先进水平，在海洋工程、新材料和生物医药部分领域国际领先，实现产业化。

(2) 充分发挥市场机制的需求导向作用

正确处理跨国技术转移过程中政府和市场之间的关系，深入了解企业的真正需求，以需求为导向，健全技术转移市场导向机制，充分发挥竞争、供求等市场机制的作用。强化科技同经济对接、创新成果同产业对接、创新项目同实现生产力对接、研发人员创新劳动同其利益收入对接。

(3) 优化跨国技术转移区域布局

建立多层次的江苏省跨国技术转移体系。立足苏南自主创新示范区建设，以苏南作为技术引进的重心，先将国际先进技术引入苏南。在苏南消化吸收的基础上，将适用技术向苏中和苏北地区转移，达到辐射的效果。在条件许可的情况下，适度地向东盟等欠发达国家和地区转移。

(4) 建立“政产学研用”协同创新模式

深化协同创新市场机制，开展协同创新试点，建立“政产学研用”协同创新模式，实现国际科技合作和国内科技合作间的良性互动。通过有效的创新行为互动机制、创新资源整合共享机制、市场开放机制和利益分配机制，推动“政产学研用”协同创新，引导产业技术创新战略联盟构建产业创新链，提升产业核心竞争力。以企业为主体，充分利用高校、研究所在相关领域人员培养和共性基础研究上的优势，开展科技应用研究和转移，实现产业化。

(5) 完善技术转移服务体系

完善技术转移服务体系和科技治理体系。深化知识产权和技术标准战略，加强跨国技术转移相关重点领域立法。推进依法行政，加快建设法治政府。全面深化科技管理体制改革，按照探索开展试点工作、出台实施细则、完善现有政策的分类原则，积极探索政策贯彻落实的新机制，加强对改革措施落实情况的跟踪、评估。优化创新驱动发展环境，激发全社会创新创业活力。

(三) 发展目标

江苏跨国技术转移以“优化布局、分类管理、重点扶持、培育市场、突出特色、提升能力”为发展思路，面向技术转移国际化、研发资源整合全球化、区域发展均衡化以及促进政府职能改革，按照专业化、市场化、社会化的方向，构建“企业为跨国技术转移主导者、中介机构为跨国技术转移支撑者、政府相关部门为跨国技术转移引导者”的跨国技术转移结构体系，提升跨国技术转移服务能力、拓展辐射能力、增强造血能力、构建集聚能力，加强对地方产业的跨国技术引领、技术服务和技术集聚，最终发展成为具有国际影响力的产业科技创新中心和具有国际竞争力的先进技术扩散基地。为此，江苏跨国技术转移着力实现如下几方面发展目标：

(1) 大力提升国际科技合作的深度和质量，增强跨国技术转移能力。从目前国际科技合作内容看，举办国际会议和论坛、来访和出访等常规性交流活动在国际合作中仍占很大比例，高水平、实质性合作研究比例偏低。未来要从更多国别、更多领域、更多层次上开展跨国技术转移交流与合作，构建官方和民间、省内与省外、“产学研用”等不同主体结合的全方位、多层次、广渠道的国际科技合作体系，建立形式多样的实质性合作关系。

(2) 集聚海内外优质创新资源，加快推进研发国际化。围绕产业发展和企业需求，积极主动地与国外典型国家和地区建立全方位、多层次、宽领域的国际科技交流合作体系，营造“引进来”和“走出去”相结合的国际合作良好氛围，集聚一批优质的国际创新资源，为区域创新能力的提升和经济社会的发展提供良好的科技支撑。

(3) 积极开拓市场性业务，拓展跨国技术转移的业务渠道与工作手段。围绕技术转移核心业务，拓展市场业务空间；以重点地区和领域为突破口，扩大合作范围；加强项目策划及成本控制，争取效益最大化。

(4) 积极搭建专题性交流活动平台，广泛集聚优秀海外创新资源。以生物医药、新能源、电子信息、节能环保为重点领域，以创新能力强的以色列、芬兰、意大利、新加坡、俄罗斯、英国、美国等国家为重点地区，共同组织开展专题性的国际交流对接活动。

(5) 充分发挥“互联网＋”效应，打造跨国技术转移服务网络和业务支持平台。在集聚海外科技创新资源、引进海外先进技术项目，以及在重点领域和重点国家的技术转移等方面取得新突破；围绕国际科技交流合作、跨国技术转移业务打造自身核心业务和专业团队，建立、完善内部管理机制和业务流程，使工作更加规范有序和高效，最终形成具有江苏特色的跨国技术转移服务体系。

(四) 重点任务

1. 通过产业技术跨国合作快速提升自主研发和创新能力

产业技术跨国合作的重点在于，突破核心关键技术。如深圳华为技术有限公司以前沿关键技术为核心，与国际知名企业、科研机构进行合作；北科生物科技有限公司通过与斯坦福干细胞研究小组合作，掌握再生医学和生命科学领域的关键技术专利等。江苏要着重立足于全球研发资源的获取、配置和整合，推动企业、高校、科研院所之间的技术合作，并对地方、部门开展国际合作进行指导、统筹和协调，以提升原创性技术研发能力，更好地促进跨国技术转移。

2. 加强建设跨国技术转移公共服务平台

完善网上对接系统、客户管理系统、海外专家系统等，形成以海外创新资源网络、技术转移信息平台和网上对接工作平台为依托，通过高效和专业化服务整合跨国技术转移所涉及的相关要素资源，为企业技术创新国际化提供有力支撑和服务。

3. 推进建设跨国技术转移集聚区

围绕跨国技术转移的重点产业及区域重点企业/行业龙头企业需求，有针对性地与重点国别、重点机构开展专题性交流活动，为省内跨国技术转移的重点地区集聚一批优秀的创新资源与渠道，为企业技术创新和国际科技合作提供实际有效服务。

4. 完善国际化人才引用和评价机制

一方面，围绕跨国技术转移的重点产业领域，拓宽造就国际人才的路径和渠道，包括拓宽海外引才渠道，引进更多国际化人才；加强培养，把本土人才打造成国际化人才。另一方面，加快形成具有国际竞争力的人才制度优势，完善人才评价机制，增强人才政策的开放度，广泛吸引境外优秀人才选择江苏创业发展。力求海外优秀创新人才在参与我省产业科技创新活动中取得实效，使海外科技创新资源真正成为我省产业创新的重要技术源和项目源，使该活动成为推进江苏产业创新国际化和跨国技术向江苏转移的综合性、标志性的对外科技交流活动平台。

5. 打造国际知识产权保护示范区

在中国—以色列创新合作联委会指导下，建立推动常州国际创新园区建设的联合工作组，在以色列设立联合办公室，成立园区中以合作专项资金，引进以色列创新创业孵化平台，加快中以网络信息平台建设，并在此基础上进一步拓展跨国技术转移的合作国家和业务范围，打造国际知识产权保护示范区。

6. 完善跨国技术转移中介服务组织体系

结合跨国技术转移的特性及世界主要发达国家跨国技术转移的实践，将相关的中介服务组织划分为 7 类：面向高新技术产业化的技术创新服务类中介机构，面向跨国技术转移交易和推广的科技类中介机构，面向政府管理职能转变的科技咨询（评估）公证类中介机构，面向社会提供服务的公益类科技中介机构，面向科技要素产权交易类的科技中介机构，面向科技型中小企业融资的风险投资类科技中介机构。对于这六类跨国技术转移中介服务组织，结合江苏战略性新兴产业和阶段性发展目标，应该区别管理、统筹协调。江苏省跨国技术转移中介服务组织体系如图 5-10 所示：

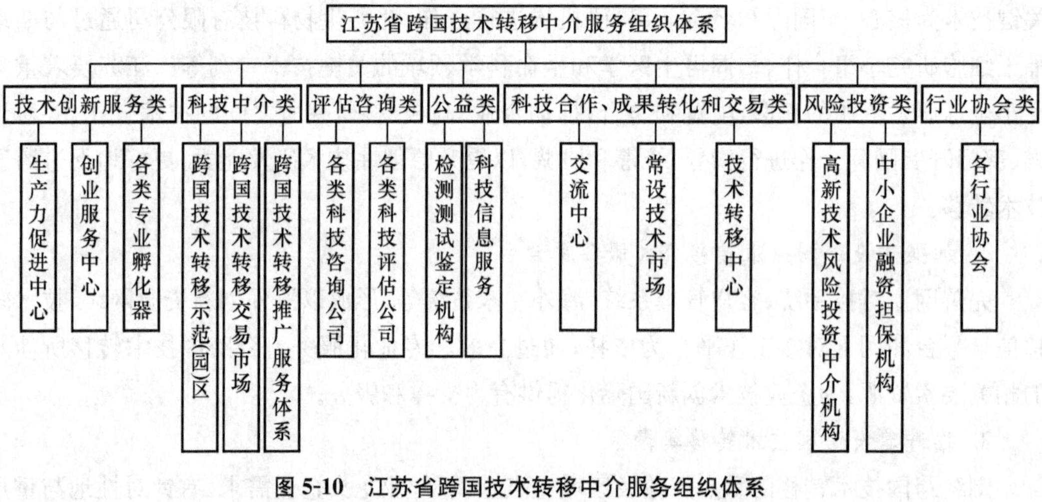

图 5-10　江苏省跨国技术转移中介服务组织体系

三、促进江苏省跨国技术转移的对策建议

（一）推进措施

1. 积极推动科技外交，深化“走出去、引进来”的国际化战略

“科技外交”兴起于 21 世纪初，目前美国、日本、英国和法国等世界主要发达国家均将科技外交置于重要的议程和国际战略。根据 2010 年英国皇家学会和美国科技促进会联合推出的《科学外交中的新前沿》研究报告，“科学外交”包括三个主要内涵：一是外交中的科学（science in diplomacy），科学能够提供咨询，有助于形成和支持外交目标；二是为了外交的科学（science for diplomacy），利用科学合作改善国家间关系；三是为了科学的外交（diplomacy for science)，外交能够促进国际科技合作。江苏省应该在国家科技外交整体部署下，从深化科技国际化战略角度积极进行科技外交活动，主要内容可以涉及：为国际政策制定者提供科学咨询；支撑江苏科研人员、企业在国际竞争中的优势地位；促进科学与外交的紧密结合；加大与世界不同国家的科技合作力度；在国际舞台上利用科学技术注入力量；增加江苏的国际声望和吸引向江苏投资等等。

2. 激发企业家创业热情，强化企业家全球创新精神和创新动力

企业的原创性技术研发能力和可持续经营发展，很大程度上取决于企业家队伍是否具有较高的创新精神和较强的整体素质，取决于能否营造适合企业家队伍顺利成长和主动创新创业的良好环境。其一，进一步创造有利于企业家成长的社会环境。应当立足当今“大众创业、万众创新”的鲜明时代主题，继续鼓励企业家特别是民营企业家形成创新意识和全球视野；建立健全相关法规制度，深化体制改革，潜心于技术研发和经营发展活动。要加强社会诚信环境的建设，提高政府部门的责任意识，为企业的持续发展和企业家的健康成长创造良好的外部环境。其二，进一步创造有利于企业家队伍发展的舆论环境。应当尊重企业家的劳动，重视企业家的社会价值，充分肯定企业家队伍对经济和社会发展所做出的贡献。其三，支持有关社会机构为提高企业家创新意识和创新能力提供切实的帮助。企业家应当不断学习，努力提高自身修养，同时要支持社会商业教育机构、中介组织以及各种协会等主动服务于企业家成长的发展，帮助企业家提高全球创新意识和整体素质，使企业家具有更强的社会责任感和风险意识，从而服务和促进跨国技术转移工作。

3. 紧密结合科技转移整体部署，形成具有特色的跨国技术转移模式

综合国内外理论研究与实践行为，跨国技术转移模式主要涉及如下七种：

(1) “国外高水平专家＋江苏省研发团队”实现技术转移。企业根据市场需求主动寻找国外有潜力的技术，利用省内研发成本相对较低的优势，聘请国外高水平专家作为牵头人，带领省内研发团队进行技术商业化开发，以期快速形成具有产业化价值技术。

(2) 优势企业牵头组建市场化国际技术平台。具有一定规模的企业利用自身多年积累的国际合作经验和资源，帮助有意愿“走出去”的中小企业，降低它们的国际化成本。例如，爱国者公司牵头组建了“爱国者国际化联盟”，联盟会员已达200多家企业。联盟在比利时建立了基地，成为联盟企业进入欧洲的“桥头堡”，其成员可以在基地内设立分支机构，比利时相关政府部门提供一定时间的房租减免、办理签证绿色通道等支持。

(3) 通过跨国技术并购或成立中外合资企业实现发展。根据企业自身技术、资金、市场等方面的实力，通过跨国技术并购、成立中外合资企业等方式获得国外先进技术，进入目标国家市场。

(4) 联合开展国际技术合作项目。企业通过各种渠道与国外机构联合，共同开展研发项目或承担政府间科技合作项目。

(5) 在海外设立分支机构直接利用当地优势创新资源。企业在海外设立研发中心、分

公司等分支机构，聘请当地人员，直接利用当地人才、技术等优势创新资源。

(6) 以整体解决方案和标准输出等方式占领市场。面向发展中国家，利用相对技术优势，提出整体解决方案，通过先进技术和标准输出等方式占领国际市场。

(7) 成立国际孵化器为国际先进技术孵化引进创造条件。成立国际孵化器，寻找国外有潜力的新兴技术、创业企业进行孵化，并且为这些企业进入江苏省提供优势服务。

上述典型模式各有特色，为更好地实现跨国技术转移战略目标，江苏企业应该综合运用多种模式。具有较强实力的大型企业、行业龙头企业倾向于选择技术并购、整体技术输出等方式，以期在短期内实现战略目标。具有一定规模的企业倾向于设立分支机构、开展联合研发、设立合资公司等方式。如果企业处于新兴行业或者还处于创业阶段，则它们更倾向于开展联合研发，稳步推进，分散风险这种模式。

4. 建立和加强科技国际化智库，做好省内外两头科技资源的衔接

国外的智库通常通过两种途径发挥作用，其一是帮助政府部门及研究机构、企业制定政策问题的分析框架，提供解决方案；其二是联系学者和公众，形成意见和思想，再影响政策制定者。对于江苏目前情况而言，以跨国技术转移为主要研究内容的智库应该更靠近政府，受政府的委托，去开展有特色、有深度的研究工作，为整体上推进跨国技术转移战略服务。因此，要紧密围绕江苏省内发展大局的需要，研究提出科技发展引导江苏省前瞻发展的重大议题和科技工程专项；研究如何统筹部门和地方科技资源对外合作；研究如何推动企业、民间组织和科研人员成为国际科技合作的主体；研究如何建立智库人才多元流通机制等等。同时，面向世界，研究主要国家的科技国际化战略和做法，国际制度和国际组织的研究，“一带一路”及对发展中国家的援助等等。

5. 加快科研机构海外布局，搭建和强化海外研发中心

海外研究机构不仅为特定领域的科技合作研究提供了平台，为进一步拓展双方科技合作领域建立了长效稳定的沟通渠道，而且还肩负着服务江苏省科技发展战略制定和技术产业布局，收集所在国家和地区相关领域科研情报的任务。研究表明，海外科研机构都有各自不同的战略需求和发展目标，且都是在明确而严谨的战略规划和仔细遴选筹备后建立的。它们大体可分为以下几类：(1) 资源导向型海外研究机构。这类海外机构的建立可以解决江苏省在某领域发展中遇到的人才、科研设备、科研基础的限制。(2) 对象导向型海外研究机构。这类海外机构的建立可以方便、快捷地接触或获得研究对象，解决中国研究对象缺乏的情况。(3) 产业导向型海外研究机构。这类海外机构的建立符合江苏省科技产业发展方向，利用海外高科技人才协助江苏省研发产业战略前沿技术，并为江苏省培养研发人才。

江苏在加强科研机构走出去战略实施，应着重以下几方面的思考：(1) 加强顶层设计，以全球视野布局境外科研机构。江苏省应针对海外设立研究机构的学科发展、战略利益等进行全面分析和评估，形成整体思路，并建立一套科学客观、操作性强的省级海外设立研究机构评估方法。挑选出学科发展重点方向、战略利益重点领域等，形成详细完整的海外设立

研究机构的发展战略,并综合评估若干优先设立的海外研究机构,重点加以支持。(2) 坚持开放合作,统筹优势资源。境外科研机构的设立,作为重要的当地科研平台,应坚持开放运营、共同使用、共享成果的原则,避免同类性质的重复建设。可根据自身的发展与目标,公开吸引国内甚至国外优秀的科研团队进驻,同时利用当地政府的科研经费或全球科研经费资源,开展科学研究,推动自身发展,逐步减少对内经费投入的依赖,形成更加开放的国际化合作平台。

6. 培育骨干跨国技术转移中介机构,发挥示范带动作用

(1) 大力扶持和培育一批骨干跨国技术转移中介机构,在能力建设、制度规范和网络化协作等方面发挥示范带动作用,对骨干跨国技术转移中介机构加大扶持力度,使之进一步上档次、上水平、上规模、上效益,构建江苏跨国技术转移中介机构中坚力量。

(2) 逐步加强与中国港澳台及国外跨国技术转移中介机构的交流与合作。鼓励兴办中外合资、中外合作或国外独资的各类跨国技术转移中介服务机构。吸引国外高水平跨国技术转移中介机构到江苏省开展服务,实现江苏省跨国技术转移中介机构的跨越式发展。条件合适时,鼓励有条件的跨国技术转移中介机构"走出去",到国际市场上去拓展跨国技术转移中介服务业务,加快江苏省跨国技术转移中介业国际化发展步伐。

(二) 体制机制创新

1. 完善跨国技术合作和转移的体制机制

跨国技术转移工作主要涉及部际协调机制、会商机制统筹协调国际科技合作工作。其中,省部会商是省部级层面高层次的协调会议,讨论的科技议题较多,国际科技合作的内容很少纳入讨论范围。不同层次的国际科技合作缺乏沟通协调,国际科技合作资源存在低效、重复配置的现象。因此,增强整体意识和集成意识,进一步简政放权,打破壁垒和分割,充分体现资源配置的统一性、开放性,强化优势互补的产业布局,推进基础设施共建共享和项目集成支持,统筹协调制度设计和政策创新,推动跨国技术转移做出特色、提升水平、形成优势。

2. 建立信贷与担保联动机制

引导风险投资支持江苏省跨国技术转移,对于那些有技术引进需求的企业,在财政、税收、贷款、融资等方面给予一定优惠支持政策,激发企业的技术引进需求,推动江苏跨国技术转移市场规模。建立信贷与保险或信贷与担保联动机制,以支持江苏省跨国技术转移相关的系列经济活动。政府要明确将"设立政府种子资金、培育天使投资市场"作为自己正常的职责,并制定出种子资金的运行管理规则和相应的财政审计管理办法。

3. 创新跨国技术转移管理体制和机制,拓宽技术转移中介服务市场空间

(1) 凡技术性较强的或面向公众服务且工作量较大、非行政权力性、可量化考核的事务性工作,委托符合条件的跨国技术转移中介机构承担。

(2) 设立跨国技术转移中介机构条件建设专项基金。在现有的跨国技术转移专项基金中切一部分作为中介机构条件建设的经费,主要用于基础设施条件改善、人才培养、学术交

流和市场开发、非营利性跨国技术转移中介机构资助等。

(3) 设立跨国技术转移中介发展规划、发展战略类软科学研究计划,就如何构建社会化科技创新服务平台建设开展研究。

(4) 建立跨国技术转移支付体系。通过计划、项目和任务委托的形式,加大对跨国技术转移中介机构的支持力度。比如,中介机构完成企业跨国技术转移咨询与中介服务的,可获得政府经费的支持,实现转移支付。有关跨国技术转移验收、科技成果鉴定、科技政策实施效果评价,以及科技计划项目申请、评审等工作,可通过项目或者计划的形式委托给跨国技术转移中介机构承担。

4. 推动构建解决方案"求解者"(Seekers)与"解题者"(Solvers)集成的科研众包平台

对此,可以借鉴美国 InnoCentive 公司的经验和做法。该公司率先创立了规模最大的在线科学网络,让全球一流的企业和科学家走到一起,利用网络智囊团的形式来寻求解决企业在研发过程中遇到的难题,成为集结全球"最强大脑"的科研众包平台(如下图所示)。

图 5-11 美国 InnoCentive 公司运行模式示意图

资料来源:公司门户网站(http://www.innocentive.com/).

InnoCentive 公司倡导的"开放式创新"商业模式和"与顾客一起创造独特未来"全新管理理念,正引起越来越广泛的关注。目前,江苏缺乏把解决方案需求者和潜在的解决方案提供者联系起来的平台。借鉴 InnoCentive 公司的经验,可由江苏省科技厅或者独立第三方机构负责推动这类平台的建设。这种平台其实既是一种特殊的技术中介,也在推动科技合作。通过这类平台的建设及其功效发挥,能够极大丰富接触的潜在合作对象数目,实现开放的全球化信息交换,推动科学创新和跨国技术转移。

(三) 保障条件

1. 整体预算统筹考虑资金投入,重点支持科技成果促进跨国技术转移工作

从国家层面来说,有科技部、国家工信部等跨国技术转移的相关专项资金;从江苏省层面来说,有省科技厅国际科技合作处、跨国技术转移中心、省内各地科技局国际合作处、跨国技术转移中介机构、关联企业等跨国技术转移的相关专项资金。在利用市场资金方面,可以通过重组和盘活省内存量资产并经设计与资本运作后,吸引专门跨国技术转移投资机构(如中以常州创新园)或私募机构共同进行跨国技术投资与经营活动。在银行信贷方面,继续深

化和扩大与北京银行及其他相关银行的合作，重点是提高授信额度、提升资金使用效益等。

2. 搭建省级跨国技术转移服务综合性平台

要在目前已经初步建成的一批高水平省级跨国技术转移服务平台的基础上，进一步整合全球著名技术转移机构、一流研究大学和跨国企业等机构的技术创新和管理资源，深化和拓宽跨国技术转移服务的业务领域和功能，搭建综合性的省级跨国技术服务平台。结合江苏省跨国技术转移的总体定位、发展思路和目标，综合性跨国技术转移服务平台的架构主要包括："三网"（江苏省跨国技术转移中心网、跨国技术转移大会网和政府双边计划网）、"三系统"（对接系统、调研信息征集系统和客户管理系统）与"二库"（海外专家库、江苏高科技企业库），为全省企业对接海外创新资源提供服务。

3. 构建跨国技术转移网络，优化跨国技术转移协作体系

跨国技术转移网络的在线服务包括：项目数据库、专家数据库、资源数据库、音像数据库及在线自动配对系统。完善省市县（区）联动的协同工作机制和部际协调机制，使其成为省内不同部门以及联系省外尤其是国外不同部门之间的重要议事平台，致力于促进国际技术转移和国际创新合作的一种国际组织。通过构建完备的跨国技术转移网络，优化跨国技术转移体系，为科学研究、国内外企业和政府部门搭建平台，促进跨国技术转移和创新合作的双向技术引进与输出，促进跨国技术创新合作项目的快速实施，实现商业价值的转化。

4. 打造功能性跨国技术转移资本运营平台

按照"政府资金引导、多元化融资、多业态经营、市场化运作、社会化服务"的原则，结合国家和江苏省跨国技术转移相关体制和机制改革，广泛吸纳社会资本参与，打造功能性跨国技术转移资本运营平台，构建财政科技资金管理、国有资本运营、混合所有制实体运作三层架构跨国技术转移金融体系，通过出资参股企业和出资引导基金等方式，在资本层面进行运作，统筹和有效配置跨国技术转移创新资源，为江苏跨国转移技术成果产业化、资产重组等活动提供政策、资金及其他相关服务。

5. 建立健全跨国技术转移活动的评价、激励和服务机制，为江苏省跨国技术转移活动提供服务保障

（1）江苏省及所辖市、区（县）人民政府编制年度科技计划应当列有跨国技术转移专项计划，并逐年增加促进跨国技术转移的经费投入。（2）按照规定对一些重要的跨国技术转移活动采用股权奖励、股票期权授予、股权出售、股权分红等形式进行奖励。比如高等院校、科研机构、企业、个体等的核心技术成果进行跨国转移；围绕引进技术、装备和产品进行消化、吸收、再创新，形成自主知识产权或者技术标准；以跨国技术成果吸引投资形成产业规模或者带动重点产业发展。

（四）政策建议

1. 对政府部门的前期政策建议

（1）推动产业研发合作专项资金适当向战略性新兴产业倾斜。战略性新兴产业主要包

括新一代信息技术产业、新能源、新材料、节能环保、高端装备、生物产业、新能源汽车，其中目前具有比较优势的产业涉及新材料和生物产业等，在跨国技术转移资金预算安排过程中，可适当向这些战略性优势产业尤其比较优势产业倾斜。

(2) 建立多层次孵化载体，完善孵化器跨国技术转移服务平台

① 项目和企业初级孵化——培育能独立参与市场竞争的小企业；

② 小企业的加速孵化——培育具有一定竞争力的、比较规范的现代企业；

③ 企业的海外孵化——培育以跨国技术转移为目标的企业。

特别地，需要通过建立和完善加速孵化和海外孵化这两个层面的孵化器工作，提高被孵化企业参与竞争的适应和生存能力。

(3) 构建覆盖省、市及县三级跨国技术转移人才评价网络平台。政府主导或者政府与第三方独立中介机构联动，针对跨国技术转移相关的引进人才，构建涉及人才引进调研、建档、考核、评价等诸多关键环节信息的人才评价网络平台，以更好促进各级各类跨国技术转移人才效应发挥。

(4) 建立跨国技术转移的海外高端人才创业中心。要立足全球竞争视野，搭建高层次人才的自主创新平台，建设高层次人才的创业支持体系。大力聚集海外高端人才，包括具有核心技术的关键人才，具有先进管理理念、大规模科技攻关和进行集成创新管理经验的科研管理人才，具有国际视野、国际经验、世界一流的领军人才等。

(5) 学习借鉴国外成熟援外培训经验，注重培训后期效益，加强学员联系与跟踪服务。一是借鉴日本 JICA(日本国际协力机构)、韩国 KOICA(韩国国际合作机构)的援外培训的经验，重视了解学员所在国合作需求，有针对性地与不同受援国开展技术合作与援助项目提供建议；二是加强与学员的沟通和联络。继续完善学员信息数据系统，及时有效更新学员信息，探索建设学员网上信息交流平台，定期发送我省科技援外工作信息和技术合作信息，并鼓励和支持学员回省后在学员所在国急需的技术领域开展合作。江苏省在致力于自身发展的同时，应积极向其他国家尤其是发展中国家提供力所能及的援助，承担相应的国际义务，形成具有自身特色的援外模式。比如，通过多双边渠道，为发展中国家举办各种形式的短期科技官员研修、专业适用技术培训或安排有关专家赴受援国开展专业适用技术培训的科技外事活动。

(6) 加强分类指导，整合资源，提高质量，集成突显重点项目影响力。一是在部省会商机制、部门间合作机制框架下，发挥地方和部门援外资源与能力优势，探索(中央与地方、部门与行业、企业与受援国等)多方合作、多方投入、多方受益的援外培训模式。二是对发展中国家技术培训班项目坚持以成熟适用技术为主体，兼顾高新技术、科技政策与管理三类项目进行支持。三是改进培训项目的过程管理工作。充分发挥网上项目管理系统的作用，提高在资质认定、项目申报、项目实施、国别招生、培训管理等重点环节上的管理水平，提高对学员的学习与生活服务能力。

(7) 加大跨国技术转移知识培训，建立知识产权纠纷调解、援助等解决机制。围绕江苏省重点发展的战略性新兴产业，大力开展跨国技术转移专业知识的培训，不仅围绕官方的跨国技术转移计划，更重要的是跨国技术实务中专业知识的培训，如合作谈判、合同条款、国家技术保护政策、知识产权管理、转移经典案例等，使中介机构在转移经验和知识方面比服务对象有明显的优势。

2. 对政府部门的后期政策建议

(1) 构建网络化、国际化孵化器服务体系

① 构建国际化交流共享平台，整合国际科技人才、大学院所科研设施等资源，为跨国技术转移提供人才、技术、项目合作国际贸易等交流服务，促进国际企业之间进行沟通、交流、学习和协作。

② 构建国际化中介机构服务平台，集聚国际知名管理咨询、人才资源、律师事务所、会计师事务所、展览展示等服务机构，为跨国技术转移提供全方位、专业化服务，包括管理咨询服务、市场调查服务、项目可行性研究、人才招聘、人才培训、法律咨询、会计服务、财务评估等。

③ 构建国际化投融资服务平台，对具有发展潜力的高成长性科技型中小企业提供直接投融资服务。一方面中央和地方政府的各类专项资金要把资助动机更多地转向商业性资本不敢或不愿意投入的方面，多一些“雪中送炭”，少一些“锦上添花”；另一方面要把目前的奖励性资助为主的方式转移到风险补偿为主的资助方式上来，把政府资助作为引子和补偿金，通过降低社会资本进入的风险，引导各类投资和金融机构增加对孵化企业的资本投入。

(2) 发挥财税政策引导作用，调节跨国技术转移方向和强度

① 财政投入与企业投入相结合，鼓励绿色技术研发和国际合作。一方面，制定绿色技术合作的中长期战略规划，并作为江苏省提升绿色技术水平的一项重要措施，通过绿色技术国际合作专项的形式进行研究，并增加省级财政对这些绿色技术研究的支出；另一方面结合国家税法规定中可能提高绿色技术合作研发投入增加部分税前抵扣的比例，刺激企业的绿色技术合作研究开发投入。

② 走出去与引进来相结合，鼓励绿色引智创业。一方面，制定有利于绿色企业“走出去”的财税政策，包括为主动“走出去”的绿色企业提供优惠贷款(例如，长期的低息贷款，对贷款利息提供财政补贴)；鼓励绿色企业“走出去”在海外建立研发机构，并允许海外的研发支出抵扣国内企业所得税；运用灵活的薪酬激励机制并给予税收优惠政策，包括丰厚的企业年金、大额商业保险、带薪假期、带薪进修与培训，以及个性化的小额补贴补助政策，以吸引国外高端绿色人才。另一方面，制定有利于国外绿色技术人才到中国创业的优惠财税政策，包括通过低息贷款、无息贷款、延长信贷周期、优先贷款、贷款贴息等方式对绿色技术国际合作项目给予资金支持；对绿色技术创新企业在创立之初给予优惠的税收政策，比如可以给予较长的免税期，再实行较低的所得税政策。

(3) 跟踪了解企业到海外设立研发中心或科技园的动态，适时予以资助和出台扶持政策。科研机构海外布局，牵涉机构设置、财务资产管理、人事制度、外事审批制度等各个方面的政策法规。一方面要建立跨国技术转移的信息跟踪、监管和归集的综合性评估机制，加强对跨国技术转移活动在海外经营活动全过程的跟踪、管理和监督。另一方面完善相应的政策体系，包括在多个省内或者省外(包括国家)职能部门协同商讨、通盘考虑、系统谋划；省级科研院所应积极承担责任，发挥先行先试作用，发挥自身优势，协助相关部门，积极开展国际调研，提出建设性建议，完善政策法规内容，为形成完备的海外研发机构政策环境夯实基础。

(4) 切实发挥政府资助的效用，采用财税等相关政策支持跨国技术转移活动。一方面可以借鉴国外经验，比如美国设立小企业管理局(SBA)，实施各种担保和贷款计划，建立中小企业信用担保体系，帮助中小企业以优惠的低息获取技术创新所需的资金。并设立"中小企业创业研究基金"，规定国家科学基金会与国家研究开发经费的10％要用于支援中小企业科技创新。韩国政府设立技术开发基金，对企业的研发费用在50％～90％范围内给予无偿支援。德国联邦教研部实施"公共研究津贴"，以促进产学研的合作，补助额度为项目总经费的25％。

另一方面运用税收政策适当减免所得税和补贴研发费用等。可参考和借鉴《上海自贸区政策》的优惠政策，实施跨国技术转移的企业或个人股东，因非货币性资产对外投资等资产重组行为而产生的资产评估增值部分，可在不超过5年期限内，分期缴纳所得税。对企业以股份或出资比例等股权形式给予企业高端人才和紧缺人才的奖励，实行已在国内典型地区(比如中关村等地区)试点的股权激励个人所得税分期纳税政策。还可借鉴发达国家的相关经验做法。例如，美国政府规定风险投资总额的60％可免交所得税。为鼓励技术转移，英国积极发挥了研发税收减免政策的激励作用，并重点向中小企业倾斜。中小企业符合条件的研发费用支出部分，可享受的税收减免额最高可达150％。日本也出台了一系列金融、税制等配套措施加快企业技术转移活动。

(5) 建立健全跨国技术转移的管理体系和政策体系。高度重视江苏省各市域跨国技术转移对促进科技创新的重大作用，加强统筹规划，完善组织协调机制，由省科技厅和省国际交流中心牵头组织，打造统一的国际科技合作品牌。目前江苏省各市还处于各自为战，相互之间缺少联动和合作的状态。同时，政府之间、企业之间以及中介组织之间缺乏足够的联动，难以充分发挥知识共享和技术学习的潜力，而这恰恰是构建国际技术转移创新体系最重要的前提条件。为加强各市自主创新示范区创新体系内部的联动，迫切需要建立区域一体化的多元国际技术转移模式与商业化组织模式。从江苏省各市国际科技合作模式来看，苏南自主创新示范区已经形成了以产业集群为特色的区域创新体系。

(6) 建立健全跨国技术转移的法律保障体系。美国从20世纪80年代起至90年代末，围绕技术转移颁布了20多部法律、法规，从而奠定了全球的创新霸主地位。德国在1999年修订相关法案，将政府资助的研发成果使用权下放给大学等公共研发机构，自此德国公共研发体系内的创新动力得以激发，形成了不竭的创新源泉。亚洲的后起之秀日本、韩国、中国台湾和香港等纷纷借鉴和学习西方成功经验，先后开展技术转移立法和相关工作。近年来，尽管我国相继颁布了《科技进步法》《促进科技成果转化法》《专利法》《国家技术转移促进行动实施方案》等法律法规和文件，但是包括江苏省在内至今仍没有一部专门的跨国技术转移的主法。各种跨国技术转移法律规定散落在各个法律法规文件中，由不同的立法主体制定，呈现出体系庞大、条文分散、针对性不强、配套性差等问题。制定更加全面系统的能够反映我国国情的，并可以满足跨国技术转移需求的技术转移法律法规，已成为当前一项紧迫的任务。因此，江苏省要积极地参与到跨国技术转移的法律制定中去，从而更好地服务于江苏省跨国技术转移的战略方针和目标。通过参与立法，对跨国技术转移的限制性商业惯例加以管制，加强知识产权保护，完善知识产权法律体系，使之逐步与国际惯例接轨。

（执笔人：张为付　杨　林　胡雅蓓）

参考文献

[1] 江苏省科学技术厅. 江苏省科技厅与芬兰国家技术创新局签署科技创新领域合作备忘录[EB/OL].（2012-07-30）. http://www.jstd.gov.cn/kjdt/kjxw/20120730/154627140.html.

[2] 江苏省科技厅. 江苏—麻省理工学院（MIT）产业技术研发合作正式启动[EB/OL].（2014-05-12）. http://www.jstd.gov.cn/kjdt/kjxw/20140512/14203854623.html.

[3] 景雯雯. 全省设立海外研发机构企业已逾 40 家[N]. 新华日报，2012-11-08.

[4] 江苏省统计局. 江苏省统计年鉴 2014[M]. 北京：中国统计出版社，2014.

[5] 吴红梅. 走出去，“江苏创造”借梯上楼[N]. 新华日报，2012-11-08.

[5] 范晓. 中国“芯”海外并购抢“高地”[N]. 国际商报，2015-02-27.

[6] 刘亚蕊. 芯片：“中国芯”迎来战略机遇期[N]. 国际先驱导报，2015-01-13.

[7] 江苏科技厅国际合作处. 江苏省各地输出技术成效金额情况[Z]. 2015.

[8] 江苏省人力资源和社会保障厅. 2014 年度全省人力资源社会保障工作情况[EB/OL].（2015-01-30）. http://www.jshrss.gov.cn/file/service/xwfbh/20150130xwfbg/.

[9] 晏如. 7 年数据看中国知识产权发展[N]. 中国知识产权局年报，2015-04-23.

[10] 中华人民共和国国家知识产权局. 2014 年国内企业 PCT 申请量排名[EB/OL].（2015-02-10）. http://www.sipo.gov.cn/twzb/2014fmzlsqqkfbh/bjzl/201502/t20150210_1074409.html.

[11] 刘路. 江苏高科技成果转化率仅 10% 须理顺体制机制[N]. 新华日报，2014-08-05.

[12] 李志军. 当代国际技术转移的新特点及对策建议[J]. 中国科技财富，2011(11)：36－37.

［13］ 陈建. 2014年全球创新指数发布中国创新综合表现突出[N]. 经济日报，2014-07-23.

［14］ 佘子佳，谢秀红，章立. 欧洲企业服务网对江苏创新驿站工作的启示[J]. 企业科技与发展，2013(5)：1 - 3.

［15］ 张子剑，林洪熙. 海峡技术转移系列专场：两岸联手培育机器人应用人才[N/OL]. 人民网，2015-06-19.

［16］ 任寰. 论知识产权法的利益平衡原则[J]. 知识产权，2005，15(3)：13 - 18.

［17］ 王葆青. 以国际新兴理念思考我国的国际科技合作[J]. 中国科学院院刊，2014(12)：185 - 191.

［18］ 龚娜. 新日本国际协力机构与日本国家软实力[J]. 日本研究，2012(4)：11 - 15.

［19］ 朱加凤，赵元兵. 美国中小企业信用担保体系对我国的启示[J]. 学术交流，2003(2)：89 - 91.

［20］ 刘国斌. 日美中小企业信用担保体系比较分析[J]. 现代日本经济(长春)，2006(6)：42 - 46.

［21］ Saggi K. Trade, Foreign Direct Investment, and International Technology Transfer: A Survey[J]. World Bank Research Observer, 2001, 17(2):191 - 235.

［22］ Pray C E, Fuglie K. Private Investment in Agricultural Research and International Technology Transfer in Asia [J]. Agricultural Economics Reports, 2001.

［23］ Cannice M V, Chen R, Daniels J D. Managing International Technology Transfer Risk: A Case Analysis of U. S. High-Technology Firms in Asia[J]. Journal of High Technology Management Research, 2003, 14(2):171 - 187.

［24］ Chen S F S. Extending Internalization Theory: a New Perspective on International Technology Transfer and its Generalization[J]. Journal of International Business Studies, 2005, 36(2):231 - 245.

［25］ Nahar N, Lyytinen K, Huda N, et al. Success Factors for Information Technology Supported International Technology Transfer: Finding Expert Consensus[J]. Information & Management, 2006, 43(5):663 - 667.

［26］ Tour A D L, Glachant M, Ménière Y. Innovation and International Technology Transfer: The Case of the Chinese Photovoltaic Industry[J]. Energy Policy, 2010, 39:761 - 770.

［27］ Popp D. International Technology Transfer, Climate Change, and the Clean Development Mechanism[J]. Review of Environmental Economics & Policy, 2011, 5(1): 131 - 152.

第六章 江苏省农业农村科技创新发展方向与对策研究

一、"十二五"农业农村科技创新进展情况分析

(一) 江苏农业在全国的地位与产业结构特征

1. 江苏省农业在全国的地位

江苏省不仅是经济大省,也是农业大省。2014 年农林牧渔业总产值为 6 443.37 亿元,居全国第三位(位居山东省和河南省之后);江苏是全国粮食生产大省,2014 年实现了"十一连增",粮食总产量达到 3 490.62 万吨,占全国总产量的 5.75%,排在全国第五位(前四位分别是黑龙江、河南、山东和吉林),比经济发达的沿海省份广东(1 357.34 万吨)、浙江(757.41 万吨)、福建(664.36 万吨)三省粮食产量的总和(三省总和为 2 779.11)还多;江苏也是蔬菜生产大省,位居山东、河北、河南之后,排名第四;江苏还是渔业生产大省,位于山东省之后居全国第二位。(详见表 6-1)

表 6-1 各省农业产业主要指标在全国排名情况

位次	农林牧渔业总产值(亿元)		农业总产值(亿元)		牧业总产值(亿元)		渔业总产值(亿元)		粮食总产量(万吨)		蔬菜总产量(万吨)	
1	山东	9 198.26	山东	4 765.78	河南	2 505.20	山东	1 481.75	黑龙江	6 242.19	山东	9 973.70
2	河南	7 549.11	河南	4 491.95	山东	2 418.30	江苏	1 426.74	河南	5 772.30	河北	8 125.69
3	江苏	6 443.37	河北	3 453.42	四川	2 318.84	广东	1 080.31	山东	4 596.60	河南	7 272.46
4	河北	5 994.79	江苏	3 362.81	河北	1 952.02	福建	1 025.19	吉林	3 532.84	江苏	5 416.97
5	四川	5 888.09	四川	3 078.61	辽宁	1 717.48	湖北	844.16	江苏	3 490.62	四川	4 069.31

数据来源:根据国家统计局公布的数据整理(国家统计局网站 http://data.stats.gov.cn/easyquery.htm?cn=C01)。

2. 江苏省农业产业结构

江苏省在"十二五"期间农业产业结构进一步优化。2014 年蔬菜种植业(含菜用瓜)产值为 1 474.56 亿元,占农林牧渔业总产值的 22.88%,继续排在第一位;水产养殖业从"十一五"末的第三位跃居为"十二五"(2014 年)的第二位,产值为 1 426.74 亿元,占农林牧渔业总产值的 22.14%;畜牧养殖业居第三,产值为 1 182.69 亿元,占农林牧渔业总产值的

18.36%，比“十一五”末下降一位；粮食种植业产值为1 056.01亿元，占农林牧渔业总产值的16.39%[①]。2014年农业产业结构与“十二五”末的2010年相比，蔬菜种植业的比重继续上升，水产养殖业的比重增长较快，畜牧养殖业比重下降较快，粮食种植业的比重有所下降。农业生产结构调整既顺应了市场需求的变化，促进了农民收入的提高，也有利于减少农业面源污染。（2014年与“十一五”的2010年农业产业结构比较见表6-2）

表6-2 江苏省“十二五”与“十一五”农业产业结构比较表

	2010年农业各产业产值			2014年农业各产业产值		
	分产业	产值(亿元)	占比(%)	分产业	产值(亿元)	占比(%)
1	蔬菜种植	936.79	21.80	蔬菜种植	1 474.56	22.88
2	畜牧养殖	923.25	21.49	水产养殖	1 426.74	22.14
3	水产养殖	805.25	18.74	畜牧养殖	1 182.69	18.36
5	粮食种植	735.25	17.11	粮食种植	1 056.01	16.39

数据来源：根据《江苏省农村统计年鉴2011》《江苏省农村统计年鉴2015》数据计算所得。

注：粮食种植业产值为统计数据中谷物的产值。

3. 江苏省农业生产效益

江苏省劳均农林牧渔增加值在全国名列前茅，“十二五”期间的2011年、2012年、2014年上了三个台阶。2011年劳均农林牧渔增加值从2010年的29 262元提高到36 453元，跨上了3万元台阶；2012年为422 61元，跨上了4万元台阶；2014年突破5万元大关，达到50 090元，再上一个新台阶[②]。江苏省农业生产效益的提升与农业科技贡献率同步。

（二）农业科技创新主要做法与成效

1. 把农业科技创新放在更加突出的位置

创新一直是引领江苏农业发展的主旋律。江苏省委、省政府把农业科技创新放在了更加突出的位置。在推进率先实现农业现代化过程中，始终把农业科技创新作为驱动发展方略，将农业科技创新视为农业发展内生动力。2011年4月，省政府下发了《关于加强农业科技创新与推广工作的意见》，提出“把江苏建成全国农业科技创新强省，以农业科技创新与推广带动支撑引领农业现代化建设”。2011年6月，江苏省委、省政府召开全省推进农业现代化工程工作会议，提出要坚持以科技进步驱动现代农业发展，大力提高现代科技支撑、现代物质装备、现代经营水平。2012年1月，江苏省委、省政府结合贯彻落实中央一号文件精神，出台了《关于加快农业科技创新推进农业现代化工程建设促进农民持续增收的若干意见》（江苏省2012年一号文件），要求围绕强科技保发展，坚持把科技进步作为根本出路。继2012年一号文件，之后三年的一号文件都从不同角度，强调科技创新对农业发展的支撑和

① 根据《江苏省农村统计年鉴2015》数据计算所得。

② 数据来源：《江苏省农村统计年鉴2015》。

引领作用。2015年一号文件《关于加大农村改革创新力度推动现代农业建设迈上新台阶的意见》，全面贯彻落实习近平总书记重要讲话和中央一号文件精神，提出了更加有力转变农业发展方式的政策措施和工作要求。

2. 取得了一批重大科研成果

2011—2014年，江苏省获得国家级科研成果奖12项，其中，国家科技进步奖8项，国家发明奖4项，获奖总数居全国各省第二位；获农业部丰收奖一等奖3项，获奖数量居全国前列；审定通过农作物新品种181个，畜禽新品种4个，居全国第二位；建设了一批省级农业种质资源基因库。2014年，农业科技贡献率达到了64％，全国排名第一，充分体现了农业科技的战略地位，标志着我省现代农业发展已转入创新驱动轨道。

3. 农业科技投入不断加大

进入“十二五”以来，省级财政安排的农业科技专项资金有较大幅度增长。省财政安排农业科技自主创新资金从2010年的5 000万元增加到2014年的1.45亿元；农业三新工程项目经费，从2010年的2.7亿元增加到2014年的3.6亿元；现代农业服务体系专项资金，从2010年的1.4亿元进一步增加到2014年的4.14亿元。2012年起，江苏省设立专项资金扶持现代种业发展，每年补助8 000万元。农业科技支撑计划项目和“苏北科技专项”的年度资助经费保持稳定。2014年农业科技专项经费总额达11.49亿元，比2010年的6.1亿元增长了46.91％。

4. 农业科技创新体系逐步完善

通过省级农业科技支撑计划、农业科技自主创新专项资金、农业三新工程等专项资金，支持农业科教单位开展重大公益技术与产业共性技术研究和开发；支持重大农业科技成果转化应用；加快农业新品种、新技术、新模式的示范与推广；推进了产学研合作，推动了农业科技创新体系逐步完善。

农业龙头企业通过加大科技投入，建立企业工程技术中心和研究生工作站，加强产学研联合，引进新品种、运用新技术、开发新产品，以科技创新塑造品牌，不断增强生机和活力。

农业高校、科研院所、推广单位围绕农业产业科技创新，组建现代农业产业技术创新团队。省有关部门开展了科技特派员、富民强县、苏北专项等科技促进行动，构建了总店、分店、便利店三级农村科技服务超市体系。

（三）存在的问题与原因

1. 聚焦重大需求不够

一是种业资源呈分散状态，育、繁、销脱节的问题未得到根本扭转。江苏省虽然有5家种业企业进入全国种业50强，但没有一家种业上市公司；种业企业数量多、规模小，研发能力不强等问题仍然突出。二是对蔬菜、畜牧、水产的科技投入重视不够。蔬菜产业的科技投入难以满足产业发展需要，畜牧业、渔业的科技投入与产业贡献不相适应。三是对农业产业链科技创新重视不够。目前的农业科技创新专项缺少对农业产业链科技创新系统、持续的支持。

2. 科技资源配置分散

农业三新工程专项、农业科技自主创新专项、科技支撑计划(农业)[①]等主要农业科技专项,分别由产业主管部门、科技主管部门和农业科研机构三个系统五个部门管理,科研选题、立项、评价等环节自成体系,各类农业科技项目支持重点不够明确,支持领域交叉重叠[②],农业科技资源“碎片化”问题明显。另外,农业科技的人力资源配置过度集中于稻麦等产业[③],蔬菜、水果和畜牧、水产等产业的科技资源配置不足。

3. 产学研协同创新合作不充分

江苏农业龙头企业自主创新能力薄弱,面临着“需求与能力相矛盾”的尴尬,目前远不能担当起农业科技创新的重任。大学和科研院所虽集聚了大量科技资源和人才,但产学研之间基于利益驱动的自愿协同创新却尚未广泛成型,衔接合作不充分。省级工程研发中心数据显示,全省企业工程技术中心总数为 1 775 家[④],其中农业类企业只有 18 家,仅占 1.01%。农业企业拥有工程研究中心的状况一定程度上反映出,我省农业企业存在创新能力不足的问题。

4. 体制机制创新滞后

农业科技体制机制目前还存在诸多问题,突出表现在以下四个方面:一是投入机制不完善。目前农业科技领域市场配置资源明显落后于制造业,投入主要靠政府,投入结构不合理,投入不足和浪费现象并存。二是科技与产业链的融合度仍然不高,农科教、产学研各成体系、独立运行,缺乏有效分工和密切协作。三是成果评价机制不健全,SCI、ESCI 导向日趋强烈,“写在大地上”的论文还不多,成果惠及广大农民还不够。四是农业科技园区的孵化功能和创业功能不够显现,与现代农业产业园区的区分度不够明显。

二、“十三五”农业科技创新发展的背景分析

(一) 世界农业科技发展新趋势

1. 世界农业科技发展趋势

21 世纪以来,现代生物技术、信息技术、工程技术、先进制造技术等高技术迅猛发展,为农业科技的发展提供了新的方法和手段,注入了新的活力,全球农业科技正进入创新集聚爆

① 2015 年起调整为江苏省重点研发计划(现代农业)。

② 省级财政投入主要支持的农业科技创新领域为:① 农业科技自主创新工程,主要支持品种创新、技术创新和模式创新。② 农业三新工程,支持品种更新、技术更新、模式更新,主要通过科技入户工程、挂县强农富民工程、农业重大技术推广计划等项目实施。③ 科技支撑计划(农业)支持优良品种培育、粮食丰产增收和农村科技服务、农业科技园区建设。④ 现代种业发展专项资金,主要支持种业企业的育种自主创新。省科技厅的综合类科技项目,例如江苏省自然科学基金项目、科技成果转化专项、科技型企业技术创新资金、产学研联合创新资金等。

③ 据农业部统计,全国有水稻育种课题组 600 多个、小麦育种课题组 500 多个。(张桃林副部长在全国农业科技教育工作会议上的讲话,《农业部情况通报》2015 年第 22 期)以江苏占全国十分之一推算,我省水稻和小麦育种课题组超过 100 个。

④ 数据来源:根据江苏省科技厅网站公布的各个年度“工程技术研究中心”名单整理,缺 2013 年数据。

发和新兴产业的加速成长时期①。生物技术和信息技术是现代农业发展的引擎，推动着农业常规技术的效率革命和农业体系的创新升级。

（1）以生物技术为核心的农业科技体系将会出现重大突破，并在产业化方面取得重大进展。农业生物技术是农业科技领域的源头性和战略性高技术，以"组学"为基础的生命科学必将引领农业生物科技革命。这些突破将集中体现在新物种繁育、新品种快速繁育、新农业工厂构建、新农业技术与工艺、新人造食品和饲料生产等方面。

（2）被称为精确农业的新型农业模式在发达国家迅速兴起。国外的实践表明：精确农业实现了因土、作物、时间、农产品质量与价值全面平衡施肥，降低作物的生产成本和过量施用农化产品的污染风险，因此有明显的经济、环境、生态效益。

（3）农业物联网和农业大数据、农业机器人等技术逐步应用到农业生产的各个领域，农事操作向标准化、精准化、高效化、智能化、工厂化与可控化迈进。战略高新技术蓬勃发展和成功应用，催生了生物育种、生物能源、生物制品、农产品精深加工等一批方兴未艾的战略性新兴产业，正在引领构建新型的现代农业产业体系。

（4）太阳能、风能和沼气等新能源以及可再生能源为主的低碳农业技术蓬勃发展，以减少温室气体排放，应对全球气候变化。

（5）"工业 4.0"背景下，制造业和信息业的深度融合，将打破传统的行业界限，农业也必将融入这场时代变革中，逐渐产生新的农业形态②。

围绕这些重点研究领域，发达国家已开始了新一轮战略部署，美国制定实施了 2012—2017 年农业科技战略计划，欧盟已经出台了"地平线 2020"科技计划，大力研发核心关键技术，抢占农业产业的战略制高点③。

2. 我国农业科技发展趋势与优先领域

面对世界新一轮农业科技革命和产业变革的竞争态势，必须加强顶层设计、明确主攻方向，迎头赶上，在未来世界农业科技及产业竞争中占有一席之地。

（1）农业成为生物技术应用最广阔、最活跃、最有潜力的领域，以生物技术为核心的农业科技体系出现重大突破，并在新品种培育、食品和饲料加工生产、资源利用效率提升、新能源开发、生物合成等领域得到应用。

（2）信息化除了大大提高农业生产的效率，还将使农业产业链发生深刻变革。其一，随着农业与下游加工业的对接，对农产品标准化的要求将大大提高。其二，互联网等信息技术的应用，在农业的一些特定领域，将会缩短其产业链。过去农业产业链的中间环节，依靠信息不对称获取利润的商业模式将被大大减少。其三，互联网引领消费模式的兴起，消费者对

---

① 张亚平．生物、信息技术是农业发展双引擎．[EB/OL]．(2012-04-23)．http://theory.people.com.cn/GB/49154/49156

② 姚媛．工业 4.0 呼唤农业协同发展[N]．农民日报，2015-03-25．

③ 张桃林副部长在全国农业科技教育工作会议上的讲话，《农业部情况通报》2015 年第 22 期

个性化产品的需求增多，对数字化的服务要求更高。目前出现的“淘宝农业”、社区支持农业(CSA)等正是在这一背景下产生的。

(3) 我国农业科技发展趋势与优先领域。中国科学院农业领域战略研究组于2009年完成的《中国至2050年农业科技发展路线图》提出，未来中国农业发展需主要包括六大领域，即：植物种质资源与现代育种科技；动物种质资源与现代育种科技；动植物生产与食品安全科技；资源节约型农业科技；农业生态安全科技；精准农业与信息化农业科技①。

(二) 经济发展新常态

1. 新常态下我国农业面临的挑战

习近平总书记在2014年12月召开的中央经济工作会议上，从消费需求、投资需求、出口和国际收支、生产能力和产业组织方式、生产要素相对优势、市场竞争特点、资源环境约束、经济风险积累和化解、资源配置模式和宏观调控方式九个方面全面论述了中国经济新常态特征，概括起来重点有：一是传统产业供给能力大幅超出需求，产业结构必须优化升级；二是要素驱动、投资驱动必须转向创新驱动；三是环境承载能力已经达到或接近上限，必须推动形成绿色低碳循环发展新方式。

在新常态下，我国农业发展面临着严峻的挑战。一方面，投入品的价格和土地租金不断上涨，劳动工资和各种生产性服务价格也在不断上涨，农业生产成本持续上升，导致主要农产品国际竞争力下降。另一方面，长期靠拼资源、拼投入的粗放增长方式，使生态环境透支严重，农业面源污染日益突出，对农业可持续发展构成了严重制约。

2. 新常态下农业发展道路的“四个转变”

做强江苏农业，必须更多依靠科技创新驱动，实现农业的数量质量效益并重，不断提升农业综合竞争力。一是向产出高效型农业转变，更加注重要素投入与实际产出的平衡，追求投入产出效率的最大化；二是向产品安全型农业转变，更加重视农产品质量安全问题，探索高效低毒低残留的生产要素投入；三是向资源节约型农业转变，提高资源利用效率，尽可能少的资源消耗获得最大的效益；四是向环境友好型农业转变，努力消除农业生产过程中对生态环境系统的不利影响，与自然环境形成良性互动的关系。

(三) 农业发展新需求

1. 中国农业科技发展面临的特殊问题

我国农业发展面临一些比全球农业更为严峻的突出问题：(1) 将长期面对食物数量和质量需求不断提升的巨大压力；(2) 未来农业发展同时面临日益严峻的耕地资源约束和水资源短缺，以及日趋严重的土壤和水污染等问题；(3) 农业生产成本上升削弱我国农业国际竞争力已成为不可逆转的趋势。这些都对我国农业新科技发展提出了更高的要求。

---

① 中国科学院农业领域战略研究组. 中国至2050年农业科技发展路线图[M]. 北京：科学出版社，2009.

2. 江苏省农业科技发展面临的新需求

（1）必须依靠科技创新，促进粮食和主要农产品的持续丰产，提高农产品质量。需要不断加强在种业、生物技术、农业机械化和信息化技术方面的投入和研究，提高农业综合生产能力。要保障农产品的总量供应，必须不断加强农业科技研发，引导增产、增效技术的研究；要保障农产品的质量安全，需要加强保鲜、病虫害生物防控等技术的研究，为农产品质量安全提升提供技术支持。

（2）必须依靠农业科技创新，转变农业发展方式，保障农业生产可持续发展。要努力突破土地等资源短缺的瓶颈约束，改善农业生态，提高土地等农业资源的利用效率，实现可持续发展，必须加强农业清洁生产、秸秆还田等绿色农业相关的农业科技研发，促进农业技术进步。

（3）必须依靠农业科技创新，建设现代农业产业体系，延长农业产业链，提高农业竞争力。促进江苏省农业比较优势的发挥和资源配置效率的提升，需要进一步深化调整农业生产结构，延长农业产业链，建设现代农业产业体系。为此，要加强农业生产技术、农产品加工储藏和保鲜技术、农业相关的互联网和信息技术的研发，提高农业生产率和市场流通效率。

（4）必须依靠农业科技创新，增加农民收入，改善农村民生，实现生产、生活、生态“三生”融合。加快农村基础设施建设，优化农村生活条件，改善农村民生，实现城乡统筹发展，离不开科技的有力支撑。

（四）总书记对江苏的新要求

习近平总书记 2014 年底在江苏视察时发表重要讲话，要求江苏协调推进“四个全面”，推动“五个迈上新台阶”，强调要推动现代农业建设迈上新台阶，力争在全国率先实现农业现代化，带好头，领好向。总书记的重要讲话为江苏“三农”发展提供了根本遵循①。

2015 年 5 月，习近平总书记在华东 7 省市党委主要负责人座谈会上指出：同步推进新型工业化、信息化、城镇化、农业现代化，薄弱环节是农业现代化。要着眼于加快农业现代化步伐，加快转变农业发展方式，加快农业技术创新步伐，走出一条集约、高效、安全、持续的现代农业发展道路②。

三、“十三五”农业科技创新发展方向

（一）战略定位

全面贯彻落实习近平总书记重要讲话精神，牢牢把握“四化同步”带好头、领好向和力争在全国率先实现农业现代化的战略定位。按照“稳粮增收、提质增效、创新驱动”的总要求，面向农业农村经济主战场、面向科学技术前沿，充分发挥市场配置资源的决定作用和政府主

① 徐鸣. 在现代农业建设中带好头领好向[J]. 唯实，2016(1)：5.

② 习近平召开华东 7 省市主要负责人座谈会，凤凰网(http://news.ifeng.com/a/20150528)。

导作用。强化顶层设计，优化力量布局，明确优先领域，激发创新活力，尽快构建新常态下“一、二、三业产融合”“生产生活生态协调”的农业农村科技支撑体系。努力推动江苏现代农业尽快实现“四个转变”；充分发挥科技进步对粮食安全、生态环境改善、农业规模经营的支撑作用；在农业生物技术、绿色化农业技术①、智慧农业技术②等农业科技战略性领域取得重大成果，在水稻、小麦品种创新和农业高新技术发展方面起到引领作用；在农业科技体制改革与机制创新取得明显突破。

（二）整体思路

1. 坚持市场配置资源决定性作用与更好地发挥政府作用有机结合

中共中央、国务院《关于深化体制机制改革加快实施创新驱动发展战略的若干意见》指出，“加快实施创新驱动发展战略，就是要使市场在资源配置中起决定性作用和更好发挥政府作用”。一方面，要坚持企业是农业科技创新主体的地位，市场导向明确的科技项目由企业牵头、政府引导、联合高等学校和科研院所实施；鼓励构建企业主导、产学研合作的产业技术创新战略联盟；按照“面向需求、企业主体、产研合作、加强创新”思路，全力推进农业全产业链科技协同创新和产业集聚发展，全面提升江苏省农业企业科技创新能力。另一方面，农业科技创新也要发挥政府作用。农业科技具有显著的公共性、基础性、外部性，在推动农业科技发展上，政府要发挥积极作用。

2. 坚持农业科技创新需求导向和产业化方向

紧紧围绕江苏农业主导产业和农村“一、二、三产业融合”发展的科技需求进行技术创新，突出产业导向，凝练重大需求，把支撑现代农业发展作为农业科技工作的出发点和落脚点。坚持科技创新与产业发展紧密结合，推进农业科技创新与生产、产业、技术物化推广相结合，加快农业科技成果转化。

3. 坚持重点突破和技术创新系统集成

把解决制约我省农业现代化进程的重大科技问题作为农业科技创新工作的重点，加强资源集成，科学配置全省农业科技资源。(1) 以高新生物技术带动常规农业技术升级，持续提高农业综合生产能力；(2) 加快农业技术集成应用，积极发展工厂化农业，提高农业劳动生产率；(3) 综合开发农业生态技术，保障农业生态安全；(4) 通过“互联网＋”③延长农业产业链，提高农业综合效益。

4. 坚持农业科技资源整合与政策激励相结合

以重大专项和重大工程为抓手，以完善绩效评价和激励政策为重点，建立基础研究、开

① “绿色化”：2015 年 3 月 24 日，中共中央政治局会议审议通过《关于加快推进生态文明建设的意见》，首次提出“协同推进新型工业化、城镇化、信息化、农业现代化和绿色化”的战略任务。

② 2015 年中央一号文件表述为“智能农业”，江苏省一号文件表述为“智慧农业”。

③ “互联网＋”农业与智慧农业都是信息技术在农业中的应用，两者侧重点不同，前者更多强调农产品流通领域的革命，后者更多强调农业生产领域的技术变革。

发研究、应用研究、成果转移转化紧密结合和协调发展的体制机制，协调高校、科研单位、企业以及职业农民等创新主体联动，促进“产学研用”深度融合，健全科技创新基础制度，推进农业科技资源开放共享，释放活力、形成合力，力争在若干重要领域捷足先登，在农业重大科技创新上有所突破，带动农业科技创新能力和科技水平的整体提升。

（三）发展目标

到“十三五”末，江苏省农业科技创新体系进一步完善，农业科技创新能力大幅度提高，农业科技创新整体保持领先，农业科技贡献率再上新台阶。

1. 农业科技创新体系进一步完善

(1) 在农业科技创新主体上，加强对企业开展农业科技研发的引导扶持，使企业逐步成为技术创新的主体；探索职业农民融入农业科技创新体系的途径，提升农民合作社、家庭农场的科技创新主体地位。

(2) 在农业科技创新途径上，实现单项技术向多项技术融合的集成创新转变。面向现代农业重点产业发展关键环节和节点，解决关键技术、产业共性技术难题，统筹部署人才和平台支撑，构建产业链和科技创新链，实现农业产业链、创新链、资金链、价值链的深度融合，加快转变新常态形势下的农业发展方式。

(3) 在农业科技创新体制上，实现由科技资源分散向资源系统整合、优化配置转变；开展多领域、全方位合作，有效实行产学研结合；建立江苏省农业科技协同创新联盟，充分发挥成员单位协同攻关的作用；依托农业科技园区，搭建农业科技融资、信息、品牌服务平台。

(4) 在农村科技创新与服务上，找准科技创新在推动新农村建设方面的着力点和切入点，实现生产、生活、生态“三生”融合发展。创新农村科技成果转化、示范推广和社会化服务新模式、新机制，发展农村科技服务业，提升农村科技服务水平。

2. 农业科技创新能力大幅提高

(1) 农业科技源头创新能力持续增强。继续加强以水稻、小麦等重要农作物基因组学为基础的分子育种研究；更多地发掘江苏省重要农作物和畜禽水产动物特殊的种质资源，完善基因转移和优异种质创新技术；结合传统和现代育种技术，培育多基因转移和多性状改良品种，创制具有重大应用前景的动植物育种新材料，培育突破性新品种。“十三五”期间培育动植物新品种的数量明显增加。

(2) 农业企业研发能力明显提高。积极推动农业科研院所、高等院校与农业龙头企业建立实质性产学研协同创新联合体，共建研发机构，联合开展应用研究。支持具备条件的农业企业建立高水平研发机构，参与或主持农业科技重大研发和成果转化项目；通过政策引导，激励农业企业加大研发投入，提升企业自主创新能力。“十三五”期间农业企业研发能力得到明显提高。

(3) 农业科技园区孵化能力显著提升。国家和省级农业科技园区，应当按照技术引领、成果孵化、试验示范、辐射带动的原则，增强农业产业技术辐射带动能力。依托国家级农业科技园区，建立现代农业科技孵化器，为农业科技人员科技创业提供平台。“十三五”期间农业科技园区的孵化能力显著提升，农业科技创业企业大幅度增长。

(4) 农业生物技术、绿色化农业技术、智慧农业技术等战略性技术领域发展取得长足发展。通过政府顶层设计，以互联网为推手，促进农业革命，解决农业重大问题。在农业生产领域，采用物联网技术以实现精确生产；在农产品流通领域，采用电子商务技术，创新农业流通模式。“十三五”期间，江苏省农业企业、农民专业合作社、家庭农场和专业大户对互联网技术的需求将显著提高，农业“互联网＋”产业将取得长足进步。

3. 农业科技创新整体保持领先、农业科技进步贡献率再上台阶

“十三五”期间，通过农业科研平台建设，农业科研领军人才的培养和引进等措施，农业科技研发综合实力进一步提升，取得更多的突破性农业科研成果，农业科技研发综合实力和农业科技贡献率再上新台阶。

(四) 重点任务

1. “十三五”农业科技创新关键技术领域

结合世界农业科技发展潮流与我国农业科技发展的趋势，以及江苏省农业发展科技需求和农业科技资源的基础条件，建议江苏省“十三五”农业农村科技创新发展关键技术领域为：现代农业生物技术、绿色化农业技术、智慧型农业技术。

(1) 现代农业生物技术。“十三五”期间，要在已有研究成果的基础上，加强生物技术集成创新，重点突破一批共性关键技术，研发一批具有自主知识产权、市场竞争力强的重大产品，显著提升江苏省生物技术自主创新能力，使江苏省成为农业生物技术强省和生物产业大省。

(2) 绿色化农业技术。“十三五”期间，江苏农业要以发展资源节约型、环境友好型的现代农业为目标，要“坚持把绿色发展、循环发展、低碳发展作为基本途径”①，加强农业生态过程与调控、农业物质循环高效利用的生态学机制方面的基础性研究；重点围绕农产品与食品质量安全检测与防控技术、土地资源保护与土壤修复技术、重金属和持久性有机物等农业重要污染物溯源及农业面源污染防控技术，开展关键技术的研发、集成与示范，为促进江苏省农业和农村的长期可持续发展奠定坚实的基础。

(3) 智慧型农业技术。“十三五”期间，要以推进农业生产经营的信息化、数字化和精准化为目标，加强农业土壤-作物养分运转、动植物生长发育过程的信息感知机理、农业地物遥感及解析机理等基础性研究，开发肥、水、药变量作业与自动导航等精准作业技术系统。同时开展数字农业与精准农业关键技术和产品的集成示范，将智慧农业打造成江苏省现代农

① 《中共中央国务院关于加快推进生态文明建设的意见》(2015 年 4 月 25 日)

业发展的一个新增长点。

2.“十三五”农业科技创新优先主题与重点技术方向

围绕农业科技创新发展三大目标进行部署，着力攻克粮食安全、食品安全、资源环境保护等方面的关键核心技术，在动植物育种技术、绿色化农业技术、工程农业与设施农业技术、农产品加工技术、智慧农业技术等五大优先主题①，“农作物种质创新与利用”等二十个重点技术方向取得重大突破性进展。

(1) 创新动植物育种技术，实现新品种培育的重大突破

——农作物种质创新与利用。开展农作物基因组学、生物信息学、优异基因挖掘、重要农艺性状遗传调控及其和生理生化机理等领域的基础理论研究，为实现分子设计育种和种质创新奠定基础。

——优质稻新品种选育。运用常规技术、杂种优势利用和分子设计育种技术，挖掘、构建、利用水稻新种质、新材料，建立高效育种技术平台，选育综合性状良好的优质稻品种。

——小麦新品种选育。运用常规育种技术和分子标记技术，研究小麦有效基因控制技术，构建高通量表型鉴定平台，开展大规模育种实践，培育第三代高产、优质、抗逆小麦新品种。

——主要蔬菜新品种选育。发掘和聚合优异基因资源，研究番茄、黄瓜、不结球白菜等主要蔬菜杂种优势技术及应用；采用细胞工程、分子标记等生物技术与常规技术相结合，研究不结球白菜雄性不育遗传规律、细胞学特性，加速优良育种材料和新型雄性不育材料的创新，建立不结球白菜雄性不育育种技术体系，显著提高品质和抗性。

——果树新品种选育。研究苹果、梨等果树自交不亲和性、自交亲和性的遗传特征和分子生物学基础，建立自交不亲和性基因表达水平调控和自交亲和性基因分离、克隆等技术体系，选育苹果、梨等果树自交亲和性新品种。

——地方畜禽资源利用与优质畜禽新品种培育。充分挖掘和利用江苏省现有畜禽品种优势和特色遗传资源，培育、筛选与推广高产、优质、抗病抗逆的拥有自主知识产权的优质畜禽新品种或配套系，重点支持江苏省地方畜禽遗传资源种质特性个性化挖掘与利用、培育与推广瘦肉型良种猪、优质肉(蛋)鸡、肉羊等品种或品系。

——水产新品种的培育。开发利用自然资源优势和特色遗传资源，培育高产、优质、抗病的突破性养殖新品种、特色品种。筛选适合近海海域网箱养殖的渔业新品种。

(2) 创新绿色化农业技术，实现农产品质量安全和农业生态保护新突破

——绿色农业投入品技术研发。重点突破高效生物制剂、生物反应器等农业生物关键技术，加快创制高效新型生物疫苗、生物肥料、生物农药、可降解地膜、饲料用酶制剂、生物土壤修复剂等投入品，加快发展农业生物技术。

---

① “优先主题”《国家中长期科学和技术发展规划纲要(2006—2020年)》。

——农业投入品减量化技术研发。重点突破农业化学品(化肥、农药、添加剂等)减量化、水肥一体化、重金属原位钝化、农业废弃物综合利用、农业生产措施调控等关键技术。

——农业面源污染防控技术研发。进一步完善病虫害监测预警与防控、畜禽粪便处理与利用等关键技术,建立适合江苏省循环农业发展的高效健康种养平衡模式,突破农业面源污染防控技术,实现农业清洁生产。

——农作物秸秆全量综合利用技术研发。围绕稻麦等农作物秸秆综合利用,开展秸秆粉碎匀抛、全耕层埋茬、覆盖还田等秸秆还田技术攻关,并进行农机农艺配套技术研发,开展秸秆饲料化、能源化、肥料化及工业化利用等技术研究。

(3) 创新工程农业、设施农业技术,实现农业生产经营方式新突破

——稻麦收获及烘干贮藏装备技术研发。适应粮食规模化及低成本省力化种植需要,研究以生物质原料为能源的产地烘干、贮藏一体化装备,实现粮食收割、烘干、输送、降温、储运连续作业,满足粮食批量烘干贮藏需要。

——设施农业高效及智能控制装备技术研发。围绕高效、节能、可循环、智能化目标,开展设施农业自动化、智能化关键技术和装备的集成示范,提升江苏省现代农业机械化、装备化和设施化水平。

(4) 创新农产品加工技术,实现农产品增值新突破

——农产品产地粗加工、保鲜、贮藏技术研发。开发粮食等主要农产品贮藏、虫霉绿色防治、高效节能干燥、害虫生态治理、散粮装载卸专用设备等技术,研制鲜活农产品在线分级与智能包装、贮藏保鲜、冷链运输与生鲜销售、快速精准检测等关键技术与装备。

——农产品精深加工技术研发。选育具有高活性物质的品种,建立提高活性物质的培养方法,突破农产品活性营养物质提取制备技术,开发高附加值精深加工农产品,形成一批推动农业产业拓展和农产品价值提升的关键技术和特色产品,提高农业产业质量效益。

——林产品精深加工技术研发。加快林板纸一体化产业升级,提高以银杏和竹子为主的特色经济林产品加工及综合利用水平,因地制宜发展林产品精深加工。

(5) 创新智慧农业技术,实现农业信息化水平新突破

——农业管理精准化技术创新。推进农业大数据技术创新与应用实践,重点研发农业数据资源优化整合技术。建设农业大数据分析应用平台,研发农业大数据采集、存储、处理、分析挖掘等技术,开展农业生产过程、环境与资源、市场和消费监测预测,为推进农业精准化管理提供支持。

——农业智能化技术创新。重点加强农业物联网、精准农业、农业云服务、移动互联等领域关键共性技术攻关,实现农业现场信息、动植物生命体信息的数字化检测、关键感知技术及装备和农业无线传感网络、通信技术及装备的突破,构建农业物联网技术体系。

——农产品物流现代化技术创新。重点开展生鲜农产品现代物流保鲜技术、农产品物流过程品质动态监测与跟踪技术、农产品物流装备与标准化技术研究,推进智能化信息技术

在农产品物流装备、工艺、供应链管理、电子交易中的集成应用。

——农产品质量可追溯技术创新。重点研发精准监测控制、农产品药残快速诊断检测等关键技术，集成应用感知识别技术、监控技术、通信网络技术和条码 RFID 等标识技术，实现食品链从生产、加工、包装、运输到存储、销售所有环节的信息查询，建立健全食品质量保障技术体系，实现品质安全的可追溯。

四、"十三五"农业科技创新发展对策建议

（一）推进措施

"十三五"是落实中央全面深化科技体制改革、实施创新驱动发展战略等系列决策部署的关键五年。也是江苏省推进"率先实现农业现代化"的关键时期，要切实把农业科技创新工作摆在更加突出的位置，全力推进"244"农业科技创新重大举措：(1) 实施两大研发计划，即重点研发计划、农业产业链协同创新计划；(2) 建设四个平台，即农业"互联网＋"平台、农业科技金融平台、农业科技创业孵化平台、农业技术交易平台；(3) 推进四项改革，加强顶层设计、农业科研组织方式创新、农业科技资源整合、农业科技投入方式创新。

1. 推进两大农业科技创新研发计划

(1) 农业科技战略性领域"重点研发计划"。农业重点研发计划针对需要长期研究的农业公益性研究，主要围绕粮食生产、生态环境、农产品质量安全、农产品精深加工、智慧农业等方面高新技术发展和产业关键共性技术创新，为江苏省农业发展主要领域提供持续性的支持。

(2) 农业产业链"协同创新计划"。围绕产业链部署农业科技创新链，围绕创新链完善资金链，实施农业产业链协同创新。完善以产业需求为导向、以农产品为单元、以产业链为主线、以农业企业为载体的新型农业科技资源组合模式，及时发现和解决生产中的技术难题，充分发挥技术创新、试验示范、辐射带动的积极作用。

2. 推进四个农业科技创新平台建设

(1) "互联网＋"农业平台建设。农业领域"互联网＋"是将互联网技术与农业生产、加工、销售等产业链环节结合，实现农业发展科技化、智能化和网络化的农业发展方式。互联网农业的发展有助于提高农业资源的配置水平，促进了农产品销售模式升级，实现农业生产的标准化。构建新型农村信息服务体系，用互联网技术带动江苏省农业和农村社会经济的全面升级。

(2) 农业科技投融资服务平台建设。大力发展多元化的科技创新金融支持体系，鼓励社会资本参与农业科技创新和农业科技成果产业化，为农业科技发展提供资金保障。

(3) 农业科技创业孵化平台建设。充分发挥农业科技园区在农业科技创业、推广农业新技术、示范农业科技新成果的孵化和示范作用，全力推进"集孵化与示范于一体"的农业科

技园区建设。依托国家农业科技园区搭建农业科技融资、信息、品牌服务平台，把农业科技园区建成投资主体多元化、运行机制多样化、创业服务专业化的农业科技创新创业孵化器，全力打造新时期江苏农业发展的“新引擎”。

(4) 农业技术成果交易市场建设。加快江苏省技术产权交易市场建设，以网上技术交易平台为依托，搭建全省农业技术产权交易和托管平台，推进农业科技成果转化。

3. 推进四项体制机制改革举措

(1) 加强农业科技创新顶层设计。为完成“带好头、领好向”，率先实现农业现代化的历史使命，“十三五”必须更加重视科技创新对江苏农业发展的驱动作用。建议省政府成立农业科技领导小组，强化顶层设计，加强部门统筹，通过相关部门之间农业科技工作会商决策机制，健全以产业发展需求为导向的重大科技项目设计机制，建立统一的农业科技创新评价制度。

(2) 农业科研组织方式创新。通过农业科技组织制度创新，建立有效的协作攻关机制。把科技力量配置由重复分散转向科学分工与联合协作相结合，把科技投入由过度竞争转向稳定支持与适度竞争相结合，推进以产业发展为导向的科技要素优化组合，激发创新潜力，提高创新效率。

(3) 农业科技资源整合。完善科技资源向应用研究、转化推广、产学研结合倾斜的配置机制。科研立项的选题更多地应当来自农业企业，使企业参与技术创新活动过程，并在技术创新活动中占主导地位、发挥主导作用。

(4) 农业科技投入方式创新。建立农业科技计划立项的“后补助”制度，综合运用财政拨款、设立风险投资基金、贴息和担保等多种方式吸引社会资金向创新投入。对小微农业科技企业、科技型农民专业合作社、科技型家庭农场和专业大户，可以采取“科技创新券”方式实施科技支持。苏北农业科技专项，采用市县立项资助，省科技厅给予“反向配套”。

(二) 政策建议

1. 农业科技投入政策

优化公共财政支出结构，不断增加财政对农业科技的投入。落实中央和省有关增加财政科技投入的政策措施，确保“十三五”期间财政对农业科技的投入稳定增长。(1) 对农业科研院所与涉农高校基础性、公益性农业科技活动建立相对稳定的支持机制；(2) 强化企业技术创新投入主体地位；(3) 逐步建立“政府投入为引导、企业投入为主体、风险投资和资本市场融资并举”社会化、市场化农业科技投融资体系。

2. 农业科技资源优化配置政策

建立优化整合农业科技规划、计划和科技资源协调机制，统筹各部门的农业科技创新资金和资源，围绕事关江苏省全局的重大农业技术需求，集中投入。优化农业科技专项(计划、工程)，切实解决农业科技资金“碎片化”、科技专项“同质化”问题，提高科技资源配置效率。完善重大科研基础设施和大型科研仪器向社会开放机制。

优化农业科技投入结构。针对长期以来蔬菜等经济作物、畜牧业、渔业的科技投入难以满足产业发展需要的问题，需优化农业科技投入结构，合理配置农业科技资源。

优化农业科技平台资源的有效利用。依托相关高校和科研院所，设立江苏省农业产业技术研究院和区域分院，并通过"科技创新券"等形式，建立大型科研仪器向农业企业开放的有效机制。

3. 农业科技金融政策

发展多元化的农业科技创新金融支持体系，鼓励社会资本参与农业科技创新和农业科技成果产业化。(1) 完善现代种业发展基金运行机制，重点支持科技型种业企业培育、商业化育种和种业成果转化。(2) 开展农业科技新型信贷产品、质押方式、服务手段的创新和推广。支持省属国有企业牵头成立农业科技创业投资公司，筹建省农业科技产业化基金，探索创新农业科技现代产业投资模式。

4. 农业科技创新激励政策

改革农业科技人员绩效和成果评价系统，正确引导科技创新方向。充分尊重农业科技创新规律，改革人才评价制度，将科研人员在农业科技创新方面的实际贡献作为绩效评价的主要标准，向更加注重物化科技成果、专利、品种等自主知识产权和解决现代农业生产关键重大问题转变，从单纯追求数量向注重农业科技创新质量转变。

5. 农业科技人才政策

建立农业科研院所、农业高校科研人员与企业人才流动和兼职制度，根据人才流动柔性化要求，出台激励政策，推动农业科技人才从高等院校、科研院所向企业流动；建立有利于农业科技创新的评价机制，创新科技成果和人才评价机制和技术职称评聘制度，鼓励农业科研人员把论文写在大地上。

(执笔人：应瑞瑶　周　力　徐志刚　黄　武)

参考文献

[1] 张亚平. 生物、信息技术是农业发展双引擎. [EB/OL]. (2012-04-23). http://theory.people.com.cn/GB/49154/49156

[2] 姚媛. 工业 4.0 呼唤农业协同发展[N]. 农民日报，2015-03-25.

[3] 张桃林副部长在 2015 年全国农业科技教育工作会议上的讲话，《农业部情况通报》2015 年第 22 期。

[4] 中国科学院农业领域战略研究组. 中国至 2050 年农业科技发展路线图[M]. 北京：科学出版社，2009.

[5] 徐鸣. 在现代农业建设中带好头领好向[J]. 唯实，2016(1)：4－6.

[6] Balschweid M A, Thompson G W. Integrating Science in Agricultural Education: At-

titudes of Indiana Agricultural Science and Business Teachers[J]. Journal of Agricultural Education, 2002, 43(2):1-10.

[7] Oerke E C. Cambridge Journals Online-The Journal of Agricultural Science-Abstract-Crop losses to pests[J]. Journal of Agricultural Science, 2006.

[8] Hristov A N. Journal of Agricultural Science[J]. Journal of Agricultural Science, 2010, 148(1):117-118.

[9] Ebi K. International Assessment of Agricultural Science and Technology for Development (IAASTD)[J]. Epidemiology, 2009, 20.

[10] Tan D X, Hardeland R, Manchester L C, et al. Functional Roles of Melatonin in Plants, and Perspectives in Nutritional and Agricultural Science[J]. Journal of Experimental Botany, 2012, 63(2):577.

第七章 江苏省科技政策体系框架研究

一、江苏省"十二五"科技政策体系实施情况

(一) 科技政策体系发展现状

从纵向来看,科技政策体系包括垂直的三个层面:战略层(宏观科技政策)、计划层(中观科技政策)、执行层(微观科技政策)。江苏的"科教兴省"(1988、1994)、"创新型省份建设"(2006)、"创新驱动战略"(2011)等均为江苏在国家宏观科技政策指引下推出的战略层科技政策,并通过与之配套的意见、决定、推进计划等,使其兼具部分计划层科技政策的功能。执行层的科技政策表现为一系列的政策工具,对创新活动的实施运行起到直接的调节作用,例如:税收激励、财政投入、人才队伍、政府采购、金融支持等。以下对江苏省近年来的宏观科技政策及科技税收、科技人才政策发展现状做一梳理。

1. 宏观科技政策

(1) 国家层面的宏观科技政策

1985年以来,中央政府关于改革科技体制的决定,以及中央和地方一系列配套政策的出台,使我国科技和经济都步入了快速发展的轨道。近年来几项重要的政策文件包括:2006年,国务院发布的《关于实施科技规划纲要增强自主创新能力的决定》,对我国的科技发展进行中长期规划,并出台50条政策;2014年,中央政府发布了《关于加快科技服务业发展的若干意见》《关于改进加强中央财政科研项目和资金管理的若干意见(国发〔2014〕11号)》《关于深化中央财政科技计划(专项、基金等)管理改革方案的通知(国发〔2014〕64号)》等20条科技政策;2015年,国务院发布《关于深化体制机制改革加快实施创新驱动发展战略的若干意见》;2016年,在加快实施创新驱动发展战略背景下,国务院发布《中华人民共和国促进科技成果转化法》。上述政策的出台给我国科技发展及创新驱动发展战略的实施指明了方向,进一步推动了各级地方政府加快制定相关政策,并促进了战略性新兴产业、高技术产业及企业科技创新的快速发展。

(2) 江苏省级层面的宏观科技政策

按照中央政府科技政策发展趋势,1988年,江苏省提出科技兴省政策;1994年,实施了

科教兴省政策。近几年，江苏省进一步细化各类科技创新政策，包括：2006年，江苏省委、省政府召开科技创新大会，公布《关于增强自主创新能力建设创新型省份的决定》；2011年，江苏省委、省政府召开创新驱动大会，发布《关于实施创新驱动战略推进科技创新工程加快建设创新型省份的意见》，制订包括科技创新工程在内的“八大工程”统计监测指标体系，建立推动江苏省科技创新的工作机制；2012年，江苏省委、省政府发布《关于加快企业为主体市场为导向产学研相结合技术创新体系建设的意见》；2013年，江苏省获批全国首个创新型省份建设试点，省政府研究和制定创新型省份建设推进计划（2013—2015年），对江苏省建设创新型省份做出政策部署。这些政策既响应并落实了国家层面的相关政策，也结合并突出了江苏的科技教育资源优势和发展形势，强调了教育、科技与产业发展相结合；企业为创新主体，产学研结合发展区域创新体系；创新驱动科技、经济与社会协调发展的发展新思路。

2. 科技税收政策

实践表明，科技税收政策在引导、激励和推动企业开展科技创新活动中具有重要作用。习近平总书记视察江苏时，希望江苏要以只争朝夕的紧迫感，切实将创新抓出成效。要舍得下本钱，宁可在其他方面紧一紧，也要拿出钱来搞创新。江苏省委、省政府不仅重视高强度的研发投入，更注重发挥科技税收优惠政策的普惠作用，先后出台多项鼓励和支持科技创新活动的政策，加大政策落实工作力度。为全面实施创新驱动核心战略和科教与人才强省战略，加快建设创新型省份，充分发挥企业的技术创新主体作用，引导企业不断加大研发投入，提高自主创新能力，加快企业转型升级，全省各地国税、地税、科技部门密切联系，加强工作协调和配合，指导和帮助企业用好用足政策，努力营造良好的企业创新环境和氛围。2012年以来，江苏省启动实施旨在提升全省企业自主创新能力的科技税收优惠政策落实行动计划，建立了“科技创新工程统计监测指标体系”和“两员两团”工作机制，深入推进“千人万企”行动，广大税收征管员和科技政策辅导员深入企业，强化服务。2013年，科技部批准江苏省成为全国首个创新型省份建设试点省，江苏省政府出台“创新型省份建设推进计划（2013—2015年）”，明确提出要加强政策创新，进一步落实好高新技术企业税收优惠、企业研发费用税前加计扣除等重点政策。2014年，江苏省各级科技部门联合国税、地税部门共建立229个科技政策宣讲团，组织全省2 014名科技政策辅导员，向23 445家企业宣传科技创新政策，总共服务企业47 566家次。

科技税收减免政策主要包括如下类型：高新技术企业税减免；研究开发费用加计扣除；软件及集成电路企业税减免；技术转让所得企业所得税减免；动漫企业优惠；技术先进型服务业优惠；创业投资企业税收优惠政策；加速折旧；研发设备进口税减免；科技企业孵化器政策；小型微利科技型企业税收优惠政策与大学科技园。其中，前三项科技税收减免政策的实施效果最为显著。

从2014年全省落实的科技税收减免额构成来看，高新技术企业所得税减免149.83亿元，占全省科技税收减免额的58.84%；企业研究开发费用50%税前加计扣除减免税额

57.36 亿元，占减免额的 22.53%；软件和集成电路企业所得税、增值税减免共计 41.66 亿元，占减免额的 16.36%；其他各类科技税收减免 5.77 亿元，占减免额的 2.27%，如图 7-1 所示。

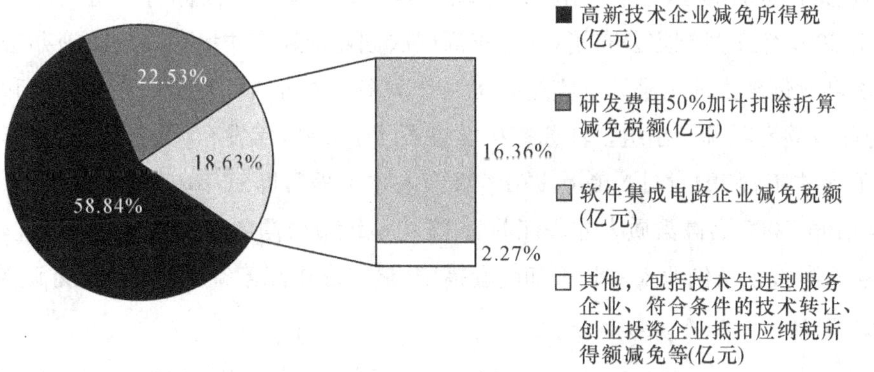

图 7-1　2014 年全省落实科技税收减免税分布情况

3. 科技人才政策

江苏省科技创新人才政策体系包括人才发展公告、意见、通知、管理办法、实施细则等，政策内容主要包含人才引进、人才激励、人才培养三方面。政策制定主体有江苏省政府、江苏省人才工作领导小组、江苏省委组织部、江苏省人力资源和社会保障厅、江苏省发展和改革委员会、江苏省科学技术厅、江苏省财政厅等。

其中，江苏省政府出台一些宏观性指导意见，对科技创新人才工作的指导思想、目标、培养方向等进行详细阐述。江苏省人才工作领导小组除了出台全省人才工作要点外，还和江苏省科学技术厅、江苏省人力资源和社会保障厅联合发布一系列人才公告，对引进人才的申报条件做出明确规定，更加注重引进人才的具体措施和办理程序。江苏省人力资源和社会保障厅对人才激励和奖励措施方面进行明确规定。江苏省科学技术厅侧重确定人才引进和培养的具体方式和条件。江苏省财政厅则对人才引进专项资金的申报、审批、执行、资金使用途径等方面做出一系列规定。

2006 年 4 月，江苏省政府发布《关于加强高层次创业创新人才队伍建设的意见(苏发〔2006〕29 号)》，从人才引进、人才配套措施、人才培养、人才队伍领导等方面对人才队伍建设提出宏观的政策性意见。在此基础上，各政策制定主体陆续发出配套政策落实意见，不断对人才创新政策体系进行完善和补充。

同一时间，江苏省政府还发布了《关于鼓励和促进科技创新创业若干政策的通知》，从投融资、财税、知识产权和市场、人才等方面对建立促进产学研结合的协调机制、加强科技成果转化、推动企业自主创新等方面给予政策支持。在此基础上，江苏省人才工作领导小组联合江苏省人力资源和社会保障厅从 2008 年开始，连续三年出台"江苏省引进高层次创新创业人才公告"，对人才引进的申报条件和重点领域进行更加详细、明确的规定，具有较强的操作性和一定的延续性。该公告根据江苏省产业结构转型方向，每年对人才引进的重点领域进行部分调整，对江苏省企业技术水平提升、高新技术产业和特色产业基地发展、产业结构优化等方面有重大影响和带动作用。此外，该公告进一步放宽年龄限制，对人才的支持措施更加具体，促进江苏省高层次创业创新人才政策体系更加完善。江苏省委组织部联合多个政府部门于 2007 年 1 月制定公布了《江苏省高层次创业创新人才培育计划实施办法》和《江苏省高层次创业创新人才引进计划实施办法》，首次将人才协调机制引入人才引进和培养计划中，并为此设立专项领导小组。江苏省科学技术厅于 2008 年发布《关于实施"江苏科技创新创业双千人才工程"的意见》，首次提出"双千人才工程"，即三年内引进 1 000 名高层次人才，以及培养 1 000 名高素质人才。江苏省 13 个地级市根据各地的具体发展情况，陆续出台当地高层次科技创新创业人才政策和配套措施，最终形成江苏省科技创新人才政策体系。

(二) 科技政策体系实施成效

根据《江苏省"十二五"科技发展规划》目标要求：到 2015 年，自主创新成为经济社会发展的主要推动力，重点领域自主创新能力和技术水平实现重大突破，高新技术产业成为经济增长的有利支撑。力争在"十一五"基础上实现高新技术产业增加值、全社会研发人员数量、研发投入三个"翻一番"，创业投资规模、发明专利授权总量、民营科技企业总数三个"翻两番"，科技发展主要指标达到创新型国家水平，在全国率先建成创新型省份。2014 年江苏全社会科技进步贡献率提高到 59%，研发投入达到 1 630 亿元，发明专利申请量超过全国的 1/6。与"十一五"末相比，1 个指标翻三番，3 个指标翻两番，10 多个指标翻一番，20 多个指标增长 50%以上，区域创新能力连续六年位居全国第一。表 7-1 是"十二五"科技创新主要指标的完成情况：

表 7-1 "十二五"科技创新主要指标的完成情况

分类	指标	2010 年	2015 年目标值	2014 年完成情况
科技投入	全社会研发投入(亿元)	840	1 680	1 630
	研发投入占 GDP 的比例(%)	2.1	2.5	2.5
	研发人员数量(万人)	30.4	61	68
	创业投资规模(亿元)	588	2 000	1 750
科技综合产出	科技进步贡献率(%)	54	60 以上	59
	发明专利授权总量(件)	7 210	28 840	19 671
	百亿元 GDP 专利授权数(件)	346	400	(2012 年已达 499) 2011 年 411；2013 年 405； 2014 年 307

续表

分类	指标	2010 年	2015 年目标值	2014 年完成情况
高新技术产业	高新技术产业增加值(亿元)	7 000	14 000	57 000
	高新技术产业产值占规模以上工业比重(%)	33	40	39.5
	科技创业园面积(万平方米)	1 504	3 000	2 769
企业创新	大中型工业企业研发投入占销售收入比例(%)	1.08	1.5	3.2
	高新技术企业(家)	3 093	7 000	7 703
	民营科技企业(家)	25 000	100 000	73 858
	建立校企联盟(家)	5 068	10 000	>10 000

具体进展体现在以下八个方面：

1. 企业创新能力明显提升

江苏省区域创新能力长期保持全国第一，截至 2015 年，已经实现“七连冠”，企业创新能力同样长期排名全国第一。江苏省将提升企业创新能力作为全部工作的重中之重，实施科技企业培育“百千万”工程，已支持建设了以 98 家创新型领军企业、1 030 家科技型上市后备企业、7 703 家高新技术企业为梯队的创新型企业群体，很大程度地激发了企业创新活力。通过“小升高”计划的实施，全省 2 320 家小微企业顺利成长为高新技术企业。全省 253 家境内上市企业及 147 家“新三板”挂牌企业中，约 72%为高新技术企业。加大企业研发机构建设力度，围绕“两推进、双提升”的目标方向，启动实施企业研发机构“百千万”行动计划，支持建设了 108 家国家级企业研发机构、732 家省级重点企业研发机构，全省企业研发机构数量超过 10 000 家。大中型工业企业和规模以上高新技术企业研发机构建有率达 88.2%。

2. 产学研合作成效显著

江苏省积极与以色列、芬兰等国家建立政府间产业研发合作机制，探索发展与美国麻省理工学院的技术合作联系，大力提升与中科院、航天科工、清华大学等科教单位及大型央企的战略合作层次，2014 年中科院与江苏省合作项目销售收入突破 900 亿元。探索依托产学研联合共建重大创新载体、省产业技术研究院预备研究所等，围绕特定产业领域、重大共性技术组织举办专题产学研对接洽谈活动，引导省内外高校院所的科技成果、专家团队等与江苏省企业进行面对面对接洽谈，推动技术成果在江苏省企业的应用和集群转化、产业化。大力推进“校企联盟”行动，全省“校企联盟”总数累计超过 10 000 个，参与高校院所超过 400 家，提前一年完成“十二五”目标。在苏北地区开展科技创新券试点，省级财政下达 3 000 万元经费对企业购买高校院所、第三方独立科技中介机构的科技服务费用支出进行补助，充分发挥市场导向作用，推动苏北企业加大科技研发投入，营造协同创新氛围。大力推动高校技术转移转化，全省高校技术转移中心总数达 28 家(其中国家技术转移示范机构 15 家)，建有分中心150多个，技术转移兼职人员达1 000多人。

3. 人才创新创业环境不断优化

江苏省坚持把人才作为战略资源，加快载体、项目、金融和服务等“四位一体”联动，鼓励更多的人才到江苏创新创业。突出青年人才培养，新设立杰出青年科学基金和青年基金专项，采取及早选苗、重点扶持、跟踪培养等特殊措施加快培养青年科技人才，2014年立项支持了1 000名优秀青年科研人员，30岁及30岁以下的人数占了34.8%，遴选支持了50名有较大国内外影响的优秀杰出青年科研人才，储备优秀学术带头人。突出人才创业扶持，成功举办了“第二届江苏科技创业大赛暨第三届中国创新创业大赛(江苏赛区)”。大赛吸引了包括北美地区在内的国内外1 947家创业团队和企业报名参赛，报名总数、企业数、团队数均位列全国第一。大力发展创业孵化载体，全省共建有各类科技企业孵化器515家，其中国家级133家、省级250家，共建有省级以上大学科技园35家，其中国家级15家。全省孵化场地总面积达2 769万平方米，全省孵化器数量、孵化面积和在孵企业数分别占到全国的1/3、1/3和1/5[①]，每年新增创业企业4 000家以上，均连续多年居全国首位，国家级孵化器、国家大学科技园数量继续保持全国第一。截至2014年底，我省累计有480人入选“千人计划”，其中创业类204人，占全国创业类总数的29.7%。自2012年以来，我省共入选中青年科技创新领军人才32人，重点领域创新团队11个，创新创业人才32人，创新人才培养示范基地4个，入选总数位居全国前列。2014年江苏省共立项支持引进46个创新团队、413名省双创人才、306名省双创博士来苏创新创业。

4. 科技金融力度不断加强

为切实缓解科技型企业融资难问题，江苏省大力推动科技金融工作向纵深推进。江苏省2012年启动建设15个省级科技金融合作创新示范区，新建26个科技支行和科技小贷公司，目前省级科技金融风险补偿专项资金从5亿元增至8.6亿元，共引导50余个市、县(区)、高新区设立科技金融专项资金近14亿元。加快发展以“首投”为重点的创业投资，省天使投资引导资金规模增至3亿元，支持企业范围进一步扩大，通过省地联动，为105个天使投资项目安排了1.56亿元的天使投资风险准备金。2013年以来，全省累计入库天使投资机构达60家，管理天使投资资金规模达91.5亿元，累计引导创业投资机构投入10.2亿元，支持了初创期科技型小微企业233家，有力促进了江苏省天使投资发展。2014年，“苏科贷”贷款比上年翻了近两番，六年来累计支持企业2 092家，引导银行发放贷款3 317笔，贷款总额104亿元，首次突破百亿元大关。

5. 企业研发投入力度不断加大

江苏省积极从更宽领域构建科技多元投入环境入手，不断加大科技投入力度，努力实现政府引导性投入稳步增长、企业主体性投入持续增长、社会多渠道投入大幅增长。江苏省科

① “十二五”科技创新成果新闻通气会[EB/OL]. http://www.jstd.gov.cn/gzcy/xwfb/2015/11/09141048218.html.

技部门 2012 年起启动实施科技政策落实行动计划，建立了科技、财政、税务等部门参加的协调推进机制，将科技政策落实情况与科技计划项目立项、厅市会商和科技进步考核挂钩。2014 年，江苏省落实企业科技税收减免额是“十一五”末的 2.36 倍。科技税收优惠政策实施，有力地撬动了企业研发投入。2013 年全省企业研发投入达到 1 299 亿元，较上年增长 20%，是 2010 年的 2.27 倍。

截至 2014 年，全省高新技术企业超过 7 000 家，民营科技企业突破 7 万家，“十二五”期间增长均在 50%以上，特别是民营科技企业增长达 100%以上。截至 2012 年，江苏省已建国家和省级高技术研究重点实验室、工程技术研究中心等各类科技基础设施 2 572 个，大中型工业企业研发机构建有率超过 75%①。企业院士工作站 326 家，企业研究院 24 家，工程技术研究中心 2 141 个，重点实验室达到 105 个，科技公共服务平台 296 个，各项指标均在稳步增长。开展一对一帮扶，组织对 4 000 余名企业家和技术负责人开展业务培训。推进高新技术企业认定，在全国率先启动培育计划，组建了涵盖 3 851 家企业的培育库。企业研发专利申请量由 2010 年的 28 219 增至 2012 年的 73 527 件。

6. 产业持续高端化发展

江苏省在“十二五”期间瞄准自主核心装备 MOCVD、超大型盾构机、T800 碳纤维、OLED 照明等战略产品，截至 2012 年累计组织实施重大科技成果转化新项目达 839 个，总投入1 088 亿元，预计产后实现销售收入 4 630 亿元，利税 720 亿元。启动建设南京通信与网络、苏州纳米技术、泰州生物医药三个科教结合产业创新基地，率先开展科教协同创新试点。截至 2012 年累计建立国家级高新技术特色产业基地 94 家，数量居全国第一，其中千亿级 2 家、百亿级 64 家，建设省级科技产业园 136 家。加强新技术新产品推广应用，设立 3 亿元专项资金，重点支持超低温特钢、新型氟橡胶、蓝宝石生长炉、大功率 IGBT、智能化装备线等一批产业化前景良好的新技术新产品开拓市场。2014 年江苏省高新技术产业增加值突破 5 万亿，高新技术产值占规模以上工业产值的比例为 39.5%。

7. 科技服务体系逐渐完善

2012 年江苏省企业与高校院所建立产学研联合创新载体 23 家，比 2010 年增加 12 家。2012 年相比 2010 年新增 17 家产业技术创新战略联盟。通过实施“科技镇长团”行动，先后选派五批相关人员总计 1 176 人，到苏南、苏中、苏北 52 个县(市、区)的 414 个乡镇、街道、开发区任职，占全省县(市、区)的近一半，成为引领县域经济转型和创新发展的重要生力军。目前江苏已拥有省级以上高新区 23 家，其中国家级 10 家。2012 年新增 7 个省级以上高新区，其中国家级高新区 4 个；全省省级以上大学科技园达 29 家，其中国家级大学科技园 11 家，数量在全国各省份中位列第一。拥有科技创业园、大学科技园、软件园、创业服务中心等

① 2012 年江苏科技工作基本情况[EB/OL]. http://www.jstd.gov.cn/kjxxgk/nrg/Index.action?messageID=402885853016026720l3dce2598fooo19&type=2

各类科技孵化器431家,其中国家级科技企业孵化器95家。孵化场地面积达到2 156万平方米,比上年增加了10.86%,科技创业园增加132个①。截至2012年共有创新型城市29个,创新型乡镇60个,“十二五”期间新建创新型县(市)超过19个、创新型乡镇37个。

8. 知识产权战略深入推进

江苏省专利创造综合能力稳步提高,全省专利申请和授权数量分别达到47.26万件和26.99万件,占全国总量的24.72%和23.21%;发明专利申请量和授权量达到11.01万件和1.97万件,南京、苏州和无锡三市发明专利授权量位居全国城市前十榜单,数量列全国第一;企业知识产权工作快速发展,企业专利申请与授权量占全省总量的比例均突破60%,有专利申请的企业数达到17 482家,年专利申请量超500件的企业26家、超千件的企业3家②。万人发明专利拥有量达5.73件。49项成果获国家科学技术奖,总数在全国各省份中位列第一。“十二五”期间江苏省发明专利授权数增幅为172.8%。

二、当前科技政策体系存在的问题

(一) 主要问题

1. 科技创新政策落实不到位

推进科技政策落实是营造科技创新氛围、提升科技创新活力的有效举措。从我们对企业的长期调研中发现,目前中共中央、江苏省政府出台的科技创新政策非常多,但现有政策对相关产业领域不同规模企业的覆盖面不尽相同,且企业对不同政策的满意度也有差异。融资担保、贷款协助等产业基础服务,政府采购、价格补贴等市场培育政策,市场准入和防止不正当竞争等市场规制政策,以及产业集群政策中的物流设施与服务等覆盖面较低,受惠企业较少。企业对现有融资担保、贷款协助、政府采购、价格补贴、金融保险服务和吸引上下游配套企业等政策的满意度较低。总体而言,在产业基础设施与服务等具有普惠性的政策上覆盖面较广,政策实施效果较好,而像政府采购、价格补贴等在受惠对象上有局限性的政策,覆盖面较小,实施效果不佳③。

2. 指标主导和行政主导倾向影响创新活动效率

从多个科技创新指标来看,江苏省科技创新水平全国领先,但指标主导和行政主导的倾向非常严重。有两个指标可以判断科技创新有很大程度是政府意愿。一是企业主导产学研合作创新强度,用企业R&D经费外部支出占R&D经费内外部支出和的比重来表示,江苏省2012年该指标值为3.30%,位列全国31个省市的第29位。可见,江苏省一直倡导的产

① 2012年江苏科技工作基本情况[EB/OL]. http://www.jstd.gov.cn/zwgk/jhzj/20130403/112956093.html.

② 江苏知识产权强省建设初见成效[EB/OL]. http://www.cnipr.com/news/gndt/201303/t20130325_175533.html.

③ 费钟琳,王京安,许景. 战略性新兴产业培育与集群发展的机制路径——基于江苏实践的研究[M]. 北京:经济管理出版社,2013.

学研合作，企业并未真正施行。二是企业科研经费支出占企业研发经费支出比重指标，这是反映企业自主创新活动质量的重要指标。江苏省 2012 年该指标值为 0.52％，全国平均为 2.68％，江苏省位列全国第 25 位，说明企业研发经费大部分用于购置固定资产或更新设备等，真正用于基础研究和应用研究的经费微乎其微。

可见，指标主导和行政主导的科技创新，其效果十分有限。目前，如发明专利授权量、专利转让及许可费用、新产品产值、科技论文数、国家标准制定数等可统计的科技产出指标，江苏省的表现都良好。但是专利授权审查缺乏严谨性，且政府资助专利申请扭曲了企业申请专利的意愿；专利转让及许可费用，一是统计的是合同金额，二是存在相互转让，三是规模相对较小，难以代表创新产出；外来企业、省内企业跨市转移以及模仿性新创企业对于特定统计区来说都是新产品，3 年内都算作新产品产值；科技论文数还没有形成生产力，而且质量参差不齐；国家标准制定往往是国家各部委组织，企业认领并承担标准制定的经费，并非竞争性项目，愿意承担的不一定是技术领先的企业。

3. 科技创新政策衔接不畅影响资源配置效率

如缺乏有效的资源配置方式，新增创新资源的效率可能不高，甚至会破坏原有的市场规律。当前江苏省科技资源配置方式存在一定问题，主要体现在两方面。一是缺乏清晰的科技创新发展的顶层设计。包括当前发展和未来发展之间的比例划分、当前主导技术领域和未来主导技术领域的预见、计划目标实现的可能性以及对技术创新成果形式的预判。目前，江苏省也做了一些科技创新发展规划，但存在如下缺陷：其一，“发展目标—主导技术领域—科技资源准备—体制机制保障”没有一对一的详细说明，后续措施与规划设计之间的衔接性较差；其二，在选择发展目标时没有在当前技术水平基础上选择最合适技术攻关领域；其三，没有对科技创新资金做出分配方案，比如科学研究、技术改造、创新能力培育等。在缺乏有效而具体的科技发展顶层设计的情况下，科技创新资源配置存在随意性，更多地流向可以指标化的项目。

二是缺乏有效的审查、监督和成果评价机制。资格审查不仅需要对科技创新主体的软硬条件进行审查，而且要对其正在进行的项目进行审查，以及同一成果是否存在多处使用的审查。目前突出问题如下：其一，对于资格审查人，江苏省建立了一系列的专家库，但是谁来从专家库中选择专家，专家对项目的审查失误是否存在判断标准，是否要为此付出成本，尚无合理机制；其二，由于政出多门且信息沟通不畅，资格审查及项目终审时，对项目申报人的时间分配、成果重复使用情况都难以判断；其三，成果形式应该选择经过市场检验的成果形式，比如产业化结果、技术转让等；其四，项目审查与终审时，专家“被俘获”的现象严重。

4. 科技创新政策工具缺失或是缺乏动态调整

科技创新政策工具种类多样，从供给侧、需求侧、环境侧分别看，有科技投入、人才队伍、教育科普；政府采购；税收激励、金融支持、知识产权、创新基地与平台等类型。江苏省各类科技财税政策、人才政策、金融政策等相对出台较多，有关知识产权也有相应的政策配套，但是在知识产权司法方面还存在资源不足以及制度不健全的问题。政府采购这一在发达国家被广泛采用的激励创新政策工具在实践中也未得到充分重视。

知识产权战略主要包含两部分内容：一是积极鼓励本区域内创新主体对科技创新成果申请知识产权保护。二是建立有效的知识产权司法制度来营造本地区的技术创新环境、降低企业保护科技创新成果的成本。目前，江苏省对知识产权保护的宣传和实施工作十分成功，从我们2012年对省内近200家高新技术产业园区企业所做的调查结果看，91.1%的企业都了解或享受过知识产权保护方面的政策，而且对其满意度是所有指标(政策工具类型)中最高的，达4.61分(满分5分)。但是在知识产权司法方面所做的还远远不够。其一，江苏省尚未建立具有技术鉴别能力的科技司法团体及专业团体；其二，对司法判定结果的执行力较差，尤其是在知识产权领域，江苏省很少有因为技术侵权而关闭的企业；其三，司法成本太高，尤其是时间成本，企业耗不起；其四，对知识产权司法制度和有效性宣传不够，很多企业都具有官司恐惧症。没有有效的知识产权司法制度，申请专利保护也会成为一纸空文，极大地减低创新主体的创新意愿。

科技创新成果转化、产业新技术转化为新产品、形成新产业并不单是技术本身演进的结果，也不是政府意志的体现，而是技术与市场双向互动的结果，政府在其中起到推进作用。因此，利用政府采购、实施重大应用示范性工程、施行价格补贴、调整消费税等政策手段可以有效刺激市场需求，缩短成果转化和产业化时间[①]。但据上述调查结果，此类“市场培育”政策是目前企业享受最少的一类政策，而且企业对其总体满意度也较低，为4.25分。其中政府采购和价格补贴两项在所有政策中企业享受比例最低，分别为50.68%和52.69%，且企业对其满意度也是所有政策中最低的，分别为4.18和4.16。

(二) 原因分析

1. 顶层设计缺失，政策体系系统性不足

从市场规律上来看，科技创新是具有很强正外部性的公共产品，需要政府给予补贴，以达到社会需要的创新水平。从区域经济增长来看，创新发展是区域经济由中等发达水平向发达经济跃迁的根本途径，一定范围内创新资源越多越好。但是，在缺乏有效的资源配置方式的情况下，新增创新资源的效率可能不高，甚至会破坏原有的市场规律。

对于区域科技发展来说，稀缺的科技创新资源具有两层目的：一是快速有效地配置给愿意并且有能力而缺乏创新资源的创新主体；二是培育未来的创新主体，包括创新人才、创新团队和创新平台。从顺畅的资源配置来看，江苏省由于科技创新政策缺乏顶层设计，政策体系系统性不足，使得政策出现了重制定，但轻落实；或者重配置，轻考核等。

2. 科技创新多头管理，政策体系缺乏协同性

科技创新多头管理存在如下缺陷：一是从科技资源的优化配置来看，科技创新政出多

① 费钟琳，王京安，许景. 战略性新兴产业培育与集群发展的机制路径——基于江苏实践的研究[M]. 北京：经济管理出版社，2013.

门，不同部门之间目标不一致，使得创新资源过于分散而对有价值创新项目支持力度不够。二是从创新协同效应角度来看，条块分割降低管理者之间的信息传递，违背整合资源最大程度形成合力来支持科技创新的原则。三是多头管理造成部门职能不清，职能重叠和遗漏并存，多数部门资金投入和管理职能多，监督和服务职能不足，工程化、产业化等许多政府职能交叉重复，而科技成果转化扩散职能弱化。四是提高了创新主体的信息搜寻成本，降低了创新效率，管理者之间的条块分割、信息不畅会诱导创新主体重复申报各类项目，一份成果多处使用，出现学术欺诈行为。

3. 科技创新政策融合度不高，政策体系缺乏开放性

科技创新需要综合运用科技政策、产业政策、经济政策、财税政策、金融政策和人才政策等来推动，需要加强科技与产业、金融、人才等的相互融合。但是上面也提到了由于政府各部门目标的多元化，导致了各部门开放度不够，部门之间的协调与合作不足，亟须加强科技与财政、发展改革、金融、国土、商务、税务、工信、教育等部门的协调和合作，整合各种资源，凝聚各方力量来共同推动科技创新加快发展。

三、国内外科技政策体系借鉴

自熊彼特提出“创新”的概念以来，弗里曼提出了国家创新系统理论，认为国家创新系统是“一种在公、私领域里的机构网络，其活动和行为启发、引进、修改和传播新科技”。此后，迈克尔·波特提出了钻石理论，强调“需求条件、要素条件、企业的战略与竞争情况以及相关支持产业是影响国家竞争优势的四个重要因素”。在上述科技创新理论的研究基础上，库克提出了区域创新系统理论，认为区域创新系统是“基本的社会系统，由相互作用的子系统构成；组织与子系统内部及相互之间的互动产生推动区域创新系统演化的知识流”，这也是对国家创新系统理论的深度拓展与纵向延伸。不少发达国家就是在上述理论指导下，结合各国发展背景制定了各种政策支持其产业发展。

（一）国外科技政策体系

1. 美国

美国于2009年、2011年接连发布了两份创新战略报告，强调创新，重振制造业是美国赢得未来的关键。

从战略定位的角度来看，美国在其创新战略中指出，创新是在长期经济增长和竞争中赢得未来的关键，是美国经济发展和国家竞争力的基础；从战略目标的角度来看，要赢得未来，保持美国在基础设施和教育、创新能力等方面的竞争力，强调守住优势；从战略路径的角度来看，美国创新战略呈现出金字塔形，顶层是促进国家重点优先领域的突破和发展，中层是促进技术创新市场化，底层是对美国创新基础架构建设的投入；从战略重点的角度来看，美国创新战略提出了五大计划，分别是专利审批改革计划、无线宽带计划、清洁能源计划、教育

改革计划、创业计划，重点突出。2010 年联邦研发预算投资达到 1 476 亿美元，2011 年美国联邦政府研发预算总额为 1 480.71 亿美元，企业研发投资将增加至 2 869 亿美元，两项合计占研发投资总额的 71%[①]。美国创新的繁荣源于集政府、学术界与产业界于一体的创新生态系统的高效运作。长期以来，美国联邦政府是基础研究的主要资助者，私营部门则是应用研究和开发活动的主要资助者与开展者。而联邦政府对学术界 R&D 的支持惠及所有方面。

尽管受到国际金融危机的影响，但美国的创新能力在世界上的排名仍然首屈一指。瑞士洛桑国际管理学院发布的《2014 年全球竞争力报告》中显示，美国排名第一位，这是得益于其强劲的研发和创新能力。

2. 德国

2006 年，在经济全球化背景下，德国高新科技战略出台，该战略既立足于德国国内的发展需求，也顾及国际市场需求。经济危机之后，高新科技 2020 战略出台，该战略更注重把握后危机时代的发展方向，加强了战略实施的可操作性，明确了五大领域的发展规划、重点项目，具体包括：环境保护和能源开发、医疗卫生和饮食营养、物流交通和航空航天、公共安全和防灾减灾、信息通讯和网络领域。

第一，支持中小企业发展高新科技。在经济危机时期，德国救市方案 I 给予中小企业 150 亿欧元的贷款计划，救市方案 II 又追加总额为 750 亿欧元的担保额度，有效缓解了中小企业的资金紧张状况。在 2008 年 7 月启动实施的中小企业核心创新计划（ZIM）在危机后继续支持中小企业创新。该计划针对 3 种研发模式进行资助，一是企业和企业，或企业和科研机构的创新合作；二是单个企业的研发活动；三是至少有 6 家企业参与的研发网络[②]。

第二，重视高新科技产品的市场营销和采购。具体包括增加政府采购中的高新科技产品比重。目前德国联邦政府、各级地方政府、公共机构对高新科技产品的采购额度每年约 230 亿欧元。通过运用现代化的高新科技产品，既可以促进其推广和生产企业的销售，也可以提高政府部门的服务水平和办事效率，方便公众。

第三，知识产权保护和标准化制定。知识产权保护是促使高新科技转化为生产力，以及增加就业机会的基本条件，也是保持高新科技创新驱动力的根本保证。德国政府致力于在欧盟和世界知识产权组织层面改善知识产权保护体系，以适应互联网时代知识产权保护的需求。标准化战略是德国保持高新科技产品国际竞争力的重要战略之一，德国被称为“标准化世界冠军”。一方面，如果将国家标准上升为国际标准，有助于提升出口产品的竞争力；另一方面，通过实施标准化可以增加产品可比性、透明度和安全性。

第四，科技创新与社会进步相结合。科学技术的发展最终是为人类服务，高新科技 2020

① 美国创新战略的三个阶段及对我国的启示[EB/OL]. http://www.mianfeiwendang.com/doc/7f296848e34b74eec83b74af/2.

② 后危机时代德国发展高新科技的战略及对我国的启示[EB/OL]. http://m.xuehuile.com/thesis/fbb19b930ca2423ea406c113cd862194.html.

战略明确提出要建立社会公众和创新研发的对话机制，目的是让公众参与到科技创新的进程中。一方面，目前国际上高科技犯罪案件日益增多，对公众利益构成巨大威胁；另一方面，公众需求就是市场和社会需求，也就是创新需求。高新科技的发展和运用需要有社会伦理和道德的约束，使之真正服务于人类社会的进步。更为重要的是，高新科技创新需要得到社会的认可和支持。

3. 日本

20 世纪 80 年代，日本提出“技术立国”方针。1986 年，日本内阁会议通过“科学技术政策大纲”，强调以长远观点，实施灵活综合的科学技术政策。1992 年，日本内阁通过新的“科学技术政策大纲”，提出加强基础研究、重视人才培养和发展地方科技。1994 年提出“科学技术创造立国”目标。1995 年通过“科学技术基本法”，根据该法，日本政府每五年要制订一次“科学技术基本计划”，而且要努力筹措相应资金，保证计划实施。因此，日本分别于 1996 年、2001 年、2006 年制订了 3 期科学技术基本计划。

进入 21 世纪，世界各国在技术和经济方面的竞争进一步加剧，从日本国内情况来看，资源匮乏、进入老龄化社会等问题制约了日本的可持续发展。因此，日本深刻认识到“科学技术创造立国”对其长期发展的重要性。2006 年 3 月，日本通过《分领域推进战略》，该战略确定了日本政府集中投入和优先分配研发资源的 8 个重点领域，总共选定 273 项重点研发课题，其中有 62 项为战略重点科学技术项目。日本还从这些战略重点科学技术项目中选出可以引领日本未来发展、关系国家综合安全的国家核心技术项目，包括宇宙输送系统、海洋地球检测系统、下一代超级计算机、快中子增殖反应堆（FBR）循环系统、X 射线自由电子激光等。

4. 韩国

韩国科技创新的高速发展，源于其高效的科技创新体系。该体系是由科研机构、管理机构、区域和地方科技创新系统组成，由公正、透明、合理的产学研机制支撑。

第一，调整和完善科技管理体制。2008 年 1 月，韩国科技管理体制发生重大调整，按照时任总统李明博的新政府机构改革方案，将原先的 18 部 4 处精简为 13 部 2 处。其中，科技部与教育部合并成立教科部，基础科学政策和科技人才培养职能，以及产业资源部的产业人力培养职能都划归到教科部。新成立的知识经济部整合了产业资源部的产业、能源政策，科技部的产业技术研发，信息通信部的 IT 产业政策等职能。

第二，建立区域和地方科技创新系统。韩国比较重视通过建立区域和地方创新系统，来完善国家科技创新体系。韩国国家科技创新体系中非常关键的要素是各类私立和公立科研院所，这些机构构成韩国地方创新系统的核心力量。韩国首尔、釜山、仁川、大田、光州、蔚山等城市都设立了众多科研机构，其中绝大多数为私立科研机构（主要隶属于企业）。韩国还在全州、光州等城市建成 7 家尖端科技研究园，在全北大学、首尔大学等高校选定 17 家优秀科学研究中心和 28 家优秀工学研究中心，涉及基础工业、高新技术产业等。此外，韩国的大量企业也积极参与科学研究与试验开发，逐渐成为国家科技创新体系的主体，其优势得以充分释放与拓展。

第三，建立“产、学、研”联合科研体制。为促进科技创新，韩国政府强调产学研协调合作。通过修订《科学技术革新特别法》和《合作研究开发促进法》，将发展产学研合作纳入法制化轨道。为了有效整合创新资源，形成创新合力，最大限度提高创新效率，采取了如下措施：国家科研院所的研发设施对产学研优先开放；国家科研课题实施对象的选定推行产学研优先政策；建立以大学为中心的产学研合作园区和地区合作开发支援团；不断扩大对产学研信息、人才交流和人才培养的支持等。此外，由科学财团出资在全国理工大学建立数十家“工程研究中心”和“科学研究中心”，对推动跨学科、跨部门的基础和应用技术开发起到一定促进作用。目前，韩国的产学研合作方式包括技术指导、共同研究、科研器材共同使用、技术培训、专利使用和关键技术信息的服务等。

5. 发展趋势

基于美、德、日、韩四国之间的比较分析，可以初步发现 OECD 国家的科技政策体系主要包括以下三大趋势：

第一，加大对创新基本投资的力度。各国的研发总支出费用不仅在绝对数值上有所提升，而且在 GDP 的占据比例上也逐年攀升。要想在科技创新方面有所突破，就必须确保创新所需的一切资源都能充足供应，从研发的投资一直到研究实施及创新转移所需的人力、技术资本等。

第二，培育竞争性市场。巨头企业加大研发力度是为了提升自己的核心能力，同一领域中的其他企业必将追随这股创新之风，从而形成一个“百家争鸣”的良性循环。因此政府要通过战略及政策上的宏观引导创造一个有利于创新的成熟环境，使本国企业在全球知识和经济交流下更具国际竞争力，并通过竞争性市场，使创新得到适当的扩散且形成一定规模效应。

第三，推动国家尖端领域突破。某些部门具有国家层面上的特殊意义，对于它们不能完全依靠市场经济发挥效果，应由政府出面解决部分问题。例如在清洁能源、智能电网、可再生资源方面的历史性投资，将有利于激发创新与进步的浪潮，从而形成新的经济增长点，创造就业机会，结束我们对传统资源的依赖。

（二）国内其他省市科技政策体系

1. 上海市

上海经济发展战略的基础是创新，而不是基础资源。因此上海市力求完成经济合作开发组织地区的目标：高水平的研发投资（到 2020 年占地区生产总值的 3.5%）和高水平的国际竞争能力（如到 2020 年成为第二大世界知识竞争标志）。为了完成这些目标所需要的政策有：

第一，增加创新投入。包括增加作为地区生产总值一部分的研发资金，鼓励企业投资支持更多创新(如通过税收鼓励)和吸引私人投资(如风险资本)的政策。

第二,改善创新环境。包括总体上激励创新的规定,支持如高科技园区之类的基础设施、企业和其他设备;通过政府采购业务来支持创新;加强知识产权保护和提高企业的高科技标准的政策。

第三,政府充当更好的角色。上海市尝试推广政府在创新过程中由控制转变为支持的形象。包括使企业更好地获得资金、获取和分享信息以及支持研发的专业服务平台。

上海的长期计划和国家科技发展计划在关键点上是相呼应的,同时也得到其他地区的支持。它的目标是利用知识和人力资本领导发展,加强科技创新能力并支持和谐经济社会发展。计划在不忽略科学研究的基础上强调技术创新的效率和利益,从而推动以应用为导向的自主创新;在一些有竞争力的领域的创新;在有战略意义和示范工程中的研发;企业作为主导因素,大学和研究机构提供支持。这些领域都被归入了 HEAD 项目(健康、生态、高级制造和数码),由市政府根据需求进行运作。这一计划也明确指出要建立该市的区域创新系统和创新群。

2. 北京市

“十二五”期间,北京全面实施“科技北京”发展战略,用足用好各项先行先试政策,着力完善创新制度的安排,切实发挥这些制度的支撑和引领带动作用,全力聚合创新要素,着力促进创新成果的产业化,将北京建设成为国家创新中心,更好地服务于全国、区域的创新发展。

第一,搭建首都创新资源平台。依托北京创新资源的密集优势,加强内外合作、校企合作、央地合作,充分发挥中关村的产业化促进中心作用,以技术研发为核心,以项目为载体,以产业化为目标,集成整合各方的创新资源,推进“产学研用”的有效结合,构建形成高效有力的首都创新资源平台,提升科技成果的转化能力。

第二,全力推进科技成果产业化。坚持以市场为导向,尤其是瞄准经济和社会发展的重大紧迫需求,着力完善以企业为主体的产、学、研、用一体化的创新体系,明显提升科技成果转化和产业化水平。

第三,完善创新支持和激励机制。认真落实北京地区和国家层面的人才发展规划,坚持引进和使用人才、培养人才、优先发展人才等原则,落实“中关村高端人才聚集工程”“北京海外人才聚集工程”和“千人计划”,在全球范围内招纳和吸引高端领军创新人才、高层次创业人才。依托北京的国家重大科研项目、重大工程、国际科技合作项目、重点学科和科研基地建设等平台载体,加强人才联合培养。完善人才在高校、企业、科研院所间的双向流动机制,形成一批善管理、懂技术、具备国际化视野的复合型创新人才和团队。加强人才服务,在户籍、医疗、出入境、保险等方面为高层次人才创造方便条件,营造尊重人才的社会环境,促进优秀人才脱颖而出,将首都建设成为世界人才聚集高地。除此之外,通过加大政府奖励和实行期权、股权、年薪制等形式,增强对关键岗位核心骨干人才的激励。深入开展国有企业、科研院所股权激励和分红试点，扩大股权激励试点范围，推进科研成果处置权和收益权政策试点。逐步扩大科技重大专项经费列支间接费用试点范围，提高间接经费列支比例上限。

第四，强化教育战略支撑作用。全面实施中长期教育发展和改革规划纲要，坚持教育优先发展，充分发挥教育对培养人才、推动创新的基础作用，为北京和国家的持续发展提供高端人才支撑和科技智力服务。

3. 广东省

广东省在"十二五"时期的发展目标是着力提升自主创新能力，建设成为创新型广东。因此，自主创新能力是广东省加快转型升级的核心推动力，要深入实施自主创新战略，构建以市场为导向、企业为主体、产业为依托，政、产、学、研相结合的开放型区域创新体系。

第一，强化关键领域的核心技术攻关。深入推进国家技术创新工程试点，实施重大产业技术攻关计划，突破一批行业共性技术和关键领域核心技术，开发一批拥有自主知识产权的战略产品，有效提高全省的技术自给率。加强核心技术攻关的组织工作，实施创新型企业成长路线图和产业技术路线图，完善各类技术创新服务载体和平台的建设。着力推进传统产业的技术创新，实施一批传统优势产业集群的共性技术攻关和创新平台建设，促进传统产业转型升级。

第二，完善自主创新机制。完善创新投入机制，引导社会资本投资科技创新，促进科技与金融紧密结合，积极发展知识产权质押、租赁融资，建立健全风险投资机制，形成多元化科技投入体系。全省研发投入占地区生产总值比重高于全国平均水平，珠三角此项指标处于国内领先水平。改革和完善财政科技投入的统筹使用、管理监督和绩效评估体系，充分发挥技术市场作用，促进创新资源的高效配置和提高资金使用效率。建立健全统筹国家、省市、企业和国际创新资源的机制，深化粤、港、澳科技合作，加强区域与国际创新合作，争取国际重要科技资源、国家重大科学工程和重点科技项目在广东省落户。加速军工和民用技术相互转化，促进科研资源的军民共享。落实税收优惠政策，减少行政审批，鼓励大胆创新，营造有利于创新的社会氛围。广州、深圳要建成国家创新型城市，打造核心技术自主创新的"国家队"，珠三角地区要率先建成全国创新型区域，成为亚太地区的重要创新中心和成果转化基地。强化高新技术开发区创新功能，促进珠三角科技创新向粤东西北地区辐射转移。

第三，加强政、产、学、研合作。加强主体科研机构建设，深化"省部院"合作，支持国家重点高校、科研院所和企业、行业联合组建政产学研创新联盟，共建一批"政产学研"合作创新平台和示范基地。支持国家重点实验室、省级重点实验室、公共实验室、工程技术研究中心、企业技术中心、科技成果孵化器和中试基地建设，建成一批院士、科学家、博士后工作室。实施自主创新成果产业化专项工程，促进科技创新成果转化为现实生产力。

第四，强化企业创新主体地位。引导科技投入、创新人才、技术信息、技术成果、重要平台、重大项目等创新资源向企业集聚，提升企业的自主创新能力，推动广东省由制造大省转变为智造大省。落实和完善支持企业自主创新的优惠政策，支持创新型骨干企业组建研发机构，激发中小企业创新活力，鼓励大型企业加大研发投入。通过加大自主创新产品政府采购力度的方式，促进一批主业突出、拥有自主品牌和核心竞争力的领军型企业。

第五，加强技术标准和知识产权建设。建设自主创新标准化工程平台，实施自主知识产权技术标准的培植工程。加强产业标准的制定工作，鼓励开展和参与各类标准的制定修订工作。深化广东省内的知识产权战略合作，建成一批国家级和省级知识产权试点示范区。加大市场监管和知识产权保护力度，健全技术性贸易壁垒预警、应对和防控机制。完善面向全省的专利信息服务平台，培育和发展知识产权中介机构，健全全省知识产权交易市场网络，提高知识产权服务和管理水平。

第六，大力推进管理创新和商业模式创新。制定完善支持企业管理创新和商业模式创新的激励政策，提升企业商业运营能力和市场竞争力，促进企业提高生产经营效率效益和扩大市场占有率。鼓励企业借鉴国内外先进经验，大胆探索灵活多样的管理模式和机制。支持企业开发使用信息管理技术、开展产业链融合重组、推进运营模式创新。培育和弘扬有广东特色的企业文化和企业家创新精神，建立完善职业经理人交流市场、资格认定系统、继续教育培训机制。

4. 浙江省

浙江以科技强省、教育强省和人才强省为目标，大力提高科技创新能力，加快教育改革发展，发挥人才资源优势，推动经济社会发展向主要依靠科技进步、劳动者素质提高和管理创新转变。

第一，推进国家技术创新工程试点省建设。开展创新型企业、面向产业集群的创新平台和载体、主导产业技术创新战略联盟、优质科技资源集聚发展、高新技术产业园区二次创业、重大科技专项、成果转化推广和企业创新人才引进培育等“八个一批”试点，支持青山湖科技城等重大科技创新基地、重点创新平台和载体建设，加快构筑以企业为主体、市场为导向、产学研相结合的区域创新体系。加强主动设计和联合攻关，实施十大重大科技专项和十大科技成果转化工程，发明专利授权量力争突破 10 000 件，高新技术产业增加值占工业增加值的比重力争达到 30%。

第二，增强企业自主创新能力。开展创新型企业试点，建成 50 家以上国家级创新型企业和 500 家以上省级创新型企业。建设国家信息、软件、生物、新材料高技术产业基地和国家高技术服务业基地，推动省级高新技术产业园区扩容升级，建成 300 家产值 10 亿元以上的国家高新技术企业。加快建设企业孵化器和大学科技园，建成 200 家重点科技企业孵化器，培育 10 000 家科技型中小企业。积极引导优质创新资源向企业集聚，优先在行业龙头骨干企业、高新技术企业和战略性新兴产业领域布局建设一批国家和省级重点（工程）实验室、工程（技术）研究中心、企业研究院、高新技术研发中心和企业技术中心。

第三，完善科技创新体制机制。深化科技计划管理体制改革，优化科技资源配置，加快建立有利于科技成果产业化的体制机制。鼓励发展科技中介服务，完善科技成果评价奖励制度。加大政府对基础研究和科研条件建设的投入，全面落实企业研发投入加计扣除、研发设备加速折旧、所得税减免等激励政策，完善和落实政府采购及首购政策。推进重大科技基础设施建设和开放共享，促进科技和金融结合。实施技术创新与知识产权战略、品牌战略和标准化战略，加强知识产权的创造、运用、保护和管理①。

（三）启示

国内外的科技政策体系反映了未来的发展走向，为江苏省"十三五"适应创新驱动发展的科技政策体系设计带来一定的启示。

1. 减少政府对资源配置的过度行政化，提高企业创新的主动性

政府在技术创新体系中具有不可替代的公共性职能。政府工作适当，可以较大程度地推进企业技术创新体系建设，促进地方经济发展。具体来讲在企业创新过程中，政府的主要职能是依靠政府资源的强制力和引导作用，通过运用法律、法规、规章等手段和措施来矫正市场机制的内在缺陷，改善市场环境，提高资源配置效率，贯彻国家意图，实现社会福利最大化。例如OECD国家对于清洁能源、智能电网、可再生资源方面的历史性投资；上海通过政府采购业务来支持创新等。但是江苏企业在创新过程中较多地体现了行政色彩，忽视市场机制的作用，在一定程度上影响了企业创新主动性的发挥。根据国内外的发展经验，江苏省应减少政府对资源配置的过度行政化，加强提供公共物品，提高企业创新的主动性。

2. 增强企业创新能力，提高产学研合作水平及效果

江苏省科研力量主要集中在高校和科研院所，企业科技人员"集中度"过低，无法形成有竞争力的研发能力。此外，合作各方利益分配机制也存在不合理的地方，产学研合作一般以成果为中介或以项目为中介，但是合作过程中难以判断各方的投入、风险等方面情况，导致利益分配不公，影响合作的水平及效果。根据国内外发展经验，产学研合作水平和效果的提升，最终需要提高企业的创新能力，企业创新能力又正向促进产学研合作。因此，构建以企业为核心，产、学、研密切结合的创新系统，是提高江苏自主创新能力的重要方式。江苏省应探索产、学、研有效结合的新体制、新机制，切实促进高校、企业与科研院所多方合作，通过提高企业的自主创新能力和市场竞争力，最终提升江苏省的自主创新能力。此外，政府要进一步引导产学研合作向纵向深化发展，制定相关政策法律对参与合作各方的行为予以约束，建立产学研合作创新的风险共担和利益共享责任制度。

3. 鼓励创新资金投入多样化，特别加强企业研发投入力度

无论集成创新，引进消化吸收再创新，还是原始创新，都必须有大量的研发资金来支持。放眼世界，像美国硅谷、中国台湾新竹工业园、印度班加罗尔"科技之都"等都是采取了如下方式，即坚持以政府财政资本投入为引导，民间资本为主要来源，国外创业资本为有效补充，形成较为完善的区域高新技术产业发展的资本环境。江苏省在借鉴国外发展经验的基础

① 浙江省"十二五"规划纲要[EB/OL]. http://www.zj.xinhuanet.com/website/2011-01/26/content_21953098_10.htm.

上，要充分发挥政府财政资金的引导作用，激励企业开展科技创新。此外，还应完善相关金融政策，引导各类金融机构支持科技成果产业化。只有大量创业资本不断涌入，并且与先进科研成果相互选择、结合，才能解决江苏省科技型中小企业在创业、科技成果转化阶段融资“瓶颈”的难题，同时有效实现科研成果产业化、市场化，最终实现江苏省产业结构的转型和升级。

4. 关注区域经济差异，制定差异化政策

由于经济发展水平不均衡，江苏省目前存在三大发展梯度，且各梯度间的差距比较明显。其中，苏南地区的经济和社会发展水平最高，苏中第二，苏北最低。上述三个地区的自主创新能力同样以苏南、苏中、苏北逐次递减，呈现出明显的区域不平衡特征。无论从创新的投入还是产出的情况来看，苏南地区在江苏省内拥有绝对优势。因此，针对江苏省内地区的发展现状，在制定地区创新战略时应综合考虑到三个地区的差异性，并制定出体现各地特点的自主创新方案。例如，对自主创新基础较弱，经济发展水平较低的苏中、苏北地区，应努力提高其学习能力，采取鼓励外商投资，通过外资技术外溢，学习其先进的技术及管理经验，进行消化吸收再创新，逐步实现自身自主创新能力的提高。对自主创新基础扎实，经济发展水平最高的苏南地区，应鼓励其进行原始创新，形成自主品牌，发展自主知识产权，加强其集成创新能力，形成单项相关技术的集成创新优势，努力实现关键技术领域的整体突破。

5. 继续推进知识产权战略，加强知识产权人才培养

实施知识产权战略有利于规范企业的现代管理制度，优化其资源配置，降低成本；降低潜在的侵犯其他企业知识产权的法律风险，保护企业自身的合法权益；推动知识产权成为企业新的、潜在的利润增长点，通过知识产权交易等策略实现其资本扩张与市场垄断；全面提升企业的核心竞争力，持续提高企业的创新能力。在国内外均大力推进知识产权战略的情况下，江苏省要重点培育扶植企业的知识产权保护与利用的手段和意识，引导企业遵循市场规律，在市场竞争中增强其知识产权的创造、利用、管理与经营能力。同时需要加强知识产权人才的培养，为知识产权战略的实施提供高水平服务。

四、“十三五”完善科技政策体系的战略定位及总体思路

（一）战略定位

“十三五”期间，江苏省科技政策体系将遵循“系统性、协同性、开放性”标准；以“适应创新驱动发展战略、服务‘两个率先’目标、衔接自主创新示范区建设需求”为主要目标；贯彻落实全省深入实施创新驱动发展战略暨建设苏南国家自主创新示范区工作会议精神，深入推动科技创新工程，以创新型省份建设为主要抓手；进一步促进科技与经济社会发展紧密结合，服务产业转型升级和高端化发展，着力将江苏打造成为具有全球影响力的产业科技创新中心，为“迈上新台阶、建设新江苏”的发展定位提供有力的政策支撑。

1. 适应创新驱动发展战略

江苏素来高度重视科技创新和发展，“十二五”以来，江苏省率先提出并大力实施创新驱动核心战略，深入推进科技创新工程，创新型省份建设实现重要跃升。但是和发达国家以及先进省市相比，江苏省创新投入、创新能力、创新效率和创新体系建设仍有差距，特别是科技与经济相互脱节现象依然存在，科技投入产出不够匹配、“产学研用”结合不够紧密、科技成果考评标准不够科学、科技创新体制机制不够适应等问题比较突出。因此科技政策体系建设必须要适应创新驱动发展战略的要求，针对江苏现阶段存在的问题，加强基础性前瞻性研究开发政策、强化科技成果转化政策、研发人员激励政策等，着力构建适合创新驱动发展的体制机制，加快实现经济社会发展从要素驱动、投资驱动向创新驱动的根本改变。

2. 服务“两个率先”目标

实现“两个率先”，必须把经济发展抓好，要打好这场“硬仗”关键还是转方式、调结构。当前经济发展进入新常态，表现出的是增长速度的换挡，根本出路是增长动力的转换。近年来，江苏按照调高、调轻、调优、调强的思路，在结构调整上已经取得了新进展，但总体上看，江苏省产业结构仍然处在结构链条的中低端，资源环境约束更加明显、传统比较优势趋于弱化，依靠成本要素驱动、大量投入资源和消耗环境的经济发展方式已经难以为继，对科技创新提出更紧迫需求，也形成更强大的倒逼机制。因此，江苏省科技政策体系要借鉴发达国家、省市的经验，面向科技改革创新，从增强自主创新能力和深化科技创新体制改革两个方向发力，既要牢牢把握科技进步大方向、产业革命大趋势，进行良好布局；又要面向世界科技前沿，面向江苏省重大需求，面向国民经济主战场，精心设计和大力推进改革，让市场真正发挥配置创新资源的决定性作用，让企业真正成为创新的主体，让大众创业万众创新动能充分释放。

3. 衔接自主创新示范区建设需求

2014年10月，国务院批复设立苏南自主创新示范区。总书记在视察江苏时特别指出，“这是我国首个以城市群为基本单元的自主创新示范区”。苏南地处长三角核心区，是科教资源最丰富、经济社会最发达、现代化程度最高的地区之一，具备建设自主创新示范区的良好基础和条件，当然也到了不加快创新就难以实现进一步发展的关键阶段。建设国家自主创新示范区，对苏南破解发展瓶颈、加快转型升级、探索基本现代化路径具有重大而深远的意义。因此，江苏科技政策体系建设要努力衔接自主创新示范区的建设需求，充分发挥苏南科技人才优势和开发开放优势，积极探索示范区建设新路子，通过先行先试，为创新驱动发展提供可复制可推广的成功案例和实践经验，为创新型国家建设做出新贡献。

4. 服务产业转型升级和高端化发展

当前中国已步入“后工业化”时代，发达国家已着手实施“工业4.0”战略，江苏省在“十二五”期间已完成从“制造大省”向“创新大省”的转变。在此大环境下，江苏发挥既有优势，以推进产业高端发展为主攻方向，着力增强产业自主创新能力，大幅提升高新技术产业对经济增长的贡献份额，大幅提升高新技术产业的结构层次已势在必行。科技政策体系在此过程中应发挥引领和支撑作用，通过对创新主体的资金投入、人才支持、环境营造、需求培育服务产业转型升级及高端化发展，着力将江苏打造成为具有全球影响力的产业科技创新中心和具有国际竞争力的先进制造业基地。

（二）总体思路

1. 政策体系结构调整

严格来讲，科学政策和技术政策是两个相互区别又相互联系的概念。前者的政策目标是促进科学知识的生产，建立科学研究和人力资源的基础，加强知识的国际联系；后者的政策目标则是促进产业技术知识的发展及其商业化，获取生产新产品和新服务所需的技术和技术能力，建立技术自主决策的能力。从各自关注的政策工具看，前者包含财政投入、公共研发机构、税收激励、高等教育、知识产权等；后者则包含政府采购、对战略性产业的公共支持、产学研合作、劳动力培训和技能提升、技术标准、技术预见、不同产业部门之间的标杆对比等。

当前科技创新政策较多侧重科学政策，技术政策工具运用不够。一方面，技术创新对经济发展的推动力量越来越大，需要有与产业政策相适应的科技政策；另一方面，随着科学—技术—生产的一体化，科研机构、高等院校与企业在开发领域的合作日趋增多，需要有能消除三者之间矛盾，调节利益的科技政策。而这些都隶属技术政策的范畴，因而在科技政策体系中突出技术政策目标，加强技术政策工具的比重十分必要。

2. 政策工具补充

需要加强需求侧科技创新政策工具的创新和使用，起到培育和规制市场的作用。一方面可通过使用政府采购、价格补贴、实施重大应用示范工程等政策工具鼓励企业开展自主创新，促进企业创新成果产业化。另一方面通过确定重点支持的技术领域及技术标准，提高企业创新的水平和档次，避免量大质次的尴尬，避免走重复低端的老路；同时也要加大对民营企业、小微企业的创新支持，令公共科技资源配置向其倾斜，充分释放其创新活力。

3. 政策实施力度和形式的调整

不同的技术领域和产业领域，不同的企业规模都会影响到特定政策的有效性，“一刀切”的模式存在局限性，政策落实难，有效性差等问题很大程度上与之有关。因此，结合上述因素适当调整政策实施力度和形式十分必要。例如，需合理确定直接资助领域与资助规模。政府财政拨款、贷款贴息等直接资助形式更适用于产业基础设施建设、产业关键共性技术研发等带有公共品性质的领域。且不同产业领域政府直接资助净效应不同，在净效应较高的产业，政府直接资助能带动企业更大的投入，而净效应低的产业领域，直接资助反而抑制企业投入，所以应结合不同产业特点确定直接资助规模，而非一味加大直接资助规模。再譬如，项目资助形式应根据创新风险承担采取不同的资金拨付方式。科技创新项目大致可以分为基础研究、应用研究、产业化项目、科技型初创企业扶持以及人才项目，依据项目成功概率(与风险成反比例)、前期基础、收益率、收益内部化程度(外部性大小)、市场风险以及主体的努力程度,采取不同的资助方式和支持资金的拨付方式。

五、完善“十三五”科技政策体系的对策建议

(一) 推进措施

1. 基础研究激励措施

对于江苏省这样的先进区域来说,以应用型科技发展为主,但是应该选择几个与本地应用型技术发展相关的基础研究,而且不应该是基础科学,而是聚焦基础技术,以便提高区域创新可持续能力。

当前重大技术创新不再是与某个自然规律的直接联系的基础技术开发,而是多条自然规律的综合创新,更多的是跨一级学科的融合与整合性创新。一是对于每个主导技术领域江苏省宜建立一个基础科学研究基地,如果其他地方创新人才有能力从事基础科学研究,应在已选择的基础科学研究基地内设立研究员岗位,集聚此类人才。客观来说,许多高校与科研院所在基础研究能力方面较弱,所以研究基地不宜普遍撒网或搞平衡战略,也不宜搞多批次的创新基地审批。二是基础科学研究基地的管理可创新激励措施,研究员采取高薪聘请,竞聘上岗,3～5 年为考察期,成果考察可与国际统一,不合格者考虑辞退。三是制度长期化,给有能力从事基础科学研究的年轻人在人生规划中一个良好的预期和判断依据。

2. 应用研究激励措施

应用研究应该指向产业化。相应激励措施如下:一是对于特定应用技术发展领域鼓励集团申报为主,以新能源汽车为例,制定应用技术创新纲要,以核心技术产学研合作为牵头者,自主开展国内外合作研究,整合系列外围应用技术创新团队,整合产业化承担单位,采取集团申报。这样可整合创新资源、可集中创新资金实施重点突破。二是项目以最终产业化为评价标准,包含应用技术研究、产品中试、小批量生产及试销阶段,试销成功才可作为项目成功结项。三是系列相关技术开发由牵头单位组织发包、审核、监督和成果评价,科技管理单位负责资金拨付和使用审计。四是集团申报应该有风险资金和成果应用单位的自筹资金加入,其中专业私人风险资金的比重不低于 5%,成果应用单位的自筹资金不低于 50%,科技创新支持资金不高于 40%。五是研究人员可直接开具研究劳务费,并于所在单位的工资合并征收个人所得税,其他支出都应该是有组织支出的转账结算。六是设立项目达标、良好和优秀线,对牵头单位的科技能力进行打分,并与以后的创新项目申报挂钩。低于达标线追缴创新支持经费的 50%。七是严格做好科技经费的审计工作。

3. 产业化扶持项目激励措施

政府支持科技创新成果转化与产业化,旨在帮助那些具有良好发展潜力又缺乏资金的项目。目前现实存在的矛盾是政府有时不能有效甄别相关项目的发展潜力,但是支持科技

型中小企业的社会经济发展效应又是十分巨大，政府支持是必要的，因此在遴选支持对象方面应慎重设计激励机制。一是鼓励新项目的产业化成立新公司，实施独立核算与有限合伙人股权制度。二是政府产业化扶持资金持有种子基金、天使资金等私募早期股权风险投资资金的股份，股份不超过20%；承诺在股权分红时只要求获得一般权益人的30%～50%，前提条件是投资对象必须在江苏省产业化项目资助对象以内。三是鼓励风险投资基金向已获得早期风险投资的科技型初创企业，给予资本利得税地方补贴。四是鼓励科技金融部门向已获得私人风投资金的项目贷款，给予50%的利息补贴。五是鼓励针对科技型企业进行收购与兼并，依据专家库针对科技含量给予专业性分析；鼓励科技企业家回购风险投资及政府资金的股份，一旦有政府投资部分，则政府部分被购回时可让渡30%～50%的超额收益。六是鼓励科技型企业在创新板块上市。

4. 科技人才集聚的激励措施

创新人才是区域创新能力的根本，人才兴省应是长期发展策略。江苏省应塑造良好的创新创业环境，促进科技人才集聚。一是基础研究型人才由基础研究基地自由招聘，高薪聘请，定期考核，不合格辞退，不达标追回经费的30%～50%。软科学研究同此理。二是应用技术创新人才以形成生产力为标准。鼓励合作创业，给予多方位的支持。在资金支持方面用入股支持替代拨款支持，且与私人风投资金一起入股，以降低选错对象的风险。对于纯粹的技术开发人才，鼓励多个团队合作申报重大应用性技术创新项目。三是政府设立一些培养性科技人才创新资金，旨在鼓励青年科技人才独立进行探索性研究。作为生活补贴项目经费在3～5万元(目前价格和消费水平下)之间。取消项目经费报销制度，依托单位的配套资金先上缴科技管理单位，所有经费再一次性拨付。成果形式可以是学术论文等，但是项目到期不满要求者，追缴经费的30%；不满足项目要求项目，可延期1年，再不满足要求者，再追回项目经费的20%；所有追回经费按照先前拨付的比例返还原单位，政府部分可用于奖励完成优秀者。四是领军人才可以一次性给予高额的引进费用，设立达标、良好和优秀线，不达标者追回引进费用的50%。其研究经费按照前面的基础研究和应用研究经费获取渠道参与竞争。

(二) 体制机制创新

1. 科技管理体制改革措施建议

一是成立科技创新领导办公室，尽可能集中更多的科技创新管理权限，实现统一管理。许多发达国家的科技管理体制都是由一个部门统一管理，其他各功能部门做出发展计划，多个部门参与科技创新资源分配方案的讨论与决策。然后依据既定方案，由统一的科技管理部门来执行，包括科技资源的分配，科技创新项目的审查、监督与评定，科技创新补贴发放以及税收减免的核定等工作。相关改革措施建议如下：其一，尽可能收回一些部门以及下级行政机构的科技管理职能，要求地方财政配套的创新资金，也统一上缴，然后由统一科技管理部门来拨付与管理。实现一站式科技管理与服务，降低多头管理，降低层次“抽租”现象，降低创新主体的“跑关系”时间。然后，由监督部门设立网络投诉中心，实现对该科技创新管理部门的行政人员进行监督。其二，下级市县区自主设立的地方科技创新体系，可参照省级管理模式，但是每一级别的科技创新目标实现统一顶层设计和科技创新资源实现统一分配。

二是以目标化、程序化、透明化、可追溯性为原则来规范科技管理制度。“人治”对科技创新的破坏力极强，但是科技管理和科技资源配置的许多环节也离不开人的能动性，因此需要设计一系列机制体制来约束与规范管理者与专家的行为，使之目标与地区科技发展的目标具有一致性。本书提出系列建议措施如下：其一，在科技创新产出合理度量的前提下，对所有科技专项资金设置资源投入产出效率指标，以该指标对科技专项资金的负责人进行考核。该措施旨在提高科技资源配置的目标化，降低因平衡多方力量、寻租以及表明政绩而造成的行政扭曲。其二，与科技创新相关的办事流程程序化、透明化。所有科技创新相关办事流程写成电子档上网或服务大厅的电子显示屏中，所有聘请专家的程序和专家名单可随意查询，提高资源配置透明化程度，降低办事人员“设租”空间。其三，规范评审专家的管理，广泛设立专家库，针对特定类别项目，依据专家特长关键词和项目类别高度匹配为原则，专家组成员由计算机随机抽取，尽可能切断行政人员、专家和创新主体之间的关系链。特定项目审查与结项的专家组应保持一致性，并依据该项目的投入产出效率对专家打分，对于特定专家参与多个项目的打分进行年度加总、评级与评奖。同时，其分数应与该专家申报项目挂钩，这样可最大程度提高专家的责任心、破坏关系网络和圈子，提高科技创新的效率。

三是项目资助形式应根据创新风险承担采取不同的资金拨付方式。科技创新项目大致可以分为基础研究、应用研究、产业化项目、科技型初创企业扶持以及人才项目，依据项目成功概率（与风险成反比例）、前期基础、收益率、收益内部化程度（外部性大小）、市场风险以及主体的努力程度，采取不同的资助方式和支持资金的拨付方式。其一，对于基础性科学研究，根据创新主体已有的研究设备判断拟购买的研究设备的合理性及其胜任程度，并根据拟引进设备部分一次性拨付，科学研究与实验发展部分可初期拨付70%，中期检查合格后拨付30%。其二，对于应用研究部分，应获取非科技管理部门支持经费，作为项目价值的信息印证，外部经费不低于科技支持经费的50%，且外来经费先上缴科技管理部门，然后由管理部门统一下拨，同时三方关于科技成果的归属问题签订合同。拨付方式同基础性研究。其三，对于科技人才项目支撑资金，要求人才在本地就业，特殊人才不低于6个月，同时签订基于研究领域的成果归属合同，比如人才甲研究物理学，自2015年1月1日作为有机发光体材料领域领军人才引进，合同期至2017年12月31日，那么直到2019年12月31日甲在有机发光体材料领域的研究成果都应该属于或部分属于江苏省拥有。关于人才的支撑资金，拨付方式以初期30%，以后按照年度平均的方式为宜，且引进合同应设置达标线、良好线以及优秀线，达标线以下追缴支持资金的30%～50%。其四，关于产业化项目和科技型初创企业，政府支持资金宜采取担当风险资金角色，是否给予风险投资，作为信息印证，依赖于该项目能够拿到多少私人风险投资机构的支持。对于那些具有市场收益的创新项目，应该要求创新主体依据该项目积极获取私人部门，尤其是比较成熟的风险投资机构的认可。

四是科技管理政策措施出台具体到操作层面，应设立自由评价平台。科技管理政策与措施等软科学研究可采取两种更好的方案：其一，发布项目信息，第一中标者承担项目，首批获得经费的45%，第二、三名对结题材料进行评价与攻击，根据攻击者否决承担者的多少，由管理者仲裁，三方分配其余的45%；其二，选择前一、二名中标者承担项目，最终合二为一，由管理者仲裁，双方分配经费的90%。政策措施公示期，相关社会人员都可以参与评价政策措施的好坏，把其余10%经费奖励给出替代方案者，如果没有则按照先前比重分配给各方。

五是把专家库与知识产权司法联系起来，完善知识产权司法资源。完善技术创新环境，更重要的是知识产权侵权司法的有效性。知识产权司法有效性来自：其一，创新主体的知识产权界定清楚；其二，司法部门有能力判别侵权程度；其三，低成本、及时解决知识产权纠纷，并强制执行。总之，为实现创新驱动战略，江苏省应该在保护私有权益方面加大力度。

2. 科技统计改革措施建议

一是确定合理的科技产出指标。建议措施如下：其一，对于高技术产业产值应根据产品类统计，代表区域产业技术发展程度的产出指标，依据国家或省级确立技术领域，判断产品是否属于高技术产品，然后根据增值税发票来统计高技术产品产值。其二，对于新产品产值，区分科技型初创企业、老企业自主研发和技术引进、外来投资、本地企业跨地区投资以及模仿性初创企业的新产品，应该区别对待。对于前两种，无论是否获得科技创新资金支持，都应该到管理部门备案，后三种不应该算作科技创新产出的新产品统计。可用于区域经济发展的新产品统计。对于本地区企业跨地区投资，比如苏州向淮安投资，在省级层面不应该用于区域经济发展的新产品统计，可作为淮安的新产品统计。其三，对于知识产权授权量，政府应该取消知识产权申请资助，可保留或强化申报服务功能，否则破坏创新主体在申请知识产权保护中的成本收益平衡，以至于知识产权泛滥。再者，其他科技创新项目的申报资格审查或科技人才引进或科技人才的职称审查都不宜给予申报者知识产权保有量指标过高的评价，毕竟政府对知识产权的申报审查主要依据申报材料，鉴别能力有限、鉴别成本过高，否则刺激创新主体过度申报，而损害作为创新产出主要指标的功能。

二是科技统计直接由省级统一统计，然后统一公布。为了规避各级行政单位虚报科技创新成果，科技成果统计采取如下措施：其一，尽可能由省级科技统计单位设计申报“直通车”，采取创新主体网络申报方式，然后由省级单位统一管理数据库，不可更改的数据库能够公开最好。其二，每一个统计指标应该有印证的指标，比如高技术产品或新产品可由增值税发票来印证，从而要求不同数据库之间的联网。印证指标的选择最好是从创新主体看来刚好相反，比如创新成果指标是越大越好，而相应的税收指标是越小越好，从而这两个指标之间的印证效果最好。

（三）保障条件

1. 政府的作用与行为约束

由于创新创业活动与创新创业环境的发展是相互依存、共同发展的一对现象。因此，对于特定区域营造创新创业环境来说，无论政府能否有效干预微观科技发展，至少在早期政府的积极介入是必要的，作为区域科技进入良性循环的助推剂。一旦创新创业活动与良好的创新创业环境形成循环因果累积的正反馈效应之后，政府的干预领域就可以不断后退。

一是创新创业具有高度的集聚性和网络效应，特定或几个技术关联性较强的技术领域可组成一个创新区，包括产业化区域在内，地理范围不宜超过 15 分钟车程。同类技术只宜建立一个创新区，以免分散创新人才。

二是对于计划发展的创新创业集聚区，政府宜做出技术发展预见，并针对不同类别的技术，其创新组织形式有所不同。比如战略性新兴产业在选择产学研合作类型时，节能环保产业和生物产业倾向于校企合作，新能源产业与新能源汽车产业倾向于企研合作，新一代信息技术与新材料产业倾向于与境外合作，而高端装备制造业更倾向于企企合作。

三是政府应筹集可观的资金用于支持创新创业活动。政府对创新创业活动的资助方式应该有所区别，包括基础科学研究、应用科学研究、科技人才培养、科技领军人物的引进、技术成果的产业化、科技型初创企业等。所有项目都应该对项目实施的效果与成果进行预设，对研究成果进行客观的评价，对不合格研究项目进行追究，也要对科技项目本身的实施效果进行追究，比如南京市 321 项目。应用研究应该以创新创业集聚区的核心产学研合作为牵头，开展集团式开发，计划目标应该分等级控制与责任追究。对于科技成果产业化和科技创业扶持项目，政府资金应该以入股方式为佳，并与私人风投机构结伴注资。

四是规范科技管理部门的行为，提高政府的服务效率，尤其是具体负责人和办事员的行为，以免损害区域创新环境。对于流动性较高的创新型企业、风投机构、创新人才，地方政府的规范服务和服务效率在其区位选择中具有十分重要的影响力。应通过群众监督而非上级监督下级来规范行政人员行为，比如某个行政人员的年终考核时，他所服务的每一个对象都可以通过网络给予 1～5 分的投票。

2. 培养创新创业文化

一是提高商业运作和商业环境的认知，建立创新创业展览馆，尽可能把商业模式、商业合同类型及其风险与收益说明清楚，把规避及分摊风险的方式说明清楚，以便提高认知，增进人们在商业方面的思考。二是建立商业文化与价值观，在教育领域广泛开展科普教育、科技的商业价值以及普通人成就科技创新的英雄故事。三是在高等教育领域开始“技术与创业”专业以及创业类选修课、实践课，在社会上广泛开展创业教育，比如谷歌在以色列建立“妈妈创业培训中心”，为已怀孕到婴儿在 2 周岁以内的妇女免费提供创业培训，并协助融资。

（执笔人：赵顺龙　吴　琨　费钟琳　黄幸婷　陈同扬　姚山季　刘新艳　万　淼）

参考文献

[1]“十二五”科技创新成果新闻通气会[EB/OL]. http://www.jstd.gov.cn/gzcy/xwfb/

2015/11/09141048218. html.
[2] 2012 年江苏科技[EB/OL]. http://www. jscastd. com. cn/index. php/index/detail/aid/128/pid/7. html.
[3] 2012 年江苏科技工作基本情况[EB/OL]. http://www. jstd. gov. cn/zwgk/jhzj/20130403/112956093. html.
[4] 江苏知识产权强省建设初见成效[EB/OL]. http://www. cnipr. com/news/gndt/201303/t20130325_175533. html.
[5] 费钟琳,王京安,许景.战略性新兴产业培育与集群发展的机制路径——基于江苏实践的研究[M]. 北京：经济管理出版社，2013.
[6] 美国创新战略的三个阶段及对我国的启示[EB/OL]. http://www. mianfeiwendang. com/doc/7f296848e34b74eec83b74af/2.
[7] 后危机时代德国发展高新科技的战略及对我国的启示[EB/OL]. http://m. xuehuile. com/thesis/fbb19b930ca2423ea406c113cd862194. html.
[8] 浙江省"十二五"规划纲要[EB/OL]. http://www. zj. xinhuanet. com/website/2011-01/26/content_21953098_10. htm.
[9] Zhong X, Yang X. Science and Technology Policy Reform and its Impact on China's National Innovation System[J]. Technology in Society, 2007, 29(3):317 - 325.
[10] Singh L, Singh B. National Innovation System in the Era of Liberalization: Implications for Science and Technology Policy for Developing Economies [J]. Mpra Paper, 2009.
[11] Cheng A. Evaluation of Science and Technology Policy Mechanism with Decision Support System: the Case of Taiwan[J]. 2010.
[12] Mugunieri G L, Omamo S W, Obare G A. Impact of Agricultural Science and Technology Policy System Institutions on Efficiency and Technical Progress in Developing Countries[J]. Journal of Agricultural Science & Technology, 2011, 13(1):1 - 15.
[13] Yim D S. Korea's National Innovation System and the Science and Technology Policy [J]. Science & Technology Policy Institute, 2011.
[14] Godiah L M. Structure of Agricultural Science and Technology Policy System [J]. 2012.
[15] Nagata A, Kobayashi T, Hasegawa K, et al. Development of the Case-Based Reasoning System for Regional Science and Technology Policy: An Interim Report[C]. Portland International Conference on Management of Engineering & Technology. IEEE, 2014:135 - 139.

第八章 江苏省科技体制改革的重点领域、思路和举措

江苏要成为具有核心竞争力的创新型省份，科技创新至关重要，而科技创新中的组织体系和运作机制是其基础和保障。通过构建完善的创新体制，形成良好的运作机制，可以更好地激发大众创业、万众创新的热情，进而推动创新体系中各要素之间的互动。发挥政府在创新中的主导作用，关注科技进步对创新型省份建设的支撑和引领作用，完善适合江苏省特点的科技创新体制和机制，对推动经济社会的可持续发展具有重大意义。

一、"十二五"江苏省科技体制改革现状

(一)"十二五"江苏科技体制改革取得的成就

"十二五"期间，江苏科技体制改革工作走在全国的前列，取得了显著的成效，突出表现在：初步建立了与社会主义市场经济体制相适应的新型科技管理体系，计划管理和市场调节的综合优势逐步得到发挥；初步建立了一支人员精干、结构合理的从事基础性研究、高技术研究、重大科技攻关和社会公益性研究的科技队伍；初步建立了一批面向市场、直接服务于企业的科技开发和技术服务机构，企业的自主创新能力得到进一步提高。

1. 创新型省份建设扎实推进

为了加强科技进步与创新，全面提升自主创新能力和内生发展动力，2011 年，江苏省省委、省政府下发了《关于实施创新驱动战略推进科技创新工程加快建设创新型省份的意见》，并制订了包括科技创新工程在内的"八大工程"统计监测指标体系，建立了推动全省科技创新的工作机制。该意见从强化企业技术创新主体地位、建设高水平创新型园区、农业和社会发展领域的科技创新等方面，着手规划制定全省的科技战略规划。

2013 年，科技部批准江苏成为全国首个创新型省份建设试点省，省政府出台了《创新型省份建设推进计划(2013—2015 年)》，为推动全省科技创新、加快建设创新型省份起到了重要的作用。该计划将 2011 年的实施创新型省份的意见具体分解到各个部门，通过 3 年时间，争取率先走出一条具有江苏特色的创新型省份建设路子。纵观"十二五"时期，全省的科技工作基本按照上述意见和计划稳步推进，迄今也基本达到了文件所提出的期望。

2. 科技组织体制重大创新

“十二五”期间，江苏省重大的科技组织体系创新成果是苏南国家自主创新示范区和江苏产业技术研究院。这两个新组织形态的出现既是江苏深化科技体制改革面临的新机遇，也是江苏为科技创新发展探路的新使命。

① 苏南国家自主创新示范区。建设苏南国家自主创新示范区，可以发挥好苏南的经济、科技和开放优势与特色，推进科技与经济紧密结合，可为推动实施创新驱动发展战略打造中国经济升级版发挥好示范、辐射和引领作用，并推动整个苏南区域的产业协同发展。

② 江苏省产业技术研究院。江苏省产业技术研究院是江苏创新体系的重要组成部分，也是江苏深化科技体制改革的重大突破和试验田，将形成高校科研机构、企业研发机构和产业技术研究院“三驾马车”并驾齐驱的社会研发体系，从根本上提高江苏产业的整体实力和国际竞争力。

3. 科研院所改制成效逐步显现

江苏省科研院所的改革一直走在全国前列，尤其是开发型科研院所的改制和发展在全国具有一定的示范作用。2000 年，江苏省正式启动了全省科研机构的改革转制工作。“十二五”以来，科研院所改制的成效已逐步显现，大部分改制科研院所都顶住了改革和市场的压力，在激烈的市场竞争中生存下来，并且走出了深化改革、发展壮大的新路子。改制成效主要体现在以下几个方面：

① 科技人员意识积极转变。科研院所的改制实践，促进了科技人员思想观念的更新，从过去的习惯了吃“大锅饭”和“等、靠、要”，转而增强市场意识和竞争意识，逐渐由最初害怕改革、抵触改革发展到后来的支持改革、积极投身改革，亲身感受到改革带来的竞争压力和发展机遇，科技人员创造性、积极性空前提高，潜在的能量和热情被激发，对于解放和发展生产力有重要的推动作用。

② 现代企业制度逐渐建立。科研院所改制为具有独立法人资格的企业，从股权结构、组织架构、议事规则、内部运行管理制度等方面都产生了根本性的变化，彻底打破了传统的管理体制和运行机制，初步按照现代企业制度要求建立了新的管理体制，为改制后的持续发展奠定了体制基础。改制后的科研院所普遍实施了人事、用工、收入分配制度的企业化改革，形成了经营者能上能下、人员能进能出、收入能增能减等机制，加强了内部的考核、激励及约束机制的建立。

③ 科研创新能力显著增强。改制的科研院所是省内各领域、各行业科技创新工作的主要阵地，改制为科技型企业后，随着经济实力的提高，研发投入力度逐步加大，创新能力不断增强，科技产业得到较快发展。包括国家重点实验室、国家工程技术中心、省部级重点实验室、省部级工程技术中心和企业院士工作站等创新平台的建设，为改制院所在人才引进和培养、科技成果转化以及产业化方面奠定了扎实的工作基础，科研创新能力大幅提升。

④ 经济实力大幅攀升。首批开发型科研院所改制后，人才队伍迅速壮大，科研投入不

断加大，经济产值增长迅速，市场竞争能力显著增强。改制科研院所在职人员及专业技术人员数量迅速增加，总产值、利润和上缴税收成倍增长，总资产和科研开发经费也显著提升，这些变化比较直观地反映了开发型科研院所改制以来的发展成绩，也充分说明了江苏科技体制改革工作取得的重大进展和成效。

4. 企业创新能力着力提升

江苏省将提升企业创新能力作为全部工作的重中之重，“十二五”期间，为了激发企业创新内生动力，实施了多项精准指向企业创新能力的工程、计划和政策：

① 提供金融支持。江苏是全国第一个科技和金融结合试点省，为切实缓解科技型企业融资难问题，全省各地大力推动科技金融工作向纵深推进。全省各级政府注重以建设风险资金池为突破口，引导各类资本投向科技小微企业。改革财政资金使用方法，加大风险补偿比例，通过省、市、县联动，进一步扩大科技金融风险补偿资金池规模。

② 落实科技政策。2012 年起启动实施科技政策落实行动计划，深入推进“千人万企”行动，建立了“两员两团”工作机制和“科技创新工程统计监测指标体系”，广大科技政策辅导员和税收征管员深入企业，强化服务。同时，建立了科技、财政、税务等部门参加的协调推进机制，将科技政策落实情况与科技计划项目立项、厅市会商和科技进步考核挂钩。

③ 培育科技企业与队伍。为加强江苏高新技术企业队伍建设发展，大力推动企业自主创新，2012 年江苏省科技厅制定了《科技企业培育百千万工程行动计划》，并配套印发了《高新技术企业培育实施方案》。截止 2014 年底，持续建设了以 98 家创新型领军企业、1 030 家科技型上市后备企业、7 703 家高新技术企业为梯队的创新型企业群体，激发了企业创新活力。

④ 加大企业研发强度。加大企业研发机构建设力度，围绕“两推进、双提升”的目标方向，2013 年起启动实施企业研发机构“百千万”行动计划，支持建设了 107 家国家级企业研发机构、732 家省级重点企业研发机构，全省企业研发机构数量超过 10 000 家，大中型工业企业和规模以上高新技术企业研发机构建有率达 88.2%。

5. 科技服务环境进一步优化

“十二五”期间，通过产学研合作、提供平台、完善科技服务体系、加强队伍建设等措施，更好地为提升科技实力提供环境和保障：

① 促进产学研合作。积极与发达国家建立政府间产业研发合作机制，大力提升与国内著名科研院所的战略合作层次，着力打造“产学研合作成果展示洽谈会”和“跨国技术转移大会”两大工作品牌。注重国内科技资源和交流合作，深入推进与国内重点教科单位合作，完善产学研长效机制。科技镇长团是江苏首创的一项重要举措，该举措通过资源整合，推动了科技管理工作重心下移，打通科技资源、科技活动与县域经济的阻隔，全面提升基层企业自主创新能力和产业竞争力。

② 完善科技服务体系。建设各类科技服务示范区，推动科技公共服务平台向高新区、

县(市、区)集聚。还举办跨国技术转移大会,促成省内外、国内外产业成果交流与转移。启动建设产业技术创新中心,通过省市、高新区联动,在纳米技术、医疗器械、智能装备等领域,启动建设了首批3个省产业技术创新中心。

③ 加大人才培养开发。为了加大科技力量的储备,坚持高层次人才引进,大力实施青年科技人才创新专项。创业孵化载体建设,开展"苗圃—孵化器—加速器"科技创业孵化链条建设试点。科技创新培训,经常进行专题培训,注重社会科技能力和素养的提高,激发全社会创新创造活力。

(二) 江苏科技体制改革存在的主要问题及其成因

虽然江苏科技体制改革工作走在全国的前列,取得了较好的成效,但是同时也存在一些问题。

1. 科技与经济结合不甚紧密

长期以来,企业及生产需求与科技界的供给并未较好地衔接起来,科技供给不能与企业需求较好地衔接起来;企业不能大规模资助其科研开发。在计划经济体制下诞生并成长起来的各类型科研单位,多年来形成了"科研—论文—成果"的三元模式,在选题立项及科研中长期存在着科研与生产经营脱节的现象。尤其是针对应用研究与开发时,现行科技体制使得相当数量的科技人员的价值观还是以研究为导向,而非以市场为导向。同时,经营环境和制度环境的不规范,技术研究开发的风险制度和回报机制没有建立起来等问题,也是制约科技与经济联系的关键因素。

早在改革开放初期,促进科技与经济紧密结合就是科技体制改革的目标之一。然而,同是强调科技与经济紧密结合,现今与当年却面临着截然不同的经济环境。30多年前,与发达国家和地区相比,江苏经济总量和质量均不算高,但其趋势无疑是向上的。即使科技与经济结合得没那么紧密,通过劳动力的释放、基础设施建设等要素投入,也能拉动经济快速增长。事实上,江苏过去30多年高速增长的基础是巨大的追赶空间和后发优势,虽然科技在其中发挥了重要作用,但不是决定性的。这也是科技经济"两张皮"问题始终未能解决,但经济仍能快速发展的重要原因。

2. 企业尚未真正成为技术创新主体

目前,江苏省大中型工业企业科技承受主体或技术创新主体的角色并未真正体现出来,企业科技机构建设滞后、投入强度不足、开发能力较弱、科研效率和产出效益不高等问题较为突出。总体而言,江苏省产学研结合仍然不够紧密,在体制与机制上还存在一些制约因素,主要体现在:第一,合作还是以项目合作为主;第二,产学研合作的形式比较松散,组织模式有待提升和强化;第三,产学研合作协议往往对责、权、利界定不清;第四,促进产学研结合的政策法治环境有待完善。

上述问题的存在,使得在江苏以企业占主导地位并发挥主导作用的产学研结合的技术创新体系尚未健全,从而导致企业自主创新能力不强。目前,能与国际上微软、波音、三星、丰田、杜邦等顶尖创新企业媲美，甚至能与国内华为、海尔等知名创新企业并肩的，在江苏企业中也寥寥无几。

3. 科技资源配置不尽合理

目前，江苏科技力量主要布局在大学、科研院所和国有企业，而科技资源投入又以政府为主导、企业为主体，公共财政、企业和社会资金在科技投入上存在目标差异。江苏基础研究占整个科研投入的比例一直保持较低的水平；大部分科研投入投到了科研设施上，重视科研仪器设备的引进和更新；从科研机构经费来源的结构看，竞争性科研项目的比例逐年上升，保障性和经常性科研经费投入比例逐年下降。与此同时，在整个地区创新体系中，民营企业的参与程度不高，民间资本进入高等院校、科研院所共同进行科技创新的现象极少，有实力的民营企业联合高等院校、科研院所等组建产业技术创新战略联盟的情况在江苏尚不多见，还没有形成组织实施产业带动力强、经济社会影响力大的国家重大科技攻关项目和科技成果产业化项目，依靠科技创新做强做大的良好局面。

近年来，江苏省各级政府持续加大 R&D 投入力度，但同时必须看清江苏省在 R&D 投入中所处的地位，通过比较分析，江苏省 R&D 活动的基本状况可以总结如下：一是 R&D 总体投入增长迅速，但投入总量依然不足；二是政府 R&D 经费来源所占比重过低；三是相比企业而言，高校 R&D 活动欠缺；四是基础研究与应用研究所占比重的比例失调，不利于经济长期发展；五是 R&D 人员投入不足，严重影响了江苏省的科技发展水平。

4. 科技成果评价考核体系有待改进

目前，江苏科技成果评价考核制度还不够完善，存在着重立项轻结果、重数量轻质量、重产出轻应用、重短期轻长远、重物轻人等问题。存在的问题主要表现为以下几个方面：第一，在评价主体方面，科研管理者的价值导向模糊；第二，在评价内容方面，评价的价值追求既全面又综合；第三，在评价对象方面，参与性、自治性和自主性不足；第四，在评价方法方面，简单、抽象的鉴定结论已不能满足对应用性科技成果评估的专业性要求；第五，在评价研究方面，对科技成果评估的研究多集中在成果价值评估方面，综合性、实用性研究不多，尚未建立综合性的科技成果评估体系。

5. 科技资源投入效率还需提高

长期以来，人们对科技投入问题关注的焦点是科技投入的总量，却忽视了科技投入的结构与科技资源的优化配置，对科技资源的使用效率未给予足够的重视。目前，既存在科技投入不足，同时也存在浪费严重、科技资源利用率不高的现象。从投入产出的角度而言，江苏科技产出存在的主要问题如下：一是专利申请量与授权量中发明专利比例偏小，与国内平均水平相比较尚有一定差距；二是科技成果转化力度不高，在技术开发合同、技术转让合同、技术咨询合同以及技术服务合同四大类中，占科技合同总量比例最小的是技术转让合同；三是拥有自主开发和研制能力的高新技术企业还较少，高新技术产业中自主知识产权和自主品牌产品产值占比较低。

二、国内外科技体制改革经验与启示

为了更好地总结科技体制改革的国内外经验为江苏省提供借鉴，选择国外典型国家和国内其他省市作为分析对象，总结其先进的做法与成功的经验，为江苏“十三五”期间科技体制改革寻求启示和借鉴。

（一）国内外科技体制改革经验

1. 顶层设计科技体制

面对世界科学技术日新月异发展的压力，一些国家和地区为了保持和加强竞争力，顶层设计了一套完善的科技组织结构和积极主动的科技政策，以帮助科研人员最大限度地发挥他们的潜能。发达国家在科技组织结构和体系中，主要通过成立高级别的政府科技管理机构，提高国家对科技的集中管理程度，扩大宏观调控的范围，调整政府的管理职能，加强国家的宏观控制，搞活微观的自主经营。在促进科技经济一体化举措上，改变了研究开发的主体结构，强化了企业的研究开发能力，促进了科技与经济的结合。

① 美国是目前世界上科学技术最发达的国家，这在一定程度上得益于其先进的科技组织结构和完善的科技制度。美国的科技体制在组织形式、科技资源分配、科技政策等方面均表现出了多元化的倾向。美国的研发组织分层清晰，研究开发工作非常有序，使全国科技工作成为一个协调的整体，体现了政、产、学、研的有机结合；与此同时，政府重视计划管理和自由研究的协调，以积极适应社会经济的发展。

② 新西兰科技组织和管理体制属于市场机制型，经过改革实践，新西兰研究所逐步形成了自主经营、自负盈亏，科技产出、固定资产稳步增长的良好局面。新西兰科技体制改革成功的关键就在于国家研究所实行政府持股、公司化运作模式，政府、拨款机构、研究所、社会企业之间都成了市场“客户”关系，政府制定政策，拨款机构按政府要求付费向研究所购买服务，企业向研究所付费购买服务。新西兰科技体系中各环节职责分明，目标明确，各环节相对独立，在按各自最佳方式运行的同时，各环节又有相互监督和适度制约的机制，从而保障了整个系统的高效运转。

③ 韩国在短短的40余年时间内一举跻身中等发达国家行列，这在一定程度上归功于韩国政府加大了科技体制的改革力度与强度。其改革特点主要体现在针对国家科技管理方面存在的条块分割、各自为政、机构重叠、投资重复等弊端而采取了集中型研发体制。为此，韩国政府把政府所属的研究院所从所属政府部门中分离出来，按不同领域分别组成“基础研究会”“产业技术研究会”“公共技术研究会”，并将其置于国家科委的管辖之下。各研究会对下属的各研究院所的研发计划和实绩、经营状况进行评价，对合作研究给予必要支持。同时，鼓励私人研发机构发展，集中社会力量加入国家研发的创新。

④ 北京生命科学研究所作为我国科技体制改革的一块试验田，在管理方式上实行理事会领导下的所长负责制，看不到行政主导的影子，一切“唯学术是瞻”，组织机构和一切政策以原创的科学发现为最高追求。

2. 多元有效的科技投入机制

据经济合作与发展组织(OECD)统计,产业界平均约占其成员国研发经费的60%,政府占20%~50%。而在发展中国家,政府研发经费占80%以上。美国研发投入占全世界的1/3,欧洲占1/4,我国占1/10多。发达国家和地区的科技投入主要有以下特点:

① 全社会研发总额呈逐年上升趋势。伴随着研发投入与经济效益之间相关性的加强,加大研发投入已经成为企业引进人才、提高研发能力、开拓市场的重要途径。世界经济合作与发展组织(OECD)30个成员国,以及中国、俄罗斯、以色列、新加坡等9个非OECD经济体总研发经费占世界总额的比例一直保持在95%以上。

② 政府研究投入占全社会研发经济的比例呈下降趋势。美国、日本、法国和英国在近年来的研究与发展经费虽然都有所增加,但政府研发投入占GDP的比重却呈现出徘徊的趋势,其中法国更是出现下降的情况。而新兴工业化国家韩国的该项指标近年来却呈现出明显的上升势头,这充分说明了韩国等新兴市场国家对科技投入的重视。

③ 企业研发费用占比逐渐增强。为了鼓励企业研发的积极性,各国政府采取措施,鼓励私人企业投资研发。美国创新过程依赖联邦政府资助的基础和应用科学,根据这个基础,私人企业资助开发,产生了应急技术。由于本身需求和政府引导,特别是政府制定法案,减免投资研究与试验的税收等措施,私营企业的研发投入占了全国研发投入的2/3,企业的研发投资始终成为全国研发投入的主体。

④ 跨国公司主导地位愈加突出,研发活动国际化进程加快。跨国公司以其雄厚的经济实力和强大的组织能力,主导着世界企业研发经费的规模和投向。2013年,瑞士罗氏公司的研发投入高达135亿美元,占营业收入的5.2%。

⑤ 政府研究投入主要投向政府研究机构和大学。政府通过一些合作项目和政策引导企业增加研究投入,如美国联邦政府资助的研究与州立大学和私立大学的研究生阶段的科学和工程培训结合起来,大多数美国大学学生在州政府研究院所就业,有些州政府和企业鼓励研发,投入了大批资金,充实了研发设施。

⑥ 为了引导企业成为研发和自主创新的主体,各国政府通常采用资助和政策两种方式,国家政策投入的导向就是促使企业的自身投入,比如政府通常对企业的研发经费采取"加计扣除"政策。

3. 积极引导企业成为创新主体

区域创新体系中政府的定位是统筹发挥好政府在规划、政策等方面的调控作用和市场配置资源的基础性作用。发达国家和地区通过政府导向作用和市场机制来优化配置资源,使企业成为创新主体。主要的做法有以下几点:

① 加强政府对科技宏观管理和协调职能。美国虽然是典型的多元型科技管理体制,但鉴于竞争环境和国家利益的需要,近年来不断加强对科技活动的宏观管理,政府加大了与企业共同开发通用和关键技术的投资强度,同时也加强了国家实验室同私营企业的合作。韩国作为新兴的工业化国家,为了适应经济发展的需求,对其国家科技管理和研发体系进行了

改革与调整，管理科技事业的政府机构职能不断加强，相应的管理权限也不断扩大。

② 重视高层科技政策咨询机构作用。自20世纪90年代以来，一些国家相继设立为国家最高决策层服务的科技政策咨询机构。虽然这些机构并不承担具体的管理职能，但对于国家科技政策的制定和走向有着重要的影响。

③ 制定并实施推动科技进步的战略与政策。一个时期以来，发达国家的科技发展战略表现了一些共同特征：重视生命科学、信息技术、纳米技术、航天技术，重视各科技领域内部和领域之间的交叉融合发展，加强本国已有优势并在关键技术领域实施追赶，根据需求开展研究并强调研究服务于应用。

④ 合理配置科技资金。发达国家严格项目申报制度，科学配置、使用科研经费，确保科技资金充分运用到创新，并通过市场获取回报，达到使用效益最大化。在美国，申请政府的科研资金，一律采用匿名申报制。爱尔兰、芬兰政府在投入科研资金前，均由外国专家评审，评审时须论证项目的实用性。北京生命科学研究所每年有稳定的经费支持，避免实验室主任为了得到足够的经费支持年年写报告申请项目，跑各种各样的关系。

⑤ 强化企业成为创新主体。为了促使企业成为创新主体，各个国家使用了各种不同方法。发达国家为了适应企业技术进步的要求，不断调整有关政策和管制规定，加快企业走向创新主体步伐。为了提高企业的创新能动性，许多国家政府以政策和资金支持企业加强研发中心建设，加大研发投入。国内各地区为了提高企业的科技创新水平，提供各种激励政策和扶持政策，从体制机制上优化科技创新环境。

4. 科学的科技评价体制

科学技术评价不仅限于科学共同体内部的学术评价机制，也成为政府制定科技政策、配置科技资源和实施有效管理的重要行为（手段）。在项目管理上，凡是科技创新能力强的国家和地区均建立了严格的评估、评价、监督体系，创新经费的管理制度，完善项目的管理。

① 美国科技评价体系与各种科技活动密切相关，其科技评价体系具有规范化、多元化、市场化和公开化的特征，美国联邦机构依据相关法律履行评价职责，政府委托一大批高水平、相对稳定的社会咨询评价机构，包括企业和营利机构，承担具体的评价活动。

② 英国的RAE(Research Assessment Exercise)是目前用于评价大学各系科研质量和分配各系科研经费的主要办法，具有以下特点：一是由中介机构负责组织的同行评估；二是评估过程和结果公布都较好地体现了透明性；三是主要采用定性与定量相结合。

③ 日本的科技评价包括机构评价、课题评价以及人员评价，科技评价机构大致分为四个层次：一是综合性科技评价机构和由国家直接管理开发的事业评价机构；二是专业性评价机构；三是企业性评价机构；四是各个研究机构内部也设有评价机构。

④ 德国政府一直遵循把科技评估作为推动德国科学、教育和研究事业发展的管理手段，已经成为建立科学教育机构设置、科研计划制定和项目选择等决策的重要依据，成为保障科研和教育质量、提高工作效率的重要措施，成为国家公共基金使用效益评估必不可少的方法和程序。德国科学评估在多年实践中积累了大量经验，形成了有效保证评估结果公正

合理的评估原则和评估程序。

⑤ 作为国内科技体制改革的试验田，北京生命科学研究所制定了区别于国内的一系列评价制度，在科研评价方法上追求自由探索，在评价人员上直接依靠国际上同专业主要专家对科研人员进行评价，在评价内容上主要考虑实验室的研究进展(包括发表的论文、未来的研究计划等)。

5. 有效的科技创新体系

科技发达的国家和地区非常重视加速科技成果的商品化和产业化，采取多种举措，构建了积极面向经济与市场的科技创新体系，利用激励政策、人力资源和产学研高度结合等举措，推动科技创新和高新技术快速发展：

① 采用政策和资金激励科技创新。发达国家之所以表现了不俗的创新活力，奥秘在于善于操纵物质利益杠杆，激发人们创造或发明的积极性。专利制度着眼保护发明人利益、激发社会创造积极性，税收优惠政策对科技创新也有非常重要的支持和激励作用。

② 通过创新人才的内育外引促进科技创新。美国、英国等发达国家纷纷制定了一系列优惠政策和鼓励措施，大力吸引海外科学家。而我国从国家层面和地区层面，通过各种政策和项目吸引高层次的人才回国(来华)创新创业，并制定相关规划来开发、培养和引进人才。

③ 产学研紧密结合的科技体制。为了推进自主创新能力及其成果向现实生产力的转化，德国、美国和日本等发达国家都推崇政府与产、学、研相结合的科技体制；广东省坚持建立支持产学研战略联盟的多元化投融资机制，政府、金融机构等积极支持的产学研投入机制。这些国家和地区的实践表明，这种体制有利于提高自主创新的能力，有利于取得高科技发展的优势。

(二) 国内外经验的启示与借鉴

1. 国内外科技体制改革的对比

我国的科技体制改革在不断调整中进行，改革目标和各时段的政策重点如表 8-1 所示；国内外典型国家和地区近年来科技体制改革的主要做法如表 8-2 所示。通过两者的比较，对我国而言，可以从体制与机制等方面得到相应的借鉴。

表 8-1 不同时期我国科技体制改革目标与政策措施

时段	1985—1992 年	1992—1998 年	1998 年—至今
改革目标	改革拨款制度，放松对科研机构的管理	分流人才，调整结构，推进科技经济一体化发展	建设国家创新体系
改革措施	开放技术市场	“稳住一头”：国家稳定支持基础性重大研究开发	推进研究机构改制，推动企业成为技术创新主体
	支持民营科技企业发展	立法明确全国科研经费应予财政保证	立法促进科技成果转化
	设立高新技术开发区	“放开一片”：放开直接为经济服务和社会发展服务的研究机构	促进技术创新政策

表 8-2　国内外科技体制改革措施

国家或地区	组织机构改革措施	激励机制改革措施
俄罗斯	三等级的科学组织结构，垂直管理下各有分工	由直接行政干预转变为立法管理
	改革庞大的科研体系，精简机构，部分科研机构私有化	财政出资成立风险基金，为科技创新提供资金保障
	组建科研机构生产综合体和科技发展中心	对科技创新企业提供政策优惠，对科研机构提供土地等资源优惠和财税优惠
日本	内阁改革，成立“综合科学技术会议”，为最高权力机构	从重视应用研究转到重视基础研究
	将掌握主要科研资源、相互竞争的文部省和科技厅合并	制定和实施科学技术基本计划
	将国立大学和部分国立科研机构改为独立行政法人机构	实施“走出去引进来”的高端人才战略
美国	按照“三权分立”原则设立科技体系；国家标准和技术研究院下设立区域制造技术转移中心组织研究机构与企业共同实施先进技术，促进政府与企业间的合作；大学是从事基础研究的主要基地	鼓励创新的制度环境：全国性的法律以及证券、税收、会计、公司治理、破产、移民和研发等规范，以市场为导向，鼓励竞争和创新企业
广东	遵循市场和科技创新规律，发展新型创新机构	全新的运行机制、用人机制、创新机制，开拓科技与产业化结合的新途径；提高源头创新能力、建设高层次人才队伍；发展战略性新兴产业、推动产业转型升级
	加强产学研合作，提高企业自主创新能力	研发费用税前加计抵扣政策；政府采购首台首套政策；高新技术企业和产品在所得税和增值税方面的优惠政策；金融与产业结合；科技平台建设
北京生命科学研究所	理事会领导下的所长负责制，理事会是研究所的决策机构	采用国际标准评价科研；行政围绕科学服务；稳定的经费投入

2. 国内外科技体制改革的启示与借鉴

第一，高屋建瓴，顶层设计科技组织和科技政策。在设立科技最高决策和协调组织的同时，配套相应的管理机制，分流、精简部分科研机构，从而集中科技资源投入，支持整个创新体系发展。在加强科技宏观管理和统筹协调方面，应强化国家对科技发展的总体部署和宏观管理，为创新要素的合理流动提供体制机制保障。

第二，面向市场，企业为创新主体。创新主体是企业而不是政府，企业科研的直接动力来自市场不是来自政府。政府应设计政策和法律法规，积极发展人才，构建充满活力的创新环境和科技服务平台。

第三，高度重视，科技评估体系科学合理。国外十分重视科技评估体系建设，尤其是美国、英国、德国和日本，这些国家都有比较完备的科技评估体系，科技评价机构建设、评估结果的认定等都有明确的界定，特别是这些国家经过长期的评估实践，已经形成了相对稳定而良好的社会评估氛围，为客观公正评价科技成果建立了社会和法律等方面的保障机制。

因此，在我国现阶段建设国家创新体系的重点，首先，是改革现有的科技组织结构，确保高水平的公共研究体系，建立适宜国家科技资源总量进行优化配置的总体体系；其次，是改善创新的外部条件，包括保证充足、合格的科技人力资源，有效的知识、技术的传播、转移、应用途径；最后，在深化科技评价和奖励制度改革方面，应按照“目标导向、分类实施、客观公正、注重实效”的要求，加强科学技术评价工作的宏观管理、统筹协调和监督检查，建立健全科学技术评价制度。针对科技计划、机构、人员等不同对象，国家、部门、地方等不同层次，基础研究、应用研究、科技产业化等不同类型科技活动的特点，确定不同的评价指标、内容和标准。

三、“十三五”江苏省科技体制改革的定位、思路与任务

（一）战略定位

高举中国特色社会主义伟大旗帜，深入学习贯彻习近平总书记系列讲话精神，聚焦实施创新驱动发展战略，进一步深化科技体制改革，以提升自主创新能力为核心，以促进科技与经济社会发展紧密结合为重点，推动以科技创新为核心的全面创新，推进科技治理体系和治理能力现代化，提高创新体系整体效能，为江苏创新发展提供有力支撑。

结合生态文明建设和“一带一路”倡议，明确江苏科技体制改革的战略定位和总体思路，推进科技体制改革，打造江苏经济升级版，为后续发展奠定基础。更大力度推进科技体制改革，以体制机制创新促进科技创新，进一步优化科技资源配置，释放科技发展活力，解放科技生产力，使创新真正成为经济社会发展的核心驱动力，使企业真正成为科技创新的主体。

在战略定位上，深化江苏省科技体制改革应注重系统方法。科技体制改革的深化从局部向整体，从微观向宏观，从以科研院所为主要对象的研发体系改革转变为国家创新体系的整体性改革，改革的内涵从单纯的技术问题转变为科技与社会体制的综合创新。科技管理要从科研系统小循环走向经济社会发展大循环，科技体制改革要与其他各项改革配套。

（二）基本思路

江苏省科技体制改革的基本思路是：“创新导向，目标引领。”“创新导向”指科技体制改革要以完善国家创新体系为导向，推动技术商品化，鼓励民营科技企业发展，兴办高新技术开发区，推动开发类科研院所进入市场，促进企业成为技术创新主体，鼓励大众创业、万众创新，促使科技与经济的结合。“目标引领”指科技体制改革要体现科技的支撑引领作用，通过改革实现科技实力的跃升，优化科技力量的结构，健全科技管理和运行机制，完善国家创新体系，催生科技服务业发展，促进科技与经济的结合。

首先要转变政府职能，从管理为中心转向服务为中心，科技主管部门和有关行政部门应

当集中做好制定科技发展规划，施行科技激励政策，打造科技创新平台，培育科技服务机构和优化科技创新环境等工作。在此基础上，改革高校等科研机构内部组织和治理体系，充分释放既有科技成果的红利，有力增强当下技术创新的活力；要调动企业的积极性和能动性，强化其在技术创新和产业应用的主体地位，发挥企业家和产业专家在科技创新决策中的积极作用。与此同时，注重市场导向作用，发挥市场在科技创新资源配置、科技成果转化扩散中的决定性作用。

（三）主要任务

科技体制是科学技术活动的组织体系和管理制度的总称，包括科技组织体制、科技投入体制、科技管理体制、科技创新体制等。随着经济社会的不断发展，江苏科技体制必须适应发展形势，发挥科技力和创造力的作用。因此，有必要在借鉴国内国际经验的基础上，加快科技体制改革，释放科技人才活力，构建以企业为主体、以市场为导向产学研相结合的技术创新体系，在新常态下，推进创新驱动发展，实现创新、改革、增长三者之间的良性循环。

在“十三五”期间，江苏省要初步建立起与社会主义市场经济相适应的，符合科技自身规律的，科技与经济密切结合的新型科技体制，形成科研、开发、生产、市场紧密结合的新机制。逐步建立以企业为主体，产学研相结合的技术开发体系和以科研机构、高等院校为主体的科学研究体系以及社会化科技服务体系。促进科技资源优化配置，科研机构合理布局，科技人员积极性得到充分发挥，科学研究水平和技术创新能力、科技对经济发展贡献的显示度显著提高。

(1) 初步建成江苏科技创新发展所需的资金支持体系、金融信贷体系、人才集聚机制、信息服务网络和协调串联渠道。

(2) 初步建成高校等科研机构内部产业技术研发、转化和利益分配的完整服务体系，探索改革和新建若干经济效益、社会效益良好的产学研合作组织和形式。

(3) 进一步深化科研院所体制改革，健全现代企业制度。

(4) 培育一批掌握特色先进技术和相应产品，拥有自主知识产权和核心竞争力的创新型企业，使企业真正成为科技创新主体。

(5) 基本完成对传统优势制造业的技术改造、结构优化和转型升级，聚合形成若干初具规模的前瞻性、先导性和支柱性产业。

(6) 建设多个“技术研发—产业化—市场化”的创新链，建设具有鲜明特点、显著效果的自主创新示范区、经济技术开发区、高新技术区和科技园区。

(7) 实施严格的知识产权保护制度，打破行业垄断和市场分割，改进市场准入与监管，推动要素价格改革，营造利于创新的外部环境，完善对中小微企业创新的支持和服务体系，推动大众创业、万众创新。

(8) 改善创新型人才培养、评价和激励机制，充分调动和激发科研人员的积极性和创造性。

(9) 引导形成健全、成熟、规范的创新要素市场和技术市场，并有与之相适应数量的职业化科技中介服务组织。

(10) 建立与科技发达国家、创新型国家之间公平合理、优势互补的技术投资、研发、贸易和信息交流等常态合作机制，既吸引国际创新资源向江苏省的聚集，也使江苏省的自主创新与世界科技发展趋势相对接。

四、完善江苏省科技体制改革的政策建议

(一) 加强科技法治

(1) 结合国家《促进科技成果转化法》修正和创新驱动发展战略下的政策变化，修正和制定江苏省的科技法规，例如修正《江苏省促进科技成果转化条例》，制定《江苏省产学研合作条例》以及《技术创新与创业条例》等，将科技工作纳入法律治理的框架和轨道。

(2) 进一步减少科技领域的行政审批事项，赋予科研人员在创新创业方面更大的便利。另外，政府有关职能部门应当坚持依法行政和服务行政，明确并公开自身在科技创新引导和科技成果转化方面的权力和职责清单，将创新驱动发展的法律和政策落实到位，玩忽职守者应承担相应的行政责任。

(3) 进一步加强知识产权的行政保护和司法保护，严厉打击假冒侵权行为，建立知识产权侵权违法档案和征信系统，同时完善调解、仲裁等替代性纠纷解决机制。

(二) 增加科技投资

(1) 以更加贴近产业的视角来制定科技计划，使政府财政资助的应用研究项目也能够与企业的实际需求紧密结合，为企业节省二次开发和成果转化的费用。

(2) 进一步吸引国内外科技风险投资公司，更加有效地利用天使投资等形式为初创期、种子期的科技小微企业的发展壮大提供必需的基本资金。

(3) 鼓励银行等商业性金融机构着力发展知识产权质押等科技融资业务，为具有一定数量和质量科技成果的企业从技术向产能的转化提供相应的发展资金。引导相关主体充分利用众筹机制吸引社会资本投向科技领域，同时推进已经投入市场应用并运营成熟的知识产权资本化和证券化，扩大科技项目初创和扩展阶段的资金来源渠道。

(4) 设立“科研院所改革基金”，促进科研院所深化股份制改革，鼓励改制的科研院所积极上市(如三板市场)融资，采取 PPP 等模式吸引战略投资。

(三) 改革人才机构

(1) 全面推广江苏省产业技术研究院的“一所两制”模式，使科技创新人才从高校、科研院所等事业单位旧的人事、管理体制中解放出来，或者至少在科研合同约定的期限内解放出来，使其获得与之技术创新贡献相匹配的物质回馈和综合待遇。

(2) 大力吸引海内外高层次科技人才尤其是尖端领域的领军人才，根据其科技和产业

战略构想为其组建技术创新团队和攻关科技项目提供一切合法便利条件。

(3) 鼓励和引导高校等科研机构建立独立的、具有市场化观念的科研成果转化服务机构,或者形成固定的科研成果转化“外包”机制,使专利等科技成果的价值落实到具体的产业,形成现实的生产力,同时通过收益的分配进一步激发科研人员的积极性。建立企业研发和管理人员参与高校、科研机构教学的常态合作机制,为符合实践需求和国际趋势的科技产业理念宣传和科技创新人才储备奠定坚实的基础。

(4) 将地方、行业、企业与高校、科研院所等共建的研发中心实体化,使之成为独立的法人,并以确定的新技术、新产品为发展导向。建立公共研发中心,重点突破每一个五年规划阶段对江苏省具有战略性、紧迫性的科技项目,为江苏省科技产业的整体布局和发展提供单纯市场机制以外的补充保障。

(四) 创新合作模式

(1) 鼓励企业与高校、科研院所等研究机构在委托开发、合作开发合同中根据不同的利益需求约定知识产权的归属、利用、处置和后续开发成果的权益,不必过于执着权利的归属问题,而可以更加注重成果的高效利用和惠益分享,例如通过约定一定期限内的优先使用权以及对成果实施收益的合理分配比例等方式来达成双赢的目标。

(2) 将江苏省产业技术研究所现行的“先技术成果后产业转化”的单向路径转变为包括“先产业诉求后科技研发”的双向路径。

(五) 搭建信息平台

(1) 充分发挥科技成果信息系统的作用,使之成为现有科技成果转化的窗口,另外新建公开的科技创新需求系统,由企业公开申报其所希望获得的最新产业技术,高校、科研院所乃至科研人员个人都可以与之接洽、谈判或竞标签约、受托研发,打造最直接反映一线产业技术需求的创新平台。建设以预测、判断和评估科技项目价值、科研产出质量、科技成果转化和科技发展绩效等为主旨的各类智库,使有关知识精英成为江苏省科技创新的出色“智囊团”。

(2) 利用政府科技主管部门和相关职能部门的权威性和公信力,为技术创新和产业变革中的各方主体创造多种合作的机会。有效利用知识产权主管部门在专利授权信息统计管理方面的便利,为加强产业专利数据分析,为企业明确研发方向和确定专利布局提供必要情报。

(六) 升级企业产业

(1) 鼓励有条件的企业特别是中小企业设立自己的研发中心,将技术创新和产品优化作为企业日常经营的中心和新常态。

(2) 以资金、场地、配套服务等方式鼓励新兴技术产业的创业者,提升产业的科技含量以及发展前瞻性、先导性和高成长性产业。

(3) 通过严格落实新环保法的环境评价指标和环境保护标准等方式,倒逼传统低端、能耗型制造业的观念转变、技术改造和产品升级,淘汰落后的生产工艺和低效产品,实现制造向智造、创造的转变。

(4) 支持创新成果和自主知识产权相对集中、持续研发能力较强的行业建立知识产权联盟,联盟内部的企业可以进行合法的交叉许可以优化产品科技质量,联盟对外可以对抗以知识产权为工具恶意排除、限制竞争的行为;不仅如此,联盟还可以树立本行业尊重知识产权的意识,通过行业规范约束和制裁那些剽窃他人创新成果、意图搭乘便车的投机行为。

(七) 建设技术市场

(1) 在江苏省产业技术研究院设立"技术交易所"或"技术转移中心",使之成为面向全省的日常技术交易机构,不只是转让、许可和以其他方式转化其下属研究所的科技成果,而且为所有其他技术成果的交易提供平台。

(2) 鼓励设立科技信息检索分析、知识产权代理、技术价值风险评估、技术交易经纪等各类科技服务中介组织,并按类建立公开信息库,供有需要的企业和其他相关主体联系委托。

(3) 进行协会组织创新,对专业技术协会和行业协会进行优化,成为行业内的桥梁和纽带,增强其对建立行业技术联盟和对制定行业技术标准的促进作用。

(八) 整合创新区域

(1) 以苏南自主创新示范区的建设为契机,全面优化整合高新区和工业园区,巩固和强化它们原有的科技特色和产业优势,鼓励和引导园区其他企业以提供兼容产品或配套服务等方式向创新产业集中和靠拢,形成更具有凝聚力和竞争力的创新产业集群;深度优化园区之间的科技和产业分工,形成自主创新示范区内的标志性创新区域板块,同时最大程度地发挥其对全省科技创新和产业发展的辐射作用。

(2) 从国家"一带一路"倡议全局和上海自贸区发展视角出发,明确江苏省在创新驱动发展中的区位优势和发展重点,以此完成全省苏南、苏中、苏北的创新和产业布局,保持整体性、有梯度、互补式的科技创新和经济发展结构。

(执笔人:郑垂勇　赵　敏　李宗辉　周晓平　刘永进)

参考文献

[1] 中共中央,国务院. 关于深化体制机制改革加快实施创新驱动发展战略的若干意见[N]. 人民日报,2015-03-24.

[2] 江苏深化科技体制改革的实践探索[J]. 群众,2014(6):22-24.

[3] 储海燕. 江苏开发型科研院所改制发展初探[J]. 江苏科技信息,2013(4):1-2.

[4] 杨艳红.江苏省产业技术研究院建设现状[J].江苏科技信息,2013(16):9-10.
[5] 白鹏飞,段倩倩,洪瑾.主要发达国家政府科技管理模式研究[J].科技进步与对策,2012,29(19):12-16.
[6] 吕冰.发达国家构建科技支撑体系的经验与启示[J].商情,2010(3):31-32.
[7] 李伟.科研院所改制存在的问题及对策分析[J].北方经贸,2014(3):31-32.
[8] 於舟.科技体制改革背景下改制科研院所现状及对策研究[D].重庆:西南大学,2014.
[9] 宁波市人民政府.宁波:着力推进八个重点领域科技体制改革[J].今日科技,2014(3):9.
[10] 顾姝姝.江苏改革科技体制促转型,让科研成果走向市场[EB/OL].(2015-04-22). http://js.people.com.cn/n/2015/0422/c360301-24592342.html.
[11] Ahmad A. Globalization of Science and Technology through Research and Development[J]. Open Journal of Social Sciences, 2014(2):283-287.
[12] Saaril S, Haapasalo H. Knowledge Transfer Processes in Product Developent-Theoretical Analysis in Small Technology Parks[J]. Technology and Investment, 2012(3):36-47.
[13] Wisniewska J. The Place of Technology Transfer Processes in the System of Methods for Researching the Area of Science-Technology-Innovation[J]. Perspectives of Innovations Economics and Business, 2010(1):3.
[14] Leichteris E. Science and Technology Parks in the Context of Social Technologies [J]. Social Technologies, 2011(1).
[15] Goular S. Science & Technology, Development and Local Power: Elements for Analysis of the Brazilian Context[J]. Journal of Technology Management & Innovation, 2007(1):64-71.
[16] Zhou Ren, Wei Song, Xiaobao Peng, et al. The Characteristics of Science and Technology Policy Research from the Perspective of the Characteristic of Science and Technology Activity [J]. Journal of Service Science and Management, 2015(8):365-371.

第九章 江苏省产学研发展研究

江苏省在国家创新战略的指导下，"十二五"期间推进科技创新工程，加快建设创新型省份建设，建立完善的产学研协同创新机制。围绕创新资源集聚、创新产业集群、创新企业培育，推进高校院所与江苏地方、园区和企业开展合作，推动战略性科技资源向园区和企业集聚，提升全省创新资源的总量和质量，增强园区和企业的创新能力，取得了很大成绩。习近平总书记在江苏视察指导工作时提出"迈上新台阶、建设新江苏"的动员令，为江苏发展确立了新坐标、明确了新任务，同时为江苏的进一步发展指明前进的方向，从更高的标准上赋予江苏"两个率先"新的丰富内涵。江苏省委、省政府在这样的背景下，"把推动产学研紧密结合作为实施科技创新工程的主要途径"，促进新常态下实现区间化的增长、多元化的目标和均衡式的发展模式。

一、产学研合作的概念及内涵

目前，学术界关于产学研合作的概念还没形成统一的、标准的界定，不同学者从不同研究视角给出不同的概念。

秦旭等认为，产学研合作本质是一种交易。常爱华认为，产学研合作是指学术界与产业界为了共同实现创新目标而形成的合作交流关系。张卫国等认为，产学研合作是一种介于合作与竞争之间的博弈关系。仲伟俊认为，产学研合作是以企业、高校和科研机构为核心，在政府、科技中介服务机构、金融机构等的大力支持和协同下，以优势互补和利益共享为基本原则，按照一定的机制和规则进行合作，形成某种联盟乃至独立的实体，合作开展新技术研究开发和应用、人才培养、仪器设备共享、信息获取等活动，以推动科技进步和加快经济社会发展的过程。陶爱祥认为，产学研合作是以企业、高校、科研院所为主体，政府、中介机构、金融机构等社会主体参与，按照风险共担、利益共享、优势互补、共同发展的原则，合作开展技术创新活动，为实现各自的价值目标共同选择的行为。殷辉认为，产学研合作是企业与学研方反复竞合博弈逐渐达到的一种均衡状态，企业作为主导方，与大学、科研机构开展技术合作，通过优势互补分工协作，共同完成技术创新，最终实现各自的利益目标。

尽管上述定义各有侧重，但至少在如下几个方面达成了共识：

第一，产学研合作的目的是技术创新。事实上，产学研合作本身就是科学技术和高等教育发展到一定阶段的产物，是科学技术适应经济发展需要并与社会生产相结合的表现。中共的十八大报告就明确指出，着力构建以企业为主体、市场为导向、产学研相结合的技术创新体系。

第二，产学研合作的基础是价值共赢。在产学研合作中，企业基于自身技术需求向高等院校或科研院所获取技术进而实现经济发展，而高等院校和科研院所则向企业寻求研发资金资助提升自身的科学研究、人才培养和社会服务能力。如果不能实现利益共享、风险共担，这种交易关系很难形成。

第三，产学研合作的核心是创新资源集聚。产学研合作是一种特殊的经济活动，这种活动以技术创新为核心，同时又是科学研究、技术开发、生产试制和市场营销的统一，涉及资金、市场、管理和政策引导等诸多问题，也就是说，产学研合作是企业、高校、科研院所等各参与主体资源互补、要素集聚的结果，是各参与主体知识分享及再创造的过程。

第四，政府政策的引导和中介机构的促进是产学研合作的实施保证和桥梁。产学研合作是一项复杂的系统工程，不仅涉及产、学、研三个不同领域，还与政府、中介机构乃至整个社会大环境均有密切的联系，产业界和学术界价值目标的差异必然引发信息不对称、权属争议、利益分配等冲突。因此，产学研合作离不开政府部门和中介结构的支持。

由此可见，产学研合作的本质是一种基于价值共赢原则，通过创新资源集聚（创新要素整合）实现技术创新的交易行为。

二、产学研合作的历史沿革

（一）国外产学研合作的发展阶段分析

国外产学研合作最早萌芽于 19 世纪初，正式的产学研合作组织出现在 1903 年，以美国 Land-Grant College 创办的工程实验站为标志，其发展阶段大致可以划分为如下四个阶段：

1. 线型合作阶段（19 世纪中叶—20 世纪初）

线型合作阶段是产学研合作的最初阶段，一般是学校与企业之间点对点式的自发合作，合作方式简单，合作规模较小，合作目的单一，合作松散且缺乏管理，大多以契约形式的研发委托方式为主，合作系统一般是较为封闭的系统，与外界环境的相互联系较少。如 19 世纪中叶，当时美国许多大学的物理学和工程方面的研究项目开始得到企业的支持，其主要方式是向大学提供资金和设备。作为回报，大学为企业提供技术服务和指导，但合作的强度很小。

2. 简单网型合作阶段（20 世纪初—20 世纪中叶）

简单网型合作阶段的产学研合作系统规模有所扩大，使得学校、企业与科研机构之间的合作增多，之间的业务交叉增加，建立起了区域性的简单合作网络，政府参与增强，系统的开放性凸显。但是此阶段的合作只是建立起了网络架构，合作主体的局限性较大，合作深度不够,合作缺乏管理,系统也没有形成完善的运行机制,金融机构与中介组织的参与较少。

20 世纪初,爆发了以钢铁、铁路、石油、化学工业为代表的第二次产业革命,产生了许多新的产业部门,产业需求成为大学科研选项的重要决策依据。在随后的 40 余年里,高等院校、科研院所和企业开展了紧密的合作,产学研合作出现了第一次发展高潮。在这个阶段,除了以契约形式的研发委托方式外,产学联合攻关开始出现,并创造出产学合作研究计划、政府与大学合作、校企合作人才培养等多种模式。与此同时,各西方国家的政府加大了对高校、企业与科研机构的科研支持力度。以美国为例,在这段时间美国就成功地完成了多个重大科研工程,著名的"曼哈顿"计划就调动了来自各个高校、企业与科研机构的数十万名的科研工作者实施利用核裂变反应来研制原子弹。在这一时期西方国家的很多高校也逐渐意识到产学研合作的重要性,以 MIT(麻省理工学院)为代表的一些高校提出"教育回归工程"的口号,加大学生的实践教育力度,并且注重大学与工业的联系,成立"大学企业合作委员会",促进产学研合作项目的开展。

3. 联盟合作阶段(20 世纪中后期—21 世纪初)

联盟合作阶段是产学研合作发生实质性进展的一个阶段,各主体之间的联系更加紧密,出现了以产业园、企业孵化器等方式为代表的产业联盟,以大学科技园、科研学会等方式为代表的学研联盟,各个主体之间以及各个联盟之间的合作方式有了较大的创新,合作更加深入,同时与外界的联系逐渐加强。这一阶段最明显的三个特征是产学研合作联盟的出现、中介组织和金融机构的介入以及政府职能方式的转变。

这个阶段产生了很多经典的产学研合作案例,其中最具代表性的是由美国斯坦福大学 1951 年所创建的"斯坦福工业园"。这是美国最早的科技工业园之一,斯坦福大学负责管理园区内的企业,园区内企业主要涉及电子、航空和制药等多个高新技术产业,在斯坦福大学强大科研力量的支持下,每个领域内的企业之间在相互竞争与合作中不断成长,促成了世界闻名的"硅谷"的诞生,大量的人才、企业和资本在这里集聚,为美国乃至全世界的科技产业园的发展树立了典范。1970 年,以英国剑桥大学为核心组建的剑桥工业园,依托在物理学、计算机科学和生物学等领域所具有的明显优势,学校加大与园区内企业的合作力度,注重成果转化与高新技术的应用,经过几十年的发展,园区内集聚了上千家高新技术企业,数万名高科技人才,年贸易额超过 40 亿英镑。

在这个阶段,以推动产学研合作为主要目的中介组织开始出现,其中既包括政府成立的各种产学研合作机构,也包括一些行业或研究机构自发成立的产学研合作中介组织,甚至还产生了一部分以营利为主要目的私人中介公司。英国政府建立的"企业联络办公室",美国政府成立的"中小企业信息中心""生产力促进中心"以及各个大学设立的成果转化中心等都是在这个时期产生的。风险投资、基金等金融机构开始介入产学研合作。以硅谷为例,1983 年硅谷的风险投资额为 36.56 亿美元,占全美风险投资的 30%,大量的风险投资机构聚集在硅谷,不仅可以为企业提供金融服务,还为企业提供许多企业管理方面的增值服务。一些政府建立的基金组织，如美国科学基金会（NSF），为产学研合作项目提供基金支持，通过政府拨款、企业投入等方式设立了“风险基金”，对于一些风险较大但有可能产生重大技术突破的项目给予支持。

在这个阶段，政府由原先的政府指令、政策规划逐步转变为政府参与、落实执行，也就是说，从政府主导转变为政府引导。各国政府相继出台相关法律法规，提出具体实施办法与细则，全力推进产学研合作的发展。如日本政府颁布的《研究交流促进法》《产业技术力强化法》《大学技术转让促进法》等相关法律，美国政府出台的《贝都法案》《联邦技术转化法》《国家合作研究法》《国家技术转让促进法》。

4. 复杂协同网络合作阶段（21 世纪初—至今）

进入 21 世纪，能源的逐渐短缺，生态环境的日益恶劣，使得人类的生活方式与生产方式逐渐发生了转变，世界各主要国家的经济增长方式由工业经济逐渐向知识经济转变，在这种新形势下，产学研合作系统内部结构也随之发生了较大的转变，进入了复杂协同网络下的产学研合作阶段。

这一阶段最显著的特征是协同创新模式的出现，即产学研协同创新。根据系统论原理，所谓协同，是指系统中各子系统的相互协调和合作或同步的联合作用及集体行为，创造出 $1+1>2$的效应。在英文中，与“协同”相对应的词是“collaboration”，与“合作”相对应的是“cooperation”。美国学者 Miles 等人指出，“协同”在哲学意义上是一个与“合作”不同的过程，协同的预期结果是相对明确的，未来回报的分配可以事先协商，而合作各方则是以自身利益为基础开展活动。

可见，一方面，产学研协同创新更加注重在风险共担、利益共享的基础上为实现同一个目标而通力协作、公平诚信的合作环境；另一方面，产学研协同创新不是简单的技术转移关系，而是一个由政府、企业方、学研方、金融机构、中介组织等多主体共同参与建立的合作平台或合作网络，这个组织的管理也不再是由简单的政府机构或完全独立的第三方中介组织担任，而是由各利益相关体共同参与管理，从而大大提升知识和技术分享效率。

（二）国内产学研合作的发展阶段分析

回顾我国产学研合作发展历程，其经历了一个由点到面、由低到高、由浅入深的发展过程，大致可以分为如下四个阶段：

1. 萌芽阶段（20 世纪 50 年代—70 年代末）

20 世纪 50 年代至 70 年代末，在党的教育方针和科技方针指导下，高校的教学、科研人员积极投身于生产实践，迈出了与企业合作的步伐。但当时我国处于严格的计划经济体制初期，受苏联模式的影响严重，该时期的产学研合作主要是政府主导型，产、学、研之间联系松散，科技与文化教育往往被排斥在生产部门之外，因此这并不是真正意义的产学研合作，它不是以市场为导向，而是计划经济的产物，合作各方的利益和义务也不均等，“两弹一星”就是这种合作模式的结果。

2. 形成阶段(20 世纪 70 年代末—80 年代)

20 世纪 70 年代末开始的改革开放为产学研合作注入了新的内涵,经济改革从微观企业经营机制入手,逐步改革了资源配置制度,增加了企业活力。

20 世纪 80 年代大规模的技术引进,国有大中型企业的技术改造以及大批非国有经济成分,特别是乡镇企业的出现,增加了对科学技术的有效需求;同时以改革科技拨款制度为中心的科技体制改革,促使科研院所面向市场,实施有偿技术转让、咨询和服务。科研院所长期的研究和积累,形成了自身较为强大的技术有效供给能力,使产学研合作得以迅速发展。1986 年原国家经济委员会、国家教育委员会、中国科学院提出了"产学研"联合的主张。

这一时期,无论是企业,还是高等院校、科研院所,都向市场化方向演进,面向市场的产学研合作开始形成。

3. 发展阶段(20 世纪 90 年代—2010 年)

进入 20 世纪 90 年代,国际竞争日趋激烈,对我国经济、科技发展提出了挑战;同时,随着改革开放的不断深入,社会主义市场经济体制的逐步建立,产学研合作进入了一个新的阶段。

1992 年 4 月,国家经贸委、国家教委、中国科学院共同在全国范围内组织实施了"产学研联合开发工程",其宗旨是:建立国有大中型企业与高等院校、科研院所之间密切而稳定的交流、合作制度,逐步形成产学研共同发展的运行机制,探索一条适合中国国情的科技与经济密切结合的道路。《国家中长期科学和技术发展规划纲要(2006—2020 年)》明确提出,把建立以企业为主体、产学研结合的技术创新体系作为国家创新体系建设的突破口。这一阶段,我国的产学研合作逐渐由各地自发性的探求摸索上升至具有国家较强理性的战略高度,产、学、研与政府、金融机构、中介组织的外部联系更加紧密,出现了战略联盟、大学科技园、1+1+1 联合创新平台、高校与地方整体对接合作等多种新型合作模式。

4. 转型阶段(2011 年—至今)

2011 年 4 月 24 日,胡锦涛总书记在庆祝清华大学建校 100 周年大会上提出,要把实现创新驱动发展作为战略选择。为了实现这一目标,高等学校应全面提高高等教育质量,大力增强科学研究能力,在"提升原始创新、集成创新和引进消化吸收再创新能力"的同时,"积极推动协同创新,鼓励高校同科研机构、企业开展深度合作,建立协同创新的战略联盟"。这一重要讲话"第一次从国家战略高度出发对产学研协同创新提出新的要求",为我国产学研合作的发展指明了方向。

2012 年,教育部正式启动"2011"计划,通过构建面向科学前沿、文化传承创新、行业产业以及区域发展重大需求的四类协同创新模式,深化高校的机制体制改革,转变高校创新方式,更好地开展产学研合作。随后,2013 年,科技部发布了"十二五"国家重大创新基地建设规划,培育建设一批国家重大创新基地,以新的组织形式,跨领域、跨部门、跨区域集中组织实施面向国家目标的协同创新,江苏等省份于 2013 年开始启动建设产学研协同创新基地。

引导各地按照“一区一战略产业、一县一主导产业”的创新发展要求，集聚创新资源，深化产学研合作。

三、产学研学术史梳理与综述

随着经济与科技全球化进程的加快，技术创新成为企业、地区乃至整个国家发展与竞争力提高的源泉。企业自身创新资源的缺乏决定了采取与高校、科研院所联合的形式，通过共同合作与创新，实现企业发展的战略目标。产学研联盟由于具有风险共担、利益共享的特点，成为合作的首选方式。然而，产学研联盟发展的历史还很短，缺少更多的成功经验，尤其受到政策法规、市场、企业等各种复杂的宏观与微观环境因素影响，我国产学研联盟与合作的发展道路曲折漫长。

目前，国外的产学研研究主要集中于利用统计分析的手段与计量经济学模型对于影响产学研合作的因素，产学研合作对于产业、企业的影响程度，不同模式对各类企业作用等进行实证分析。国内的产学研研究相对分散，基本以理论研究为主，研究涉及产学研发展中的障碍与动力、人才培养、利益分配、文化建设等各个方面。关于产学研联盟的研究较少，更缺乏对产学研联盟的整体、系统研究。

（一）国外研究现状

1. 理论研究

伊莱亚斯(Elias)认为，产学研合作作为一种跨组织现象，其动机是共享知识，而信任和社会资本对合作成效有很大影响，知识交易和知识共享则是信任和创新的基础。科绍茨基(Koschatzky)提出产学研合作中的技术转移实质是一种知识转移。

Dierdonek&Debackere 对企业与大学合作中的知识产权纠纷进行了探讨，认为企业与大学存在着文化障碍、制度障碍和运营障碍。Died 认为，大学对新发明和知识进步的关注与企业对增加价值及赢得财务上的回报的关注自然引发知识产权方面的纠纷。埃兹科维茨(Etzkowitz)首次提出了三螺旋模型以解释大学、商业和政府三者之间在知识经济时代的新关系，雷德斯多夫(Leydesdoff)对此概念进行了发展，并提出了该模型的理论系统。

Adam D 认为产学研合作中，企业要对合作给予从上到下的支持，减少企业内部研究开发组织为保持自身的地位与优势而给产学研合作带来的不便。迈克尔 D. 桑托罗(Michael D. Santoro)和阿洛克 K. 查克拉色蒂(Alok K. Chakrabarti)通过实证研究，采用多元线形回归分析得出，在产学研合作中，大型企业的产学研合作通过知识转移和研究支持的方式实现，主要集中在非核心技术领域，中小企业的产学研合作通过技术转移和合作研究的方式实现，主要集中在核心技术领域。理查德 B. 达金(Richard B. Dasher)则认为成功的高校与产业合作必须提高各参与方自身的核心能力，提高自身的灵活性，提高快速、及时满足对方要求的反应能力。

唐纳德 S. 西格里(Donald S. Siegel)，戴维 A. 瓦尔德曼(David A. Waldman)，利安娜

E. 阿特沃特(Leanne E. Atwater),艾伯特 N. 林克(Albert N. Link)指出影响高校同企业间技术转移的主要障碍在于文化存在冲突、机构缺乏灵活性、利益分配体系设计不合理、高校技术转移机构缺乏有效的管理等。

罗伯托·本塔约(Roberto Fontana),奥尔多·盖尤纳(Aldo Geuna),米雷耶·马特(Mireille Matt)通过对欧盟企业的问卷调查,以及采用计量经济学模型对影响产学研合作倾向及合作程度的因素进行分析,得出影响产学研合作倾向的主要因素为企业绝对规模、企业的外部开放性,而企业高合作程度主要表现在积极地寻求外部研发的意愿、对于专利创新的保护以及寻求外部资源的能力。

Anders Brostrom 和 Hans Loof 通过发放问卷调查的方式,并采用定量和半定量的分析方法,分析产学研合作对于瑞典不同产业中大中型企业是否产生影响及其影响程度,具体包括:是否能获得高校的创新资源?是否能提高企业内部创新能力?是否能产生更有效的创新投资?

2. 实践现状

西方国家通过采取产学研合作模式,在科技与经济上取得了很大进步,其中以美国和日本为典型代表。

美国是实施产学研合作最早、获益最大的国家。在第二次世界大战期间,美国的大学就以政府引导为依托开展技术创新活动。1950 年,美国国会通过了设立"国家科学基金"的法案;到 1970 年,国家科学基金又陆续制订了"大学工业合作研究计划""企业等价研究计划""大学工业在材料研究方面的合作计划"等 7 项促进产学研合作的计划。在具体的合作过程中,由企业与大学共同提出研究课题,研究选题直接针对某行业具有普遍性的技术问题进行探索,因而使得大学能广泛参与到企业的技术创新中,并与企业结成紧密联合体,实施多方位的产学研合作。近年来,美国出现大批大型的高新技术产业和高新技术园区,这些都有力地推动了美国的科技进步和经济的发展。

日本的产学研合作同样可追溯到 20 世纪。1998 年,从业人员 1 000 人以上的日本企业中有 84.2%的企业开展了产学合作,到 2003 年,此比例在持续攀升的同时产学合作范围也不断扩大。此后,日本企业又制订第二次科学计划,明确提出促进企业科技创新活动的科技创新体系改革方案。此外,日本科技厅还创办了促进科技成果转化的中介机构,并与文部省建立并实施大学"专项资金讲座"制度,经批准设立"专项资金讲座"的领域和大学,国家提供经费支持用于创办新研究室、招聘科研人员等。

(二) 国内研究现状

1. 产学研理论研究现状

国内学者对产学研的研究主要集中在产学研创新模式、运作机制以及相关政策等方面。

(1) 产学研合作模式研究

三螺旋理论是研究产学研的一种重要理论。刘力认为从本质上说,产学研合作一方面是一种学术性的产业活动过程，另一方面也是产业性的学术活动过程，两者相辅相成，在此基础上提出了应该加强政府、高校、企业三者的相互作用，逐步走向“三重螺旋”的发展道路。王成军根据国际上大学、政府、产业的三重螺旋模式提出了三重螺旋协同模式，并用定性和定量的方法分析了中国大学、政府、产业之间的协同现状，并提出了模型，提出三重螺旋是大学、产业、政府三方面合作关系发展至今的最佳形态和结构。谢开勇等对产学研进行了多模式划分。根据产学研合作主体的相互关系将产学研合作分成了四种类型：校内合作、双向联合体合作、多项联合体合作以及中介协调型合作。在前三种合作模式中，大学在合作过程中的作用很少被重视，在一定程度上影响了合作的整体效应；随着市场经济体制的不断完善以及产学研合作外部环境的不断提高，有中介机构参与的合作模式是产学研合作模式的一个创新，将会给大学和企业带来一个很好的机会。

(2) 产学研合作中的问题研究

冯学华具体提出了我国产学研合作创新存在的三大内部问题和三大外部问题，如合作动力不足、缺乏稳定的资金渠道等。胡恩华具体分析了我国产学研合作创新所存在的技术供给、技术需求、利益分配、风险投资、外部环境五大问题，并提出相对应的对策机制。朱建设认为，我国产学研合作创新中存在的障碍主要表现在五个方面：体制障碍、观念障碍、资金障碍、中介障碍、法规障碍，提出了加强知识产权保护，加强中介服务体系建设等对策建议。杜鹃、李淼淼认为，产学研合作模式中存在的共性问题是产学研合作模式中内部动力、管理和利益分配机制不完善不健全以及外部条件问题，包括信息不流畅、资金不到位和缺乏法规。黄国杰等通过分析我国产学研合作创新在组织方式、管理方式、技术供给三方面的新进展，发现了其中存在的主体地位不明显及利益分配、评价体系不健全的问题。

(3) 产学研合作的运行机制研究

关于产学研运行机制的研究主要有以下四个方面：一是解决产学研结合中存在的问题的角度，陈建有等认为，应该建立多方调解机制以解决这一问题。蒋文昭从制度创新的视角对产学研合作的保障机制进行了研究。二是产学研的知识产权运行机制层面，吴宏元等认为可以采取类似于日本产学研合作中的“协调者制度”，以减少产学研合作过程中的知识产权争议。三是有关收益的分配层面，董彪指出合理的、最优的分配机制应该以联盟源起时各成员单位的付出以及参与度等方面为基础衡量，最后达到分配中的公正公开，从而使各方利益都得到满足。四是机制组成环节层面，张俊提出产学研运行机制分为七个要素，概括为“三源四机制”，即产学研联盟由主体、制度、动力源三个源头组成并推动。由激励、协调、领导、发展等四种机制组成。冯学华将国内外的产学研合作动力机制案例进行了分析，将产学研动力机制分为三个层次：外力的推动、内部利益的驱动、反馈与有效的控制。丁堃分析了在我国目前的经济体制和科技体制下，影响企业、高校和科研院所合作的内部、外部动力因素，提出了产学研合作的 EIiPl—P2CS 动力模型。

(4) 产学研联盟的相关政策研究

曹燕萍等从财税政策的视角对产学研合作创新的困境进行了分析，指出应该以财税政策为依托，促进产学研合作跨越式发展。董美丽对中国高校产学研合作发展的政策改进进行了系统思考，提出应从外部环境的形塑和内部机制的完善两方面解决合作困境。梁凌洁对高职院校产学研合作的对策进行了相关研究，强调政府的调控职能与企业自身优势以及高校的潜能相结合。王素征对上海市政府推进产学研战略联盟的相关政策进行了研究，提出推行知识产权战略、风险投资政策、中介机构建设政策相结合的组合政策。杨泳辉等基于广东地方高校发展产学研存在的问题如资金不足等提出要强化政府的支持力度，完善产学研主体间的联动机制。张婷以无锡高新区为例，强调政府在推进产学研合作过程中应该始终注重维护产学研合作大环境的良性循环和平衡发展。胡冬雪等从产学研合作中各种社会关系的调整、创新主体的塑造、合作成果的保护和利益分配几个方面分析了我国产学研合作的法制需求和立法重点。唐志把我国产学研合作创新公共政策的演变分为初步探索期、全面推广期和快速发展期三个阶段，提出要强化合作服务体系和公共技术平台建设等建议。饶燕婷从法制环境、中介组织以及资源瓶颈三个角度对产学研合作展开了相关的政策构想。

2. 产学研实践研究现状

我国的产学研合作从 20 世纪 80 年代末正式开始。1986 年，原国家经委、国家教委、中国科学院共同提倡实施“产学研联合开发工程”，旨在建立企业、高校和科研院所之间稳定密切的交流合作制度，探寻一条适合中国国情的科技与经济结合道路。与此同时，各地政府也相继出台多种鼓励政策以推进产学研合作的发展。上海在市政府等相关部门的带动下，已经逐步形成了战略联盟；辽宁省科技厅自 2005 年开始推动了产学研长期合作机制，同时还出台了相关文件为“技术联盟”提供专项扶持资金；深圳从 20 世纪 90 年代开始，与国内很多著名大学合作建立研究所并成立了产学研基地，设立国家重点实验室和工程技术中心近 80 所，博士后工作站 39 个，企业孵化器 2 200 多家。

(三) 文献述评

从国外的研究动态来看，研究趋向于利用统计学分析的手段与计量经济学模型对于产学研合作与联盟进行实证研究，涉及纯理论研究的很少。我国对产学研的研究主要是基于宏观层面，这些研究在很大程度上促进了产学研协同创新的发展，同时为产学研协同创新机制的选择提供了理论依据。但是目前的研究尚有很多不足，学者们的研究倾向于对国外产学研合作的运行机制进行简单归纳，提出的对策建议缺乏针对性。此外，针对产学研合作中的困境，学者们提出的策略过于理性，很多建议的可行性与操作性有待加强，并且这些建议对于深入推动产学研合作发展的作用还不够。总体来看，我国对于产学研合作的研究有待深入，同时需要得到政府的资金和政策支持。

四、江苏省“十二五”产学研发展现状调研

(一)“十二五”期间产学研工作主要成就

1. 形成由国家、省和市(县)三级促进产学研合作的相关法规政策体系和“两部一省”的产学研合作体系

为促进产学研合作的深入，实现科技成果的转化和产业化，国家制定了相应的政策法规，江苏省和各市(县)也根据自身的条件、基础和特色制定了相关的政策和办法(表 9-1)；逐步形成由科技部、教育部、江苏省政府推动科技教育与经济紧密结合支撑江苏省新兴产业培育和发展框架，为引进优势战略资源提供了良好的环境，也拓展了市县洽谈合作的空间(表 9-2)。

表 9-1　近年来国家、江苏省和市(县)三级促进产学研合作的主要法规及政策

层面	主要法规和政策
国家层面	《技术合作法》《专利法》《中华人民共和国促进科技成果转化法》 《关于加快培育和发展战略性新兴产业的决定》 《关于推动产业技术创新战略联盟构建与发展的实施办法(试行)》 《关于动员广大科技人员服务企业的意见》
省级层面	《江苏省高层次创业创新人才引进计划实施办法》 《江苏省科技成果转化专项资金管理办法(试行)》 《关于加快高新技术产业开发园区发展的若干意见》 《江苏省科技成果转化风险补偿专项资金暂行管理办法》
市(县)级层面	《南通市促进高新技术成果转化和产业化的若干规定》 《苏州市科委加强科技成果鉴定管理暂行办法》 《常州市关于加强产学研合作的若干意见》 《盐城大丰市关于鼓励和支持科技创新工作的意见》

表 9-2　“两部一省”产学研合作体系

合作形式	合作成果	具体成就
省部合作	科教结合产业创新基地	苏州纳米技术、泰州生物医药、南京通信与网络
省校(院)合作	战略合作协议	与中科院、工程院、北京大学、清华大学、中国电子科技集团、中国农科院、航天科工等签订战略合作协议；带动县级以上政府与高校院所签订合作协议 1 300 多份
省内联动	省推进产学研结合工作协调指导小组 产学研合作处	由省科技厅、省财政厅、省教育厅等 9 家单位成立省推进产学研结合工作协调指导小组；省科技厅专门成立产学研合作处

2. 产学研对接交流平台体系已经形成

对接交流平台是产学研合作的基础，着力强化活动前期的需求对接和后期的跟踪服务、

政策扶持,有效提升产学研合作活动的针对性、实效性和可持续性,积极构建多层次、多形式、多手段的产学研合作沟通交流和互动对接平台,建设一批综合性的公共网络平台和实体型服务平台(表 9-3);打造综合性产学研活动品牌(表 9-4),进一步突出对接洽谈主题,提炼活动内涵,吸引越来越多的国内外具有较高水平的科技成果、专家团队来我省展示、交流,吸引一大批企业负责人参会洽谈,创造合作机会,成为我省聚集科教资源、服务企业创新的活动品牌。

表 9-3 江苏省主要公共科技服务平台汇总表 9-

名称	性质	主要功能
江苏省科技评估中心	省内唯一的专业性省级科技评估机构	起草科技评估规范,承担科技评估任务
江苏省工程文献信息中心	科技文献信息服务机构	文献代查代借、收录引用、定题引用、检索咨询等
江苏省建设工程中心	依托省重点高校、高新技术企业组建的科研实体	建设工程化研发平台,开展工程研究、试验和成套技术服务等
江苏省产权交易所	政府培养组建的产权交易机构	提供科技成果、科技产(股)权等各类技术产权收集、筛选、策划、对接、交易和增值服务
江苏省科技查新咨询中心	唯一国家级查新机构	查新服务、国际联机检索、引文检索和定题服务

表 4 综合性产学研活动品牌

会议名称	举办频次
产学研合作成果展示洽谈会	两年一届
国际产学研合作论坛暨跨国技术转移大会	两年一届
国际软件产品和信息服务博览会	一年一次

3. 建成一批新型的产业技术研发机构

为了搭建高校、科研院所和企业共同开发的平台,围绕重点发展的战略新兴产业或特色支柱产业,累计引进国内一流科教单位(大型央企)或海外创新团队共建各类新型研发机构300 个。每个研发机构都是由地方政府引进一流高校院所的优势学科和专家团队等创新资源建设的,有明确的专业方向定位,与其研究领域的相关大学建立紧密的联系,使研发机构创新工作与高校的研究工作有机衔接,有较强的创新资源支撑和重大技术成果源头,经过进一步的引导、支持和培育,有潜力、有能力发展成为省产业技术研究院专业研究所,预期成为省产业技术研究院专业研究所今后发展的重要后备源头。研发机构与学术界、产业界形成密切合作,开展密切的人才培养与学术交流合作。

4. 形成了比较系统的产学研合作组织架构,与江苏省 2011 协同创新中心并驾齐驱

形成由"基地—载体—人才—项目"构成的系统的产学研链型结构体系,与江苏省教育厅成立的江苏高校 29 个"2011 协同创新中心"共同协调开展产学研活动,推动科教资源向产

业集聚(表 9-5)。

表 9-5　产学研合作组织及主要成就

体系要素	具体成就
产学研协同创新基地	围绕通信与网络、传感网、纳米技术、生物医药等产业布局建设 23 个省级产学研产业协同创新基地
产学研联合重大创新载体	引进国内一流科教单位(大型央企)或海外创新团队,共建产业技术研发机构或集产业技术研发、专业技术服务、知识产权与技术转移服务等为一体的具有较强开放服务功能的综合性创新载体
产学研科技人才队伍	开展“科技镇长团”和“科技副总”工作
产学研合作项目	引导高校院所科研人员围绕企业需求,联合企业开展以应用为导向的基础性、前瞻性研究,目前已累计组织 1 000 多个前瞻性联合研究项目
省高校 2011 协同创新中心	一共获批 59 个协同创新中心,以人才、学科、科研三位一体创新能力提升为核心任务,构建面向科学前沿、文化传承创新、行业产业以及区域发展重大需求的四类协同创新模式

(二)“十二五”期间产学研存在的问题

“十二五”期间产学研合作创新取得了巨大成效,但科技与经济脱节的现象仍然存在,科教资源未能得到充分释放。在产学研合作方面,产学研各方的动力和能力难以对接的矛盾仍然突出,严重制约“产学研用”合作的最大障碍是体制机制,包括宏观管理体制、组织协调机制、利益分配机制等。

1. 高校、科研机构创新要素有效供给不足

对 10 所主要部属高校调查得出,现有的高校、科研机构存在以下问题:(1) 江苏面向本省的创新成果供给不足;(2) 高校院所的专业、人才与本省经济发展和产业创新的紧密度不够;(3) 高校尚不能紧密结合市场,面向市场应用转化的成果不到 6%;(4) 高校院所现有的学科设置满足不了产业创新发展新需求,传统科研方式难以产生重大创新成果或对本地区产业发展的瓶颈问题进行研究开发,许多领域需要从省外甚至国外引进人才和开展技术创新。

2. 企业主体地位不强,开展创新的动力不足,整合创新资源的能力不强

江苏省近几年企业的创新能力有了很大的提升,但是仍然存在以下问题:(1) 科研企业数量少,研发投入不足。有产学研活动的企业少,且用于内部研发的经费只有三成左右,流向高校的比例不足 5%,大多数企业仍习惯直接引进国外设备扩大产能,主动参与原始创新和前期研究的积极性不足,并且不重视消化吸收再创新。(2) 企业创新活动偏向下游,中小企业的技术创新人才不足,实验和设备手段相对落后,承载成果转化的技术能力不足。(3) 企业目前市场环境和企业所处发展阶段还不足以使技术创新成为企业生存手段和最有利可图的发展路径,企业开展技术创新的动力不足。(4) 创新资源碎片化,上下游企业之间、产学研之间的协同难度比较大,条块分割、资源分散,难以形成重大成果。

3. 技术转移体系建设不够健全，包括产学研平台、产学研联盟，满足不了产学研顺畅对接的需要，突出表现为创新体系和创新环境亟待优化

江苏技术转移体系市场化发育程度低，整体水平不高，手段落后，功能单一，无论在功能上还是能力上都还不能适应产学研紧密结合和科技成果转化的迫切需要。政府对科技服务机构发展缺乏总体规划和资金支持，社会化服务体系有待健全。科技服务机构的能力和水平不高，难以满足企业旺盛的创新服务需求。

五、江苏省产学研发展面临的形势分析

（一）江苏省产学研发展机遇

1. 国家深化经济、政治和教育体制改革的形势，推动江苏省产学研深度合作

国家实施一系列改革举措，如科技成果评价体系改革、科技成果处置权和收益权管理改革，破除制约科技创新的制度障碍，增强高校和科研院转化成果的积极性。新一轮高等教育综合改革通过改善机制体制等顶层设计，使得高等教育与经济发展结合度更高，科研和人才培养更适合社会经济发展需求，重视高等教育的内涵建设以及国际化和有特色的人才培养。社会上创客的兴起，形成创新氛围，这些为产学研合作打下更好的基础。

2. 江苏省经济新常态下面临着转型升级，客观上需要创新

江苏正处在经济转型升级的加速期、科技创新的活跃期，面临社会需求、产业发展、劳动力与就业、居民收入分配等新的重大结构性变化。原有的靠引进发展的路径依赖的范式已经不存在了，面对新的发展形势，必须依靠创新驱动加快转变经济发展方式，推动由过去比较多地依赖物质资源消耗向主要依靠科技进步、劳动者素质提高、管理创新转变，使创新成为江苏发展的最大引擎和最重要推动力。

3. 江苏省前期累积良好的经济基础，为产学研进一步发展打下基础

江苏省提出率先建立创新型省份的目标，把科教兴省、人才强省作为发展主战略，尤其是金融危机中，主动利用危机形成的倒逼压力，大力发展创新型经济，培育了新的增长点，江苏有基础、有条件走以创新驱动为特征的“先发之路”。

（二）江苏省产学研发展面临的挑战

1. 国际技术竞争空前激烈，与世界其他国家比，仍然存在很大差距，尤其以美国为首的发达经济体在技术创新上仍处于领先地位

全球新一轮科技和产业革命正处于孕育期，主要发达国家和地区加快转变科技和产业发展战略，世界经济调整和转型力度加大，国际市场的竞争更加激烈。江苏在全国实现率先发展，竞争的压力在加大。在第三次工业革命的大背景下，美国正在进行创新模式的巨大变革，美国实行的创新实验室模式所取得的成果已经成为美国竞争力的重要组成部分。美国独特的创新机制、创新文化和创新生态，使其仍将维持世界新技术研发中心的地位。江苏省

要在新一轮竞争中继续走在全国前列，在国内外市场竞争中赢得先机和主动权，必须加强自主创新，大幅提高经济增长的质量和效益，打响江苏创造的品牌，增强核心竞争力，抢占产业发展制高点，切实形成经济社会发展的新的优势。

2. 相关政策法规体系不完善，促进产学研结合的社会政策环境还有待完善，构建科技新体系势在必行

江苏出台了一系列的鼓励科技创新创业的政策措施，但在产学研结合的政策上，宏观政策提倡多，具体政策倾斜支持少，缺乏配套的实施细则、协调监督机制和良性循环机制。政府在金融、税收、信贷、利益、产权、合作纠纷等方面尚未形成一套相应完整的政策、法规；高校科研方也缺乏对产学研中的人员流动、生活待遇、成果归属、职称评定、个人权益、设备共用等方面完善配套政策。高校院所普遍反映在有关产学研结合的政策落实上，政府的T商、金融、税收等部门对政策理解不一，执行困难。

3. 区域经济发展的不平衡，增加了产学研的推进压力，同时新常态下要求区域发展的协调性，更是为江苏省创新发展提出更高的要求

江苏省苏南自主创新能力强，苏北较弱，发展的不平衡对江苏省整体的创新战略不利。优化区域创新体系空间布局，立足区位特点、资源禀赋和创新基础，加快实现苏南创新提升、苏中创新跨越、苏北创新突破，整体加强科技进步与创新。目前创新的重心应该在加快建设沿海科技走廊，广泛集聚创新资源，推动苏中和沿海地区培育壮大海洋工程装备、生物医药、新材料、现代物流业等战略性新兴产业和现代服务业。在苏北地区建设一批特色创新基地，支持苏北与苏南共建科技园区，进一步扩大高新技术产业和特色产业规模，努力促进经济转型升级。江苏省中小企业主要分布在县(市)区域，而科技创新资源主要集中在南京等大中城市，提升县(市)企业自主创新能力是当前科技工作的一个重要任务。

4. 江苏省高校院所现有的学科设置满足不了产业创新发展新需求，传统科研方式难以产生重大创新成果

江苏虽有120多所高校，但具有创新能力的高校不足一半，加上受到教育发展体制的影响等，高校院所的学科大多是从科学研究角度设置的，学科分类细、专业雷同多，学科和专业设置调整困难，缺乏灵活性，导致学科建设跟不上时代发展和市场要求。特别是江苏实施沿海开发战略，积极发展战略性新兴产业，对科学设置和建设提出新的要求，特别是新兴产业市场需求的成果则往往涉及多学科的交叉融合，很多企业反映在高校院所找不到对口的专业。江苏战略性新兴产业的许多领域需要从省外甚至外国引进人才和开展技术创新。现行科技管理体制和高校文化下，多数学校科技创新习惯以教授领衔的课题组管理模式，跨学科、多领域的科研开发团队少，这种创新组织方式很难组织出重大创新的成果，既不能解决产业高端的核心关键技术，也不适应新兴产业发展的多学科交叉融合。江苏的科教资源现状难以支撑江苏转型发展，需要开放配置更多的产学研资源。

六、江苏省产学研发展的总体思路、目标和主要任务

（一）总体思路

深入实施创新驱动发展战略，协调推进“四个全面”的战略布局，认真落实习近平总书记对江苏工作的最新指示精神，大力推进科技创新工程，按照“一分、二化、三新、四聚”的基本思路，以市场化为导向，强化协同效应，有效促进创新要素与生产要素的衔接融合，努力提升产学研合作创新能力和区域创新体系整体效能，为江苏加快建设“全球有影响的产业科技创新中心”的目标提供有力支撑。

一分，即分类指导。围绕“一区一主导产业、一县一主导产业、一镇一特色产业”的战略布局，开展产学研工作，推进以科技创新为核心的全面创新，服务地区经济发展。

二化，即智能化和信息化。大力推进智能制造装备的升级，大力推进大中型企业互联网化转型，并将其作为产学研合作的重中之重。

三新，即新机制、新路径和新思路。将发展动力创新、发展路径创新、发展内涵创新都纳入创新驱动范畴，全面深化科技体制改革，构建产学研合作的新机制；充分利用江苏科教人才优势和开发开放优势，探索产学研合作的新路径；充分认识政府介入产学研合作的新内涵，创新产学研工作的新思路。

四聚，即进一步强化创新要素向企业、产业、园区和基层集聚。以高新技术企业为重点，培育一批创新型领军企业集群；以战略性新兴产业和现代农业为主攻对象，培育一批具有国际竞争力的创新型产业集群；以苏南国家自主创新示范园区为突破口，建设一批具有全球影响的创新型园区；以创新型人才输送为纽带，建设一批独具特色的产学研合作专业镇。

（二）发展目标

1. 总体目标

到 2020 年，基本形成企业创新能力显著提升、高校协同创新高度活跃、国际科技合作初具规模、产学研合作机制运行顺畅、产学研合作模式创新活力迸发、产学研服务体系支撑有力的新格局，成为全球有影响的产学研合作创新高地。

一是，初步建成企业为主体、市场为导向的科技创新体系，促进科技与经济的紧密结合。二是，基本实现知识产权强省建设，加强产学研合作创新的制度保障。三是，形成较为完善产学研合作政策体系，优化产学研合作创新环境。四是，建成一批国家级且具有国际影响的产学研合作密集区，提升区域创新能力。五是，培育建设一批科技服务品牌机构，完善产学研合作创新服务体系。六是，培育形成一支创新型产学研人才队伍，激发江苏创新创业活力。

2. 主要指标

到 2020 年，具体发展目标如下：

培育国家级企业研发机构突破 200 家、省重点企业研发机构达到 2 000 家、市级企业研发机构接近 2 000 家；攻克 1 500 项江苏产业急需解决的核心、关键及共性技术；推动高校建成 10 个国家协同创新中心、20 个国家技术转移示范机构；支持建立 50 家国家级国际科技合作基地；力争建设 5 个国家重大创新基地、10 个有国际影响的产业创新中心、100 个省级产学研产业协同创新示范基地；推动建成 20 个左右的国家级产业技术创新战略联盟；力争 5～8个国家重大科技基础设施建设落户江苏。

产学研合作项目累计新增产出超过 30 000 亿，其中，中科院系统合作转移项目产出到 2020 年突破 3 000 亿元；加快推进“科技副总（企业创新岗）”工作，从省内外高校院所选派 2 000名左右的特聘专家到我省企业兼职担任技术副总或副总工程师，指导企业开展技术创新；继续加强省级“科技创新券”试点工作，向苏北地区企业发放科技创新券 5 亿元；全面推进“科技镇长团”工作，选派 2 000 人次的高层次人才到全省各县（市、区）的乡镇、街道和开发区任职；培育提升 100 家骨干科技服务机构；促进江苏科技进步对经济发展的贡献率超过 65%。

（三）主要任务

1. 强化产学研合作创新基地与产业发展的集成联动

（1）推动国家重大创新基地建设。以国家高新区、苏州工业园区为依托，以加强原始创新和技术研发转化为方向，力争在苏南地区建成一批产业特色鲜明的产学研联合创新重大载体。

（2）推动省级产学研产业协同创新基地。按照“一区一战略产业、一县一主导产业”的要求，以地方高新技术园区为依托，强化省产学研产业协同创新基地的组织申报工作，面向苏北地区培育 30 家，苏中地区培育 20 家，苏南地区培育 50 家示范基地。

（3）布局一批国家重大科技基础设施。积极创建通信技术国家实验室和微结构国家实验室，积极争取布局建设未来网络试验设施和纳米真空互联网实验站，加快建设超级计算机（无锡）中心等重大科技平台，打造若干世界一流的大科学研究中心，努力取得一批具有重大科学意义的或应用价值的原创性成果。

（4）建设国际科技合作基地，吸引海外知名大学、研发机构、跨国公司到江苏设立全球性的或区域性的研发中心，引导企业与研发中心开展深度合作，推动江苏与国外著名高科技园区建立稳定的合作关系。

2. 推进科技体制改革与产学研合作新模式的集成联动

（1）推动高校院所与企业、工业园区共建科教结合产业创新基地等新型研发机构，加快与国际和国内一流的高校进行合作共建新型研发机构。

（2）实施省产业技术研究院建设推进工程，集聚社会资源。尽快形成高校科研机构、企业研发机构和产业技术研究院的“三驾马车”社会研发体系。已经建立的研发机构产业技术研究院采用“政府主导＋市场机制”相结合的新型发展模式，紧密结合地方产业基础和发展需求，重点围绕产业共性技术开展工程化研发、企业孵化和成果产业化。引领和支撑创新园区特色化、专业化创新发展，吸引多元主体参与组建，整合政府、大学和院所及企业的优势资源，实现协同创新聚焦产业共性技术开发与应用，致力成为战略新兴产业的源头和区域产业创新的高地。

3. 推进科教优势和开放优势与产学研合作新路径的集成联动

探索专业产学研合作洽谈会新模式。

(1) 继续推进高校技术转移机构建设。支持苏南地区新增10家国家级的技术转移示范机构；支持苏北地区徐州工程学院、盐城师范学院、淮海工学院等高校与省外高校院所共建一批联合技术转移中心。

(2) 加快江苏高校协同创新中心建设。继续推进南京人工微结构科技协同创新中心、苏州纳米科技协同创新中心、江苏先进生物与化学制造协同创新中心、东南无线通信技术协同创新中心建设；继续开展江苏省高校协同创新中心培育工作，支持南京理工大学、河海大学等行业特色型研究型大学申报国家级协同创新中心。

(3) 继续开展"科技副总(企业创新岗)"和"科技镇长团"选派工作。每年从省内外高校院所选派300名左右的特聘专家到苏南地区企业兼职担任技术副总或副总工程师，指导企业开展技术创新。鼓励苏北地区探索开展"科技副总"选派工作。扩大创新型试点县和创新型试点乡镇规模，继续开展"科技镇长团"下基层工作。

(4) 探索"科技经纪人"试点工作。借鉴浙江省科技成果转化的先进做法，组织南京大学、东南大学、苏州大学、河海大学、南京理工大学等研究型大学面向苏南地区选派科技经纪人，促进高校科技成果的产业化。

(5) 继续推进科技惠民富民工程。围绕水和耕地污染防治、科技强警、食品安全、小城镇建设、重大新发传染病防控等领域，引导江南大学、南京医科大学等高校组织实施一批重点科技示范工程，加快技术研发和转化运用，促进民生科技产业发展。

(6) 打造江苏创新驿站新格局。集成利用科技资源，以信息化手段为支撑，以企业需求为导向，以符合世界标准的管理体系为指引，建立跨国家、跨地区、跨行业、跨领域的技术转移扶持体系和中小企业一站式创新支持系统，利用全球资源支持中小企业技术创新，不断完善江苏创新驿站的区域站点和基层站点。

4. 推进互联网商务与产学研工作新思路的集成联动

将互联网模式应用于技术转移领域，进一步构建产学研合作信息平台。一方面，网络通过对院所资源的碎片化处理与系统化整合，将院所、专家的技术能力提炼为更加直观的"技术开发服务产品"和"科技服务产品"，企业更便捷地获取并筛选技术服务内容，整合到更优质的资源。另一方面，网络通过整合科技服务行业龙头机构，拓展原有体系的功能和服务空间，而且为院所提供质优价低的科技服务，包括专利申请、政策应用等，可以大大降低院所相关方面的成本支出，且手续更便捷、服务更专业。

5. 推进科技创新与产业政策的集成联动

(1) 政府制订科技计划促进产学研合作，在预研阶段，主体的选择"企业＋科研机构"，使大学与产业科研合作变得更加紧密、融合。

(2) 构建促进产学研战略合作的政策保障和激励体系，强调在一个项目内同时完成开发和转移两个步骤，以此提高科技成果转化率。

(3) 出台相关法规政策明确产学研各方的权利、职责，规范产学研合作行为，明确合作中的资金管理、内部利益分配机制、知识产权归属与保护关系，解决目前产学研组织松散、行为短期、不能持续发展等问题。特别是要保障"知识产权私权属性"，强化"谁完成归谁享有"的原则，保障多个完成或协作单位之间的知识产权约定的履行，形成"高校技术转移条例"等相应的制度。

七、江苏省产学研发展的保障措施

1. 加强组织领导与统筹协调

充分发挥江苏省推进产学研结合工作协调指导小组的统筹协调作用、科技厅对全省产学研工作的业务管理职能，以及县镇两级政府科技管理职能，明确职责分工，共同抓好发展规划各项目标任务的分解和落实。

各级政府要把产学研合作作为提升自主创新能力、转变经济发展方式的重要抓手，建立工作责任制，层层分解任务，加强督促检查，确保各项工作落到实处。出台产学研合作工作考核评估、表彰及管理等办法措施，加快健全以科技进步与创新为主要内容的干部考核评价体系。加强对地方产学研工作的分类指导，强化重大项目厅市会商制度，引导产业错位发展，形成各地差异化优势。

2. 强化共同投入、优势互补、利益共享、风险共担的产学研投入机制

强化政府财政投入的引导和保障机制，积极探索科技与金融结合的新路子，建立健全以政府投入为引导、企业投入为主体、社会投入为补充的多元化产学研结合投入体系。二是以建设产业技术研究院为突破口，为企业创新提供关键技术支撑。把产业技术研究院建设作为科技体制改革的试验田，作为创新驱动发展的战略抓手全力推进，尽快形成高校科研机构、企业研发机构和产业技术研究院的"三驾马车"社会研发体系。

进一步加大各级政府财政投入，并保持每年专项资金增长的比例不低于省财政支出的增长比例。设立产学研联合创新基金，支持产学研联合项目研究，引导企业介入高校院所早期研发。鼓励有条件的市、县(区)建立产学研结合专项资金，逐步增加政府财政投入。引导全省各类科技、产业发展计划经费共同支持产学研合作项目。

建立以企业为主体的投入体系。引导企业逐步提高研究开发费用占销售收入的比例，鼓励企业设立产学研合作专项经费，推动企业成为产学研合作项目投入的主体。积极利用科技型中小企业贷款担保风险准备金，促进产学研结合科技企业和项目提高贷款融资能力；

鼓励产学研结合科技企业争取上市融资，拓宽资金筹集渠道。

以建设风险补偿资金池为突破口，引导各类资本投向产学研协同创新。改革财政资金使用方法，加大风险补偿比例，通过省、市、县联动，逐步构建百亿元的科技金融风险补偿资金池，引导推动社会资本加大对协同创新的支持力度。

3. 优化产学研合作的政策法规环境

认真贯彻落实国家、教育部、科技部和江苏省促进自主创新和产学研结合的相关政策，以及《中共江苏省委、江苏省人民政府关于实施创新驱动战略推进科技创新工程加快建设创新型省份的意见》《中共江苏省委、江苏省人民政府关于加快企业为主体市场为导向产学研相结合技术创新体系建设的意见》《江苏省高级人民法院关于为实施创新驱动战略推进科技创新工程加快建设创新型省份提供司法保障的意见》等产学研结合专门政策文件。推进南京国家科技体制综合改革试点，制定出台“1＋8”系列政策、“科技九条”，探索建立苏北科技创新券制度试点，支持开展科技和金融结合试点。根据实际需要，进一步制定省部产学研结合的配套政策。

以深化科技体制改革为突破口，推动高校院所科研更好地面向经济建设主战场。建立健全现代科研院所制度，加快高水平大学建设，着力增强高校院所服务经济社会发展、服务企业的能力。推进科技评价和奖励制度改革，形成正确的科研导向和激励机制，促进科技成果大量涌现并加快转化和产业化。推动高校改革和完善科研成果评价与考核体系。落实国家和部属高校有关科技成果转化的政策，激励高校科技人员参与产学研结合。调整和完善高校科技人员业绩考核制度和职务晋升制度等。

以知识产权制度建设为突破口，保障产学研合作各方创新权益。加快建设知识产权强省，在全社会树立知识产权制度是一种基本财产权制度的理念，同时围绕知识产权产生、转移、转化、收益、保护等关键环节，建立健全制度，创新体制机制，为推动知识产权的产生、“知本”向“资本”的转变提供有力的制度保障。

4. 建立产学研合作的绩效评价和动态调整机制

研究制定科学的评估办法和指标体系，对产学研合作项目进行评估监测，根据考核情况实行奖优罚劣，建立科学高效的项目组织和管理模式。规范江苏省产学研省部合作专项资金的管理，建立适应产学研结合特点的科技经费监督管理和绩效评估体系，提高专项资金的使用效率和效益。

建立动态调整机制，定期评估本规划的实施情况，监督重点项目的执行情况。加强省部产学研结合的宣传工作，充分发挥新闻媒体的宣传舆论导向作用，动员更多的高校、科研院所、企业和社会力量与省部产学研结合，为本规划实施营造良好的合作氛围和环境。

5. 完善产学研合作的中介服务体系

加快建设技术交易、成果转化、咨询评估、专利代理等中介服务体系建设，发挥中介服务机构的桥梁和纽带作用，降低合作成本，提高合作效率。

发展以专业中介机构为主体的产学研结合服务体系。依托各类孵化器、生产力促进中心、评估咨询机构、专业技术协会、科技信息中心、知识产权法律中介机构等，形成组织网络化、服务社会化的省部产学研结合服务网络。依托中介服务机构，建立产学研合作信息服务平台，打造集技术（专利）成果展示和对接、科技人才对接、技术信息推送、科技咨询等服务业务为一体的产学研合作信息服务平台，建立技术、成果等信息联动更新和动态管理机制，逐步探索技术转移全过程、多元化的服务模式，面向高校院所、企业、科技中介机构、地方科技管理部门等各类主体提供开放服务。

加强技术转移的专业机构和组织建设。组建江苏省技术转移联盟，以高校技术转移中心为主体，联合其他相关机构，探索建立技术转移资源共享、协同互动、优势互补、平等互利的运作机制，加快促进技术转移转化。积极开展校地、校企产学研合作对接活动，举办江苏产学研合作成果展示洽谈会、对接洽谈会、江苏省产学研合作圆桌会议等活动，促进高校与江苏省产业界的合作。

6. 构建完善的产学研智库

围绕建设创新型省份和实施创新驱动发展战略，研究国内外科技发展趋势，推进国家重大科技基础设施建设，构建完善的技术转移体系，推进创新基地和创新载体建设，组织省产学研联合创新资金计划，深化与重点科教单位的合作，举办专题产学研对接洽谈活动。

（执笔人：李晓燕　李黎明　钱建平　范炜烽　冯　锋　梅术文　陈长风　张　瑾　蔡红全）

参考文献

[1] 秦旭，韩文秀，陈士俊. 产学合作模型研究[J]. 西北农林科技大学学报(社会科学版)，2003 (3) ：65 - 68.

[2] 常爱华. 产学研合作机理的哲学新释——我国产学研合作政策研究[D]. 天津：天津大学，2007.

[3] 张卫国，李江. 基于演化博弈的产学研合作稳定性分析[J]. 技术经济与管理研究，2009 (5)：25 - 27.

[4] 仲伟俊，梅姝娥，谢园园. 产学研合作技术创新模式分析[J]. 中国软科学，2009(8) ：174 - 180.

[5] 陶爱祥. 低碳经济视角下的产学研协作问题研究[M]. 南京：东南大学出版社，2012.

[6] 殷辉. 基于演化博弈理论的产学研合作形成机制的研究[D]. 杭州：浙江大学，2014.

[7] 周英豪. 中美高科技园区发展模式比较及启示——以中关村和硅谷为例[J]. 企业经济，2010(03)：111 - 113.

[8] 柳士双. 区域创新体系：国际比较及启示[J]. 湖北社会科学，2010(07)：62 - 67.

[9] 周琪，徐修德. 试析美国国家创新体系的现状及特点[J]. 山东教育学院学报，2005(03)：

97－99.
[10] 夏鲁惠.外国高等教育区域化发展研究[J].高等工程教育研究，2008(02)：113－116.
[11] 王玲，张义芳，武夷山.日本官产学研合作经验之探究[J].世界科技研究与发展，2006(04)：91－95.
[12] Miles R E, Snow C C, Miles G. Collaborative entrepreneurship: How Communities of Networkedfirms Use Continuous Innovation to Create Economic Wealth[M]. California: Stanford University Press，2005.
[13] 唐乐，段异兵.产学研合作的治理机制设计[J].科学学与科学技术管理，2007(12)：45－49.
[14] 杨得前，严广乐，李红.产学研合作中的机会主义及其治理[J].科学学与科学技术管理，2006(9)：38.
[15] Etzkowitz H, Leydesdorff L. The Dynamics of Innovation from National System and "Model 2" to A Triple Helix of University-Industry-Government Relations[J]. Research Policy，2000，29：109－123.
[16] Leydesdorff L. The Triple Helix: An Evolutionary Model of Innovations[J]. Research Policy，2000，29：243－255.
[17] 刘慧芬.产学研合作模式和机制研究[D].上海：上海交通大学，2009.

第十章 江苏省促进科技服务业发展体制机制和政策需求研究

随着大众创业万众创新的蓬勃兴起，科技创新为适应和引领经济发展新常态、增添经济发展新动能提供了强大支撑。为了适应新常态、把握新常态、引领新常态，必须抓住转变经济发展方式这个主要矛盾。由主要依靠要素驱动转为主要依靠创新驱动，由粗放型发展转为集约型发展，最根本的是依靠科技创新，科技创新是推动经济转型升级、提质增效的"第一动力"。习近平同志将科技创新提升为引领经济社会发展的"第一动力"，并指出在当前就是引领经济新常态的"第一动力"。

2014 年 10 月 28 日，国务院发布《国务院关于加快科技服务业发展的若干意见》，这是第一个国家层面的科技服务业专项政策文件。该文件首次指出了科技服务业定义，科技服务业是指运用现代科技知识、现代技术和分析研究方法，以及经验、信息等要素向社会提供智力服务的新兴产业，主要包括科学研究、专业技术服务、技术推广、科技信息交流、科技培训、技术咨询、技术孵化、技术市场、知识产权服务、科技评估和科技鉴证等活动。科技服务业是现代服务业的重要组成部分，是推动产业结构升级优化的关键产业，具有人才智力密集、科技含量高、创新推动力强、产业附加值大、辐射带动作用强等产业特性。发展科技服务业，是以调整结构稳定增长和提质增效、促进科技与经济深度融合的重要举措，是实现科技创新引领产业升级、推动经济向中高端水平迈进不可或缺的重要一环。发展科技服务业对深入实施创新驱动发展战略、培育发展战略性新兴产业、推动经济提质增效升级具有重要意义。为此，党中央、国务院高度重视科技服务业发展。

当今，科技创新已经成为经济发展的主要动力，科技服务业作为现代服务业的核心内容，对科技创新的支撑和推动作用日益凸显。在江苏制造业转型升级和创新驱动发展的大背景下，江苏科技服务业的发展对江苏整个经济发展更具有重要的意义，创新驱动的任务更加紧迫。加快江苏科技服务业发展，对江苏深入实施创新驱动发展战略、建设高成长服务业大省、推动经济提质增效升级具有重要意义。

要促进江苏科技服务业的快速、高效发展，关键是要结合江苏科技服务业的发展现状和时代特点，做好顶层设计，改革和完善体制机制设计，提出解决相关问题的政策。必须把创新驱动发展作为面向未来的核心战略，一以贯之、长期坚持，推动科技创新工程不断取得新成效，让创新成为江苏发展的鲜明特征和时代最强音①。

一、科技服务业文献综述

随着科技服务业在支撑全球经济增长中的作用越来越重要，如何更好地促进科技服务业的发展、提升其发展水平和功效已经成为学界与政界关注的重点问题。

张清正采用赫芬达尔指数、空间基尼系数、区位熵以及集中率分析中国科技服务业发现，中国科技服务业集聚表现出一定的空间演化特征，科技服务业整体集聚水平不断提高，中西部地区科技服务业集聚现象不明显，科技服务业逐渐向东部、京津和长三角地区以及北京、上海两市集聚；政府行为对科技服务业的发展影响最大，人力资本具有积极影响，知识溢出具有两面性等。方齐运用科技服务业和服务创新过程及绩效理论，对 67 家科技服务业企业开展实证调研后发现，科技服务创新的概念阶段，尤其是其中的新思想产生环节与概念开发环节对服务创新绩效至关重要。而服务创新的开发阶段与投入阶段的部分环节亦通过影响概念阶段进而对服务创新绩效产生影响。最后，基于创新过程视角提出科技服务业企业创新绩效提升的若干建议。王吉发和敖海燕等以创新链和科技服务产业链共生关系为前提，重新对科技服务业进行梳理和整合。在回顾创新链和科技服务业相关文献基础上，从创新链角度出发，结合价值链理论建立科技服务链。在此基础上，运用产业生态学知识，创建科技服务业链式结构模型，并对其整体结构和价值实现过程进行分析，为科技服务产业链发展提出建议。陈春明和薛富宏在对黑龙江省科技服务业发展现状进行考察的过程中，通过构建科技服务业发展水平的评价指标体系和因子分析法，认为黑龙江省在发展科技服务业的过程中需要推进高新技术产业基地建设，发挥其集聚辐射作用；增加科技投入，完善多元化投融资体系建设；实施科技人才战略，为科技服务业提供智力支持；推动国际科技合作与交流，促进引进消化吸收再创新。李建标和汪敏达从产业协同和制度谐振的角度探讨了天津市科技服务业发展的现状与对策，认为未来的发展需要从借力金融创新和滨海新区建设、加大政策倾斜和投入、推进市场化改革等方面入手。蔡齐祥等采用 SWOT 分析法对广东省科技服务业的发展进行了分析，指出广东科技服务业发展的三个重点方向，即支持产品创新与服务创新的新型科技服务组织，支持科技服务业发展的重大科研基础设施与自主创新成果转化基地和发展科技服务业的共性关键技术。

江苏省在创新型经济发展方面引领全国，是我国创新生产和科技服务业发展最为典型的区域之一，这也使得其成为学界研究的重要对象。黄斌等通过建立新的科技服务业评价指标体系，以反映规模和水平、结构和效益、科技服务能力、产业发展基础和科技发展环境对科技服务业发展的影响，认为各地级市应当根据自身特点确定不同的科技服务业发展方向。梅强和赵晓伟基于科技服务业集聚发展的角度，从江苏省科技服务业发展的现状出发，认为江苏科技服务业需要重视规划和引导，进一步明确方向、突出重点、统筹组织，引导资源有效

① 根据罗志军同志在江苏省科学技术协会第九次代表大会上的讲话整理得出。（2015 年 6 月 12 日）

配置和节约利用；加强政府的政策扶持和资金支持，为科技服务业的发展提供良好的外部环境；加快网络和数据库建设，牵头企业和社会力量，建设功能强大的网络平台和共享的开放型数据库；以载体引进为重要手段，加快科技服务业的对外开放，促进内外资的交流与合作；科技服务业集聚区要建立相应的管理机构，加强对集聚区内机构的统一管理，提升管理和服务的水平；各集聚区依据自身特质，创新集聚区发展模式，主动提升竞争力。邵笑冰等在分析江苏省科技服务业发展特征及存在问题的基础上，从完善科技服务体系、提升公益性科技服务能力、优化科技服务模式、健全科技服务金融体系和加强人才团队建设等五个方面提出了促进江苏省科技服务业发展的对策和建议。戴建忠认为江苏省在科技服务业的创新发展过程中，一方面需要完善政策法规体系，有效整合研发设计服务体系、科技创业服务体系、科技金融服务体系、科技咨询服务体系等科技资源。另一方面，需要创新人才培养模式，加快创新要素的集聚。其中，创新人才的培养主要包括科技服务业人才的培养、科技服务业领域高层次人才的培养、科技服务业行业职业资格证书制度等。而创新要素的集聚则需依托于政府的政策引导，以及高新区和科技园区的建设。

二、“十二五”期间江苏省科技服务业运行概况

1. 江苏科技服务业发展状况分析

在“十二五”期间，江苏科技服务业受到了广泛的重视，在《江苏省“十二五”科技发展规划》中，明确提出要“健全科技服务体系”，科技服务业也发展成为创新型经济中的重要产业之一。与“十一五”期末相比，以下创新指标实现了较大幅度的跃升：一是创新投入方面，2014 年全社会研发投入达 1 630 亿元，预计 2015 年达 1 800 亿元，是 2010 年的 2 倍，占地区生产总值的比重达 2.5%以上。二是创新贡献方面，预计 2015 年科技进步对经济增长的贡献率达 60%，较 2010 年提高 6 个百分点。三是知识产权方面，实施知识产权强省战略，2015 年发明专利申请量将超 15 万件，比 2010 年增长 2 倍，万人发明专利拥有量突破 12 件，较 2010 年翻两番。四是企业创新方面，创新型企业加快发展，目前高新技术企业总数达 8 206 家，预计年底将达 10 000 家，是 2010 年的 3 倍；大中型工业企业研发机构建有率超过 88%；企业科技创新减免税超过 260 亿元，企业技术改造投入超过 9 800 亿元。五是产业创新发展方面，2015 年高新技术产业产值将超 6 万亿元，较 2010 年翻一番，占规模以上工业产值比重达 40%；科技服务业收入预计达 2 600 亿元，是 2010 年同口径的 3 倍。六是产学研协同创新方面，产业技术创新战略联盟近 80 个，实现主导产业和战略性新兴产业全覆盖；“校企联盟”超过 1 万家，技术合同成交额超过 650 亿元，均翻了一番。七是人才创新创业方面，研发人员达 68 万人，增长 67%；累计引进海外高层次人才 1.5 万多人；累计选派 2 666 人次到全省 96 个县(市、区)的 700 多个乡镇担任“科技镇长”；2015 年 1～6 月，我省新登记企业近 17 万户，同比增长 32%，科技企业孵化器、加速器面积近 3 000 万平方米，在孵企业 1.5 万家，大众创业万众创新蓬勃发展。八是区域创新方面，苏南自主创新示范区上升为国家战略，成为我国首个以城市群为基本单元的自主创新示范区；基层创新活跃程度不断提高，全国科技

进步先进县(市、区)达 54 个,占全省县(市、区)总数的 55%。九是开放创新方面,吸引外资研发机构 616 家,企业"走出去"设立海外研发机构 171 家,国际科技合作基地达 33 个①。

江苏省大力实施创新驱动核心战略和科教与人才强省基础战略,着力推进科技创新工程,加快建设创新型省份,各项工作取得阶段性重大进展。江苏省科技综合实力显著增强,区域创新能力连续六年位居全国首位,知识产权综合发展指数年均增长率列全国第一、总体水平居全国第二,人才竞争力由全国第 4 位上升到第 2 位,江苏已成为我国创新活力最强、创新成果最多、创新氛围最浓的省份之一。

在"十二五"期间,江苏科技服务业发展总体平稳,市场规模有了一定程度的增加。行业总收入由 2010 年的 455.96 亿元,增加至 2013 年的 913.34 亿元,年均增长速度为 26.06%;科技服务业占第三产业总产值的比重由 2.66%增加至 3.46%。科技服务业从业机构数由 2010 年的 1 461 家(其中事业单位和社会团体机构 678 家,占总数的 45.4%)增加至 2013 年的 1 690 家(其中事业单位和社会团体机构 729 家,占总数的 43.1%)。"十二五"期间具体的对比分析如图 10-1、图 10-2 所示。

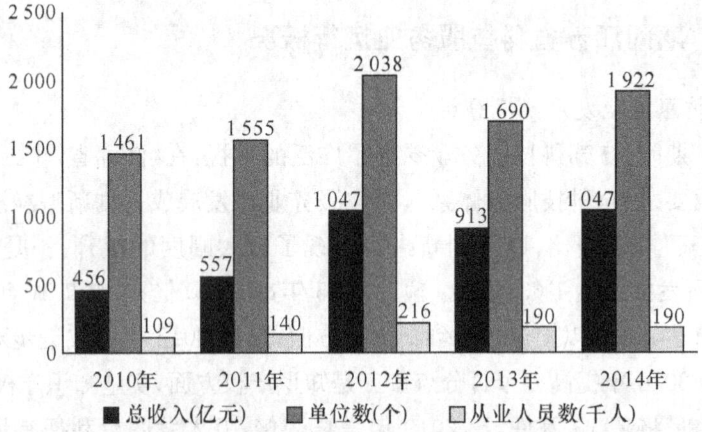

图 10-1 江苏省科技服务业总体发展趋势图

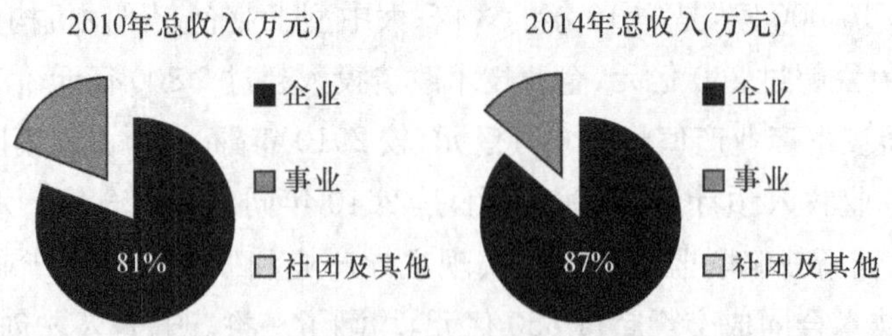

图 10-2 2010 年和 2014 年企业、事业,社团及其他所占总收入比例对比图

从总体来看江苏省科技服务业总收入近五年呈显著上升趋势;2014 年相比 2010 年,从事相关研究的单位数增加了 461 家;科技服务业的从业人数,科技服务业企业和事业单位总

① 根据"十二五"科技创新成果新闻通气会江苏省科技厅厅长王秦的讲话整理得出。

收入和机构数从2010年至2012年保持持续增长，但在接下来的两年基本维持不变。科技服务业企业的从业人数增加了近一半，事业单位从业人数增加了近25%。由此看出，近年来，江苏科技服务业的规模有了一定程度的增长。从图10-2还可以看出，2010年企业总收入占比为81%，经过4年的发展企业总收入占比上升至87%，事业单位总收入占比缩减了9%，社团及其他总收入占比一直在1%以下并无显著变化。由此也看出，与2010年相比，到2014年江苏科技服务业的市场化程度有了一定程度的提高。

《江苏省"十二五"科技发展规划》提出，要围绕研发设计、成果转移、创新创业服务和科技咨询服务方面来打造科技服务体系。在近几年的实践中，这几个业态也形成了良好的发展局面，其中在2013年科技服务业的总收入中，研发设计服务和科技咨询服务两类业态的收入占比超过80%。研发设计服务方面，建成了重点实验室、企业研发平台和公共服务平台等多种类型的研发设计服务平台，整个业态的收入占整个科技服务业总收入的一半以上。成果转移方面，依托江苏高校院所资源形成了高校院所为技术主要供给方的地方特色，技术转移机构层次较高(截止到2015年，共有46家国家级技术转移示范机构，其中依托高校院所的25家)；创新创业服务方面，通过采用建设孵化器和创业人才资助的激励方式引导发展，孵化器的规模在全国领先；科技咨询方面，形成了以资质认证和知识产权服务龙头企业引领发展的局面。

在激励体系方面，目前已经形成了以机构奖励、人才奖励、项目资助为主要形式，省市科技部门、经信委、组织部出台的多种形式的激励方式，以引导科技服务业的发展。这些多层次、多渠道的激励措施在科技服务业的发展过程中，起到了一定的积极作用。在科技服务业的当前发展阶段，政府激励还是引导行业发展的重要手段。与此同时，江苏目前对科技服务业各领域，如研发设计服务、技术转移服务、科技咨询服务和创新创业孵化服务等领域的激励机制并无大的区别，并未考虑从不同领域发展规律的角度出发建立相适应的激励机制，各科技服务主体参与的积极性有待进一步提升。

三、"十三五"期间江苏省科技服务业的发展背景与机遇挑战

1. 体制背景

中共"十八大"开辟了中国全面深化改革的新局面。十八届三中全会提出"市场在资源配置中起决定性作用和更好发挥政府作用"这一全新的表述。近年来，政府一直在不断深入推进简政放权，放权于市场，通过改革来提高资源利用效率。在2015年5月6日的国务院常务会议上，提出要破除阻碍创新发展的"堵点"、市场监管的"盲点"。十八届四中全会提出"全面依法治国"的任务，为政府行为、市场运行和资源配置设置了法律框架。这些都为江苏科技服务业发展提供了严格的体制依据。

2. 技术背景

世界进入了工业4.0阶段，我国也相应提出了如"中国制造2025"等应对的战略，近年

来，互联网已经突破简单的信息网络功能，成为物质、能量和信息互相交融的物联网。基于互联网，生产要素和资源要素整合变得更加快捷。互联网也已经发展成为连接器，通过与传统行业进行深度融合的“互联网＋”模式，对传统行业的整个产业链进行改造，推动各传统产业的创新发展和新一轮的产业变革。我国正在推动的“互联网＋”战略，给科技产业特别是科技服务业发展提供了一个重要的契机，与互联网的深度融合必然成为科技服务业发展的新趋势。

3. 行业背景

伴随着制造业的转型升级和互联网的发展，服务业的商业模式也在发生变化。在制造业转型升级的过程中，特别是“中国制造 2025”战略发布后，制造业与服务业开始融合发展。服务业呈现整合式服务模式，业务上与制造业有效聚合，服务范围沿产业链不断拓展，与制造业形成关系密切的利益共同体。在服务制造业的同时也利用制造业反哺服务业，在服务制造业的产业链同时也形成自身的产业链。而且，随着互联网的发展，也为这种整合化服务发展模式提供了有力支撑。

“十二五”以来，江苏省委、省政府始终把加快发展现代服务业作为深化产业结构调整的战略重点，坚持规划引领，创新体制机制，以现代服务业“十百千”行动计划为统领，加大推进力度，狠抓政策落实，现代服务业提速发展取得明显成效，呈现出比重提高、结构优化、水平提升的良好态势，为经济转型升级和持续健康发展提供了有力支撑。

4. 国际背景

随着经济全球化的进展，服务全球化成为新时期经济全球化的显著特征。在全球化时代，对于科技服务业而言，服务对象或者服务市场都将是国际性的。尤其是“新丝绸之路经济带”和“21 世纪海上新丝绸之路”等倡议的实施，更会进一步提出科技服务业国际发展的命题和任务。

由上分析，我们可以看出，江苏科技服务业的发展面临新的机遇，但是也面临着新的挑战：

一方面，当前市场对资源配置起决定性作用和政府简政放权的体制背景给科技服务业的发展营造了良好的宏观环境，“互联网＋”为科技服务业的发展提供了坚实的基础，“中国制造2025”战略实施、“一带一路”建设和服务业的发展新趋势为科技服务业的发展拓展了新的空间、带来了新的机遇，江苏应该依托这些有利条件，利用自身的科技资源丰富、产业基础好的优势，实现科技服务业的跨越式发展。另一方面，在面临难得的发展机遇的同时，也面临着市场化不够完善、激励效率不高、开放化程度不够深入、集成化发展不够等挑战。

四、江苏省科技服务业体制设计

（一）体制设计的目标

在十八届三中全会提出“市场对资源配置起决定性作用和更好发挥政府作用”的基本原

则指引下，建立“动力强、方向正、效率高、规范严、可持续”的科技服务业发展体制，引领打造具有江苏品牌特色的科技服务业产业。

——动力强。科技服务业的发展，需要有强大的动力支撑。不同的主体（政府、高校院所、企业等）有不同的动力，主体之间的动力要能够兼容和形成合力。动力形成的基础是市场。市场会引导科技服务业朝两个方向发展：科技服务范围更广，辐射范围更大；科技服务深度更深，服务类别更精细。坚持市场的主导地位，充分激发市场需求，挖掘科技服务的市场潜力，拓宽科技服务的运用领域，充分利用市场推动科技服务业在与高技术产业互动和螺旋式上升发展过程中良性循环发展，才能保证科技服务业不断获得上升动力、持续发展。

——方向正。所谓方向正，是指科技服务业体制形成的是正向激励（而非逆向选择），通过体制规范、激励，使科技服务业在推动科技创新中起到积极作用。根据以往的经验教训，可能导致的方向问题是，第一，表面发展而非实质进步。只是追求科技服务业自身的发展指标，追求活动的轰轰烈烈，科技服务业自身的发展质量、竞争力、服务能力得不到根本性提高。第二，由于在政策制定和实施管理中存在问题，使得政府促进科技服务业发展的政策和投入的资源为某些单位和个人所利用，通过投机谋求利益成为他们的根本要求，激励的方向发生了变化。

——效率高。好的体制应该保证资源的投入有高效率，高效率来自于激励有效、“杠杆投入”和监管有力。与其他产业发展相同，科技服务业发展真正有效的激励是利益，特别是物质利益的激励。市场可以提供产生激励的利益评估和利益实现机制。因此，政府不要试图代替市场建立利益单位之间的关系。政府对有限行政资源的投入一定要采取“杠杆投入”的方式，即投入在非它不可、有明显外部性的环节。

——规范严。体制所提供的规范分为市场规范和政府规范。提高市场规范性是科技服务业发展的基础要求，市场规范分为企业自律和政府强制两个方面。要提高市场规范性，首先要从建立自律性，特别是企业、高校院所的信用体系入手，形成良性竞争合作关系。政府强制则主要在制定标准和评价体系着手，形成科学、有效的行业规范。

——可持续。体制机制的设计的持续性，影响科技服务业相关者的准确预期和长期行为，也关乎政府的行政号召力和权威性。政府出台的关于科技服务业的政策应该是经过充分论证的，经得起考验的。在实施过程中，要一个原则到底，而不是朝令夕改或不了了之。而体制机制的可持续性取决于制度的顶层设计是否科学，具体内容是否严密，制度实施是否严格。

（二）体制设计的原则和任务

1. 江苏科技服务业体制的顶层设计

顶层设计是指体制设计的基本方法、基本原理和基本原则。科技服务体制属于经济体制的范畴，十八届三中全会提出的，使“市场对资源配置起决定性作用和更好发挥政府作用”，应该就是体制改革和完善的顶层设计。与全国许多省份相似，江苏省科技服务业体制存在的最基本的问题是市场发育不够，政府干预过多。政府过度运用行政手段，直接配置资源，影响了市场机制的作用，从而导致动力、效率缺乏，组织效果不佳。

在现行的科技服务业体制中，政府起了主导性作用。政府采用“诱导式”行政干预方式，引导科技服务业发展。这种干预方式在其起步阶段，特别是在人们对科技服务业的认识不足，科技服务与科技创新的内在经济联系不强的情况下，或者说，在存在“市场失灵”的情况下，确实对科技服务业业态的形成产生了重要的作用。但是从长期看，这种干预方式容易导致制度有效性不足，产生投机性等。比如，近年来，江苏从省到县市各级地方的不同部门，通过各类人才项目、项目奖励的形式对科技服务业的机构和人员予以优厚的政策支持，这种制度尽管在促进人才聚集、引导科技服务业发展起到了一定的积极作用。但这种“诱导式”的激励方式缺乏综合评价体系，在激励的方式和着力点上都可能存在问题，容易滋生相关人员和机构的投机倾向。在这样的激励机制下，许多机构和从业人员将科技资助申请成为创收的手段，一些机构和人员在申请的过程中甚至造假、浮夸业绩，造成公共科技资源的极大浪费，行政投入并未发挥预期的作用。

科技服务作为经济活动的一个重要组成部分，其组织方式应该主要建立在市场关系的基础上，其价值创造和价值实现应该遵循市场经济的基本原则，以市场驱动为主，行政推动为辅。行政推动的有效性取决于制度设计的水平。首先，对行政推动“着力点”要进行选择。政府主管部门和高校院所行政推动的主要任务，是激发市场和规范市场。在可以由市场充分起作用的地方，行政的力量可以退出。其次，行政推动要建立严格的权利和义务（责任）对称关系。凡是取得行政资源使用权的投入项目，都应该受到有效的监督，其收益和成效都应该得到科学准确地评估。否则，行政推动在经历一次次“寻租”后，其作用就会迅速衰弱。

2. 体制设计的主要方向和任务

在市场占主导地位的基础上，政府应该是一个服务型政府，需要充分发挥市场的作用，以市场推动代替行政推动。政府应该在尊重市场规律的基础上，改革管理体制、改进工作方法、完善评价体系、优化政策激励，积极发挥营造创新环境、提供公共产品、维护竞争秩序的作用。具体而言，应该从以下几个方面更好地发挥作用。

(1) 政府要尊重市场规律

政府公共政策的制定要具有普惠性，尽量减少带有自由裁量权的选择性资助。原因之一在于，这种选择性干预或资助，极易因为主观认识的差异和操作过程中非经济因素的影响，出现与原定目标的差异。在宏观调控中要尽可能地减少直接投资，更要防止补贴、优惠等善意的动机扭曲市场误导企业。政府投入，要向营造市场环境、推动企业竞争、推进产业集聚、促进创新发展的方向倾斜。在科技服务业的基础设施建立中，要使公共产品供给的公共性接受全社会的考验，防止公共产品供给中的利益偏向。公共产品供给要走市场化的道路，政府不直接经营企业和产业，既为提高效率，也为防止供给过程中产生的腐败。

科技服务市场有其特殊性，这是政府营造市场环境应该关注的。科技服务业在其建立初期，因为其市场规模小且分散，因其缺乏充分竞争，企业盈利水平可能低于社会平均利润水平。政府掌握的行政资源和经济资源应该主要用于降低参与者的商业成本。但是，选择权可先交于市场而非主要由政府掌握，原因是政府在项目选择上并无信息优势，政府所组织的评审也可能形成内部人控制。可以将选择权交于银行或其他金融机构，在企业或项目得到市场认可时，采用“贴息”而非直接补贴的方式，可以更好发挥资源利用效率。

(2) 建立基于市场原则的组织关系

科技服务业的发展涉及政、产、学、研、用等方面的关系，但基本的关系是供给和需求关系——基于市场的和基于行政的——联系的纽带是利益。

建立科技服务提供者与接受服务者之间的信用体系，是保证这一纽带稳固有效的基本要求，也是政府应该着力解决的问题。与一般产业有区别，无论是科技创新环节还是科技服务环节，都存在更强的信息不对称现象，相互间的信任关系相对难以建立和维持，这也正是科技服务市场更难发展的重要原因。政府可以利用信息优势和行政评价、行政监管的优势，利用互联网和大数据的技术条件，建立可以由社会监督评价的信息系统，促进健康信用关系的形成，这将会大大提高相关方面的参与积极性，提高市场效率。

其次，科技服务业与一般产业有一个重要区别，即公共产品、准公共产品和私人产品并存。从政府作用机理看，建立公共产品的供给体制似乎是顺理成章的，近年来政府在促进科技服务业发展中花费了大量的人力财力、出台许多政策，期望搭建更多公共服务的平台，形成科技服务业的优势。但是，必须指出，公共产品的特征之一是不具有排他性，而依托企业和高校院所建立的科技服务平台由于存在服务自身和服务社会的利益冲突，即具有排他性，政府期待的公共服务有可能要大打折扣。因此，在体制完善的过程中，科技公共服务应该改变其组织方式。纯公共服务平台建立市场化的组织，由政府承担运行费用按照市场原则运行。准公共服务平台建立产权明晰的独立企业，实行专门化运行。企业化、独立的服务平台则完全按照市场化运行，具有可评估外部性的服务平台，政府予以必要的事后支持。

(3) 建立严格的市场秩序和有效管理体制

服务型政府应对市场进行有效监管，提供严格的市场秩序，保证充分有序的竞争。公平竞争是市场经济的基础要件，政府的责任是保证不同主体间同等权利，特别是对保护知识产权要有硬手段。知识产权保护和运用过程中会涉及不同参与主体之间的利益诉求，需要构建起政府、中介和企业等多元主体良性互动的知识产权治理结构，努力营造公平竞争、高效有序、协同共进的市场环境。这就要求在科技服务业的推广中，政府进一步清除可能产生歧视和不公平待遇的各种制度和规则，特别是要建立有效制约“潜规则”的监督、举报、投诉和治理制度，使政府责任真正落在实处，形成政府权威。

由于政府拥有丰富的政策资源，可以从整体和全局出发，引导区域的知识产权战略良性发展。要以推进知识产权管理体制机制改革为突破口，让政府集中精力管好应管之事，推动“有限型”政府建设；要以强化促进知识产权创造运用为着力点，让政府集中精力做好该做之事，推动“服务型”政府建设；要以实行严格的知识产权保护为落脚点，让政府集中精力做好能做之事，推动“法治型”政府建设。

五、江苏省科技服务业发展机制

（一）发展思路

充分发挥市场在资源配置中的决定性作用，更好地发挥政府作用，依托新时期外部环境，采取“市场决定、科学激励、有效管理、创新模式、多链融合”的发展思路，促进江苏科技服务业快速、高效发展。

——市场导向。在引导科技服务业发展的过程中，要充分发挥市场在资源配置中的决定性作用，降低市场进入门槛，在行业内建设竞争有序的市场体系。科技服务的价值和从业人员的收益由市场决定，科技服务机构通过市场竞争实现“优胜劣汰”。

——科学激励。改革管理体制，完善科技服务业的评估机制和考核体系，考虑科技服务业不同领域发展规律的差异性，建立有效、科学的激励机制，充分调动科技服务业主体参与的积极性。

——有效管理。通过科学的制度设计和严谨的行政运行，使得政府对科技服务业的投入做到“杠杆投入”“精确投入”和“责任投入”，实现政府行政投入的收益最大化和政府对科技服务业管理的高效率。

——创新模式。依托互联网打造科技服务互联网平台等有效载体，以及科技服务的互联网供应和营销渠道，整合江苏省科技服务资源和创新要素，线上线下服务相结合，创新科技服务商业模式，并依托新载体和新渠道扩大开放，实现创新资源的深度整合和高效配置。

——多链融合。以云计算、物联网、大数据等新一代信息技术为技术载体搭建融合科技服务业全业态的互联网平台，以服务外包为主要路径，以产业集聚化为组织形式，将制造业和科技服务业相融合。围绕地方产业链部署创新链，围绕产业创新链完善科技服务链，打造产业链、创新链和科技服务链相互融合的产业创新服务链，消除科技创新的“孤岛现象”。围绕产业集聚打造科技服务集聚，从产业集聚到产业集群，最终形成江苏省科技服务业的品牌效应。

（二）重要领域发展机制的改进与完善

根据江苏科技服务业的发展基础以及产业导向，围绕科技服务业的重点领域，基于发展体制，制定针对性的发展机制，通过重点领域的发展来带动江苏整个科技服务业的快速、高效发展。

1. 研发设计服务

研发服务是创新活动产业链的上游，具有高附加值和强大的带动作用，是科技服务业的核心。根据研发服务业发展的情况，对其发展机制建议在以下方面进行完善。

——研发设计服务与科技创新的相关性，可分为核心和外围两类。前者主要是提供直接产品的研发，后者提供产品设计、管理咨询、市场调研、测试、测量绘图、产品推广等。以往的发展中，往往存在更重视前者的现象。促进研发设计服务的更好发展，应根据企业性质和产品性质的差异，同步关注两类服务的发展。特别是对包括海归创业者在内的小微科技企业，后者的作用可能更大。

——针对“企业本质追逐利润和政府要求其承担社会责任”的悖论，需要对其服务机制进行完善。对可向本企业以外单位提供服务的研发设计服务机构，如：企业研究院、工程技术研究中心、企业技术中心、企业工程研究中心等可提供外部研发设计服务的企业研发平台，应该放开企业化经营，引导其从原企业独立出来，注册成为独立法人资格的研发设计服务机构；对于具有基础性且风险性大的极少数实验性的研发设计，应当充分利用江苏科技资源丰富的优势，可以由政府委托高校和科研机构的研发设计平台提供。

——从对外开放的视角看，江苏研发服务发展，应当更多地考虑如何利用我们的研发资源对国外进行服务外包。一方面，可以针对国内外在研发服务水平上的差异，更多地利用国外高水平的研发服务来促进科技服务创新水平的提高。另一方面，可以是引进国外高水平的研发服务企业，或者是直接进行跨境服务外包。

2. 技术转移服务

技术转移机构对技术转移服务业态的发展具有至关重要的作用。“十三五”期间江苏技术转移服务要实现从低端向中高端的提升，即从一般技术培训、技术咨询向提供技术预测、技术匹配和投资组合等专业化服务提升，以满足企业创新发展的更高要求。

由于技术转移特别是技术交易的特殊性，技术转移的瓶颈在于交易双方信息不对称条件下的信任困难。所以，今后的工作重点在于建立规范、严谨、诚信的技术市场。在建立这个市场过程中，利用现有的技术手段，特别是互联网，可以起到低成本、迅速获得信息的作用。但在现阶段，利用高校院所的声誉，利用行业专家的影响力，特别是利用专业类服务企业的影响力，通过制定严格规范，通过全产业链的服务延伸，形成强大的市场影响力，对提高技术水平和持续创新的能力，是非常重要的。

在技术转移服务发展的过程中，应通过提升技术转移服务机构综合实力来带动整个技术转移服务业的发展。鼓励技术转移服务机构采取股份制等多种形式与国际资源进行融合，走合作化发展的路线，利用国外技术转移机构在技术、人才等方面的优势，强化技术转移服务的深度。此外，还应利用信息化技术，突破当前技术交易线下交易的单一模式，发展“互联网+”的线上线下相结合的技术交易新模式，扩大技术转移服务的广度。围绕江苏产业发展的方向，为企业创新发展提供专业化、高附加值的技术转移服务，形成以“合作跨越发展、产业引导方向”的新机制，引导技术转移服务快速、高效发展，成为“多链融合”发展模式的坚强纽带。综合起来主要有以下几点：一是国家建立科技资源共享、科技成果转化、科技企业孵化、科技投融资、技术交易等公共平台。二是加强中央与地方联动，搭建不同层次科技成果转化和技术转移平台。三是以信息化网络构建全国性的技术信息发布、服务、交易市场服务体系，改革国家科技成果登记管理和发布制度。建立科技成果定期发布机制，建立分层次、分行业技术信息和技术交易网络，实时动态地发布行业、企业关键共性技术攻关难题信息和技术市场供需信息。四是加快培育一批熟悉科技政策和行业发展，社会化、市场化、专业化的科技中介服务机构，加强对科技服务咨询和中介机构的指导、管理和监督。五是大力支持科技服务业发展，通过后补助或政府购买服务等方式，支持其向经营专业化、功能投行化、收益股份化、信誉品牌化方向发展。

3. 创新创业孵化服务

科技创新创业孵化器是以促进科技成果转化、培养高新技术企业和企业家为宗旨的科技创业服务机构。企业孵化器是一种新型的社会经济组织。20 世纪 50 年代发源于美国，它通过提供研发、生产、经营的场地，通讯、网络与办公等方面的共享设施，系统的培训和咨询，政策、融资、法律和市场推广等方面的支持，降低创业企业的创业风险和创业成本，提高企业的成活率和成功率。在推动高新技术产业的发展，孵化和培育中小科技型企业等方面发挥了巨大作用。在省市各级政府人才资助等各类项目激励和孵化器发展战略的推动下，江苏创新创业服务处在全国的领先地位，无论是孵化器的数量、孵化场地面积，还是在孵企业数量等均位居全国前列。从一定层面上来看，江苏的创新创业服务已经迈过了追求规模的初级阶段。在今后的发展中，江苏创新创业孵化服务应该由“追求规模”向“注重质量”转变，政府在引导的方式上也应从“项目奖励”向“环境营造”转变。

为了更好地推导创新创业孵化服务的发展，应该采取多种方式来利用市场推动。在孵化器的建设方面，应深化多元化投资主体发展策略，坚持引进与培养并重、以用为本，加快培育和聚集科技创新人才队伍。利用市场机制推动孵化器的发展，在现有政府、高校科研院所、国有企业、民营企业投资主体的基础上，引入国际资本，逐步撤出政府投资，形成以社会资本、民营资本占主导的孵化器投资主体。在发展的方式上，应该鼓励采用“孵化＋创投”的方式来更好发挥市场的主导作用。鼓励以互联网为核心，通过信息互动，突破组织界限，搭建涵盖全业态、融商、融智、融资的开放式科技服务平台，探索“互联网＋”的新型孵化模式。政府通过孵化器的产业规划和导向，来促进产业集聚。充分发挥孵化器的集聚效应，围绕产业打造专业孵化器，使其成为“多链融合”发展模式的支撑节点。进一步鼓励孵化器多元化投入、企业化运作、专业化发展。从政策上引导鼓励民营企业投资孵化器建设，鼓励大企业集团从产业发展出发，自筹资金，腾出场地，组建企业化运作的专业孵化器。加强产学研合作，增强孵化器技术研发平台功能。发挥高校及科研院所作用，与高校和科研院所在科研理论、高新技术、科研仪器等方面加强合作。通过整合科技资源，从而增强孵化器创业技术研发平台能力。

4. 科技咨询服务

科技咨询对企业是知识资源和智慧资源的投入过程，它可以使原有的资金、设备、人力投入获得更大的效率或避免可能的损失，可以使企业发展更具有可持续性和成长性。科技咨询范围不仅包括直接的技术帮助，凡是使科技型企业或企业的科技项目得以顺利运行和发展的外部人力资源帮助，都应该纳入科技咨询的范畴。这个意义上讲，社会科学为主体的咨询，也应该纳入科技咨询的范围。社会科学可以在企业规划、战略制定、市场预测、企业组织、要素整合等方面发挥重要作用，直接影响科技企业和科技项目的发展。

江苏省较早启动科技咨询工作，逐步形成了科技咨询发展的良好氛围。但是，与企业对科技咨询巨大需求和丰富的科技智力资源供给相对应，江苏科技咨询工作的进展从数量到质量并不理想。目前，江苏科技咨询服务机构总数占科技服务业机构总数的比重不到20%，总收入也只占科技服务业总收入的10%左右；科技咨询服务的影响力主要集中在资质认证和知识产权服务两个方面。

为了提升科技咨询服务的发展水平，首先进一步完善科技咨询组织。要以各地生产力促进中心为基础建立覆盖面广、影响力大、专业性强的咨询组织，将科技咨询与其他服务项目有机结合起来，真正实现“一站式”服务。其次，进一步推进高校院所资源通过科技咨询向企业流动，以此为起点，逐步加强产学研更深层次的合作。再次，遵循市场规律、运用价格机制活跃咨询市场，改变目前科技咨询业“供需两旺、成交不多”的局面。科技咨询的价值和个人收益交由市场决定，通过市场驱动来使得供给和需求达到匹配和均衡。

5. 知识产权服务

由于知识产权服务市场行业公司少，行业集中度低，导致有效供给不足，而知识产权(IPR)快速发展倒逼配套服务需求增加，供需矛盾持续激化使得知识产权服务市场大有可为。江苏省可以以建设知识产权强国为主线，深入实施知识产权战略纲要，以深化知识产权领域改革为抓手，聚焦知识产权运用和保护，全面提升知识产权创造运用保护管理能力和服务水平。江苏国民经济和社会发展“十三五”规划建议明确表示，健全知识产权运用和保护机制，开展知识产权综合管理改革试点，加快建设知识产权强省。目前，《江苏省“十三五”知识产权发展规划(征求意见稿)》(以下简称《规划》)印发，积极谋划“十三五”时期知识产权工作目标和任务。

为深入实施创新驱动发展战略、加快建设知识产权强省，主要从以下几点着手：一是知识产权运营实现突破。投入经费支持高校、科研院所、服务机构开展知识产权运营，探索不同主体知识产权运营模式。二是知识产权金融创新发展。可以与银行合作探索专利质押贷款新模式，简化质押融资流程，降低银行贷款风险。三是加快发展专利导航产业发展实验区。这方面江苏发展势头较好，如南京市制定了《专利导航产业发展实验区实施办法》，苏州工业园区专利导航试验区被纳入“国家重点微观专利导航项目”实施区域。四是稳步推进战略性新兴产业知识产权集群管理试点工作。

六、政策建议

在“十三五”规划期间，在促进江苏科技服务业快速、高效发展的过程中，政府重点是做

好引导和营造环境。因此,对政府有关部门提出以下几点建议:

1. 提高政策的时效性、集成性和有效性

从20世纪90年代中期开始,江苏出台了许多关于发展科技服务业的政策,随着形势的变化,许多政策或者已经失去价值,或者需要根据中央精神进行修改和完善。考虑到不同时期根据不同情况、由不同部门出台的政策,之间存在衔接不好、内容冲突、缺乏协同的问题,需要对各种政策进行必要的集成,以形成政策的合力。特别值得关注的是,出台对政策制定科学性和实施效果进行评估的政策,使政府行为受到监督和约束,以提高政策的有效性和政府工作的效率。

2. 规划产业集群发展方向,营造良好环境

在围绕产业链打造创新链和服务链相融合的产业集群时候,政府应当根据地方的产业规划,明确产业集群的发展方向。产业集群的发展方向可以在园区和孵化器的规划和布局时通过政策来落实。同时,在规划的时候要加强不同园区、孵化器产业集群的布局管理,以促进区域协调创新。此外,还应根据产业集聚区的定位,加强相关配套的硬件设施建设和扶持政策,为科技服务业产业集群发展创造良好的商务环境。

3. 建立科技服务考核评价体系,制定科技服务标准

当前在引导科技服务业发展的过程中,政府行政投入导致出现的"投机行为",一个重要原因就是缺乏科学的科技服务业考核评价体系和科技服务标准。基于江苏省科技服务业发展的目标和具体思路,结合科技服务业发展的特点,建立符合江苏科技服务业实际、科学、合理的绩效考核评价体系,制定科技服务标准,不仅可以引导相关产业规范化发展,为科学评估江苏科技服务业的发展绩效提供依据,也可以使取得行政资源使用权的投入项目受到有效监督。

4. 科学有效激励,发挥政府投入的杠杆作用

在科技服务业的当前发展阶段,政府激励还是引导行业发展的重要手段。但是,在激励的"着力点"和方式上要与以往有所调整,以保证激励是有效的、正向的。对研发设计服务、技术转移服务、科技咨询服务和创新创业孵化服务等领域都应依据各自的特点设定相应的激励机制,提高科技服务主体参与的积极性。在建立激励机制的过程中,还应考虑以企业为主的私人部门和以高校院所为主的公共部门对激励机制价值取向的不同要求,激励政策应予以区别对待。在激励方式上,可以通过立项后根据考核体系实行分阶段奖励的方式,通过"奖励"取代"资助",来保证激励的有效性,充分发挥政府投入的杠杆作用。

5. 强化调查统计,搭建科技服务公共平台

科技服务业的调查统计,对于科技服务业的发展具有重要的基础作用,也是更好发挥政府作用的重要体现。完善科技服务业的统计指标和调查方法,科学客观统计和分析科技服务业的数据,为科学决策提供事实依据。在此基础上,搭建科技服务公共平台,并且通过公共平台加强科技服务业数据的开发利用效率,为科技服务机构共享资源、拓宽市场范围、降

低成本、促进资源加速整合提供支持。

6. 引导科技服务机构进行混合所有制改革

目前，江苏科技服务业机构中，企业性质的单位在科技服务业机构中占比不到60%，事业单位的占比超过40%。引导科技服务机构企业化发展，是激发其市场活力的根本途径。在引导企业化发展的过程中，应当放开市场准入条件，降低市场门槛，为企业主体发展营造良好环境。鼓励民营资本、社会资本进入科技服务业，与公有资本进行混合，充分发挥不同资本的优势，推动科技服务业企业建立现代企业制度，进一步激发科技服务企业的活力。

7. 鼓励科技服务业深化区域、国际间合作

合作交流是促进科技服务要素流动的重要方式。江苏技术转移和创新创业孵化服务在跨区域和国际间合作方面有了很好的基础，继续深化区域、国际间合作也是推动江苏科技服务业跨越式发展的重要途径。在区域合作领域，重点结合江苏产业发展，引导人才、技术往江苏集聚。在国际合作领域，一方面，鼓励国外资本投资江苏科技服务企业，引导国外科技服务业机构在江苏设立分支机构，以推动国际先进科技成果和优势科技资源向江苏转移，促进江苏创新发展；另一方面，鼓励有条件的江苏科技服务业企业“走出去”，积极开拓国际市场。

8. 扶持科技服务基础理论研究

科技服务业属于新兴的现代服务业。尽管国务院在《关于加快科技服务业发展的若干意见》中对科技服务业的范围进行了界定，但是对其本质特点，尤其是在新形势下的发展规律有待进一步深入研究。加大对科技服务理论研究的支持力度，强化对科技服务本身属性、管理和发展规律的研究，可以为促进科技服务业协调、可持续发展提供理论依据和决策参考。

（执笔人：蒋伏心　刘利平　华冬芳）

参考文献

[1] 刘开云. 科技服务业研究述评和展望[J]. 科技进步与决策，2014(12)：149－153.

[2] 李建标，汪敏达，任广乾. 北京市科技服务业发展研究——基于产业协同和制度谐振的视角[J]. 科技进步与决策，2011(7)：55－56.

[3] 程梅青，杨冬梅，李春成. 天津市科技服务业的现状及发展对策[J]. 中国科技论坛，2003(3)：70－75.

[4] 王晶，谭清美，黄西川. 科技服务业系统功能分析[J]. 科学学与科学技术管理，2006(6)：37－40.

[5] 王永顺. 加快发展科技服务业提升创新创业服务水平[J]. 江苏科技信息，2005(8)：1－2.

[6] 杜振华. 科技服务业发展的制度约束与政策建议[J]. 宏观经济管理，2008(12)：30－32.

[7] 王任远,来尧静,姚山季. 科技服务业研究综述[J]. 科技管理研究,2013(7):114－123.

[8] 蒋永康,梅强,李文远. 关于科技服务业内涵和外延的界定[J]. 商业时代,2010(6):111－112.

[9] 张清正. 中国科技服务业空间演化及影响因素研究[J]. 科技进步与对策,2015(10):36－39.

[10] 方齐. 科技服务业服务创新过程与绩效关系实证研究[J]. 科学学与科学技术管理,2015(9):117－125.

[11] 王吉发,敖海燕,陈航. 基于创新链的科技服务业链式结构及价值实现机理研究[J]. 科技进步与对策,2015(15):59－63.

[12] 陈春明,薛富宏. 科技服务业发展现状及对策研究[J]. 学习与探索,2014(4):100－104.

[13] 李建标,汪敏达. 天津科技服务业发展研究——产业协同和制度谐振的视角[J]. 城市观察,2012(6):95－104.

[14] 蔡齐祥,陈岩峰,陈夏. 广东省科技服务业发展及重大科技问题的若干思考[J]. 科技管理研究,2012(18):14－22.

[15] 黄斌,汪长柳,马丽. 基于因子分析的江苏省科技服务业竞争力综合评价[J]. 科技管理研究,2013(22):59－62.

[16] 梅强,赵晓伟. 江苏省科技服务业集聚发展问题研究[J]. 科技进步与对策,2009(22):74－76.

[17] 邵笑冰,倪刚,徐欣,等. 江苏省科技服务业现状及发展对策[J]. 江苏科技信息,2013(18):5－6.

[18] 戴建忠. 创新发展:江苏科技服务业的思考[J]. 华东科技,2012(6):62－64.

[19] 钱福良,刘蔚然,张斌. 江苏科技服务业发展研究[J]. 宏观经济管理,2015(3):76－78.

[20] Suh J H, Sang C P. Service-Oriented Technology Roadmap (SoTRM) Using Patent Map for R&D Strategy of Service Industry[J]. Expert Systems with Applications, 2009, 36(3):6754－6772.

[21] Zhang S. On the Development of Science and Technology Service Industry of Shenyang City[J]. International Journal of Business & Management, 2010, 5(8).

[22] Chen Y F, Liu Y L. The Development Status and Path of Guangdong Science and Technology Services Industry[C]//International Conference on Future Information Technology and Management Engineering. IEEE, 2010:505－508.

[23] Liu P, Xing X. The Game Analysis of Promoting the Development of Science and Technology Service Industry for Local Governments[C]//International Conference on Information Management, Innovation Management and Industrial Engineering. IEEE, 2012:531－535.

[24] Xu J, Yao J, Wang T. Exploration and Research about the Platform Based on O2O for the Science and Technology Service Industry[J]. 2015:849－854.

后　记

中国共产党江苏省第十三次代表大会作出了“聚力创新”的战略部署，把创新摆在了发展全局的核心位置。面对新任务新要求，亟须从战略高度，深入研究和系统谋划未来五年全省科技创新发展的目标定位和主攻方向，聚焦科技创新这个“核心的核心”用功发力。本书围绕科技创新重点领域，从产业科技创新中心、苏南自主创新示范区、科技金融、新型产业研发组织体制、跨国技术转移、农业农村科技发展、科技政策、科技体制改革、产学研结合以及科技服务业等方面，开展了相关专题研究，提出了一系列前瞻性强、操作性好的政策建议。

本书共分十章。

第一章介绍了全球有影响力的产业科技创新中心的经验，分析了江苏省当前的发展背景、基础与瓶颈，提出了江苏省建设全球有影响力的产业科技创新中心的思路、定位与目标，并进一步研究了江苏建设“全球有影响力的产业科技创新中心”的战略路径与对策，由江苏省科学技术情报研究所韩子睿、皮宗平、魏晶、张雯、商丽媛、宋艳红、李子萤、孙琳执笔。

第二章介绍了苏南自主创新示范区创新驱动发展中取得的成就和问题，并就进一步打造具有国际竞争力的创新型园区进行了深入的研究，本章内容由中共江苏省委党校方建中、战炤磊、邹红、王利军执笔。

第三章对江苏省“十二五”期间科技金融的发展成效进行了总结分析，同时提出了“十三五”时期江苏省科技金融的发展思路、目标任务，进一步提出了“十三五”时期江苏省科技金融的对策建议，由南京大学金融工程中心李心丹、刘海飞、赵成国、刘骅、柏巍、赵晓强、郭剑雄、胡艾、刘杰、孙宸执笔。

第四章总结了国内外产业研发组织的建设状况、经验及特点，在深入分析产业研发与技术创新区别与联系的基础上，研究了江苏新型产业研发组织的必要性、定位与任务，提出了促进江苏新型产业研发组织发展的对策建议，由东南大学经济管理学院仲伟俊、梅姝娥、周勇、康争光执笔。

第五章介绍了江苏省“十二五”跨国技术转移的实施进展情况，分析了江苏省“十三五”时期跨国技术转移的发展思路、目标和任务，提出了对策建议，本章由南京财经大学张为付、杨林、胡雅蓓执笔。

第六章梳理了江苏省“十二五”时期农业农村科技创新的进展情况，在分析“十三五”时期农业农村科技创新发展的背景基础上，提出了江苏省“十三五”农业农村科技创新的发展方向和对策建议，由南京农业大学经济与管理学院应瑞瑶、周力、徐志刚、黄武执笔。

第七章阐述了江苏省“十二五”科技政策体系的发展现状和实施成效，提出了当前存在的问题，总结了国内外科技政策体系的经验，提出了江苏省“十三五”完善科技政策体系的定位、思路及对策建议，由南京工业大学经济与管理学院赵顺龙、吴琨、费钟琳、黄幸婷、陈同扬、姚山季、刘新艳、万淼执笔。

第八章主要探讨了“十三五”江苏省科技体制改革的现状、主要问题及原因，分析了国内外经验，提出了江苏省“十三五”的改革定位、思路、任务及对策建议，本章由河海大学商学院郑垂勇、赵敏、李宗辉、周晓平、刘永进执笔。

第九章阐述了产学研合作的内涵和历史沿革，对江苏省“十二五”产学研发展现状进行了梳理，并提出江苏省产学研发展的思路、目标、任务和保障措施，由南京理工大学经济与管理学院李晓燕、李黎明、钱建平、范炜烽、冯锋、梅术文、陈长风、张瑾、蔡红全执笔。

第十章总结了“十二五”时期江苏科技服务业的运行概况，分析了“十三五”时期的发展背景和机遇挑战，探讨了江苏省科技服务业体制机制的发展思路与完善措施，提出了政策建议，本章由南京师范大学商学院蒋伏心、刘利平、华冬芳执笔。

本书的研究内容框架由刘波进行统筹，由张华完成审稿工作，由李子萤完成统稿工作。夏凯丽、李晓勤等人在本书的编撰过程中给予了协助，在此一并表示感谢！

由于时间仓促，本书所涉及的内容研究还不够深入，存在一定的疏漏，希望读者不吝赐教，为开创江苏创新驱动发展新局面、加快建设高水平创新型省份献计献策。

编者

2016 年 12 月 30 日